Applied Sociology

応用
社会学原論

現代社会学と社会調査はどのように役立つか

齋藤吉雄

学文社

はじめに

　社会学は本来，理論的・実証的であると同時に，現実の社会の存在状況や将来の方向に対する基本的なパースペクティブを与え，かつさまざまな生活問題や社会問題の解決にも，なに程か貢献しうる学問であることが期待されているといえよう。しかしはたして現代の社会学は，理論的・実証的であると同時に実践的・応用的でありうるであろうか。むしろ理論社会学と応用社会学とは，そもそもの問題意識や基本的な発想様式を異にしているがゆえに，それぞれ別個に――少なくとも機能的には区別される――独自の分野として展開していることを認知しなければならないとも思われる。しかし，応用研究の実質的内容やそれらの研究者の役割は，社会学の場合，他の社会科学とくに経済学や心理学に比して見ても，必ずしも明確になっていないのが実情であろう。

　もちろん一般的抽象的レベルでの論議としては，理論と実践の関係のあり方についての根本論議から始まって，社会学的認識の批判的・啓蒙的役割の強調とか，応用社会調査技術の洗練や政策科学の唱導，さらに地域開発や社会計画における社会工学的発想をめぐる論争などが，繰り返し繰り返し行われてきた。他方，さまざまな社会病理現象や社会問題の文字通り種々雑多なイッシューに関する何らかの記述や提言が，そのまま，応用社会学の実質的内容であるかのようにみなされたり，ミクロな現場に密着した参与観察を踏まえての診断と処方を旨とするいわゆる臨床社会学の主張も喧しい。

　たとえば，社会学と社会的現実との関わり合いをめぐる論議は，理論的認識と政策的実践との関連のありかたとして，学史的にも方法論的にもつとに繰り返し繰り返し取り上げられてきた問題であった。一方における「価値判断排除の立場」と他方における「批判科学としての使命を説く立場」とは，一見大きな隔たりをもっているように見えながら，何れの社会学的認識においても，何らかの政策的関心との関わり合いにおいて，その認識対象の選択と方向づけが

影響されていることは紛れもない事実であろう。

　これまで多くの社会学的認識は，時には基本的な社会観や社会的現実に対するするパースペクティブを開陳してイデオロギーや政治的立場の論争点を明らかにしたり，改革が必要な社会的条件を指摘したりする啓蒙的次元での事柄であると見なされてきた。しかしながら，社会学理論のこのような啓蒙的役割は，しばしば危惧の眼差しで眺められ，時には厳しい批判や侮蔑の対象とすらなりかねなかった。たしかに現実の社会現象を経験的に分析していくための理論的枠組みや現状分析の成果を用意しないままで，あまりにも安易に理論と実践の統一を説き，社会学理論の実践性を唱導することは，社会学の力量についての過度の期待による幻想か自己欺瞞に過ぎないとみなすこともできるからである。

　しかし社会学的認識と社会的現実との関連は，いまやそのような基本的な社会観やイデオロギーのレベルでの論議とは別の次元の問題である。言葉の意味だけからすれば，応用社会学とは，すでに確立された理論命題や実証的な調査研究の成果や社会調査の技法を，現実に解決を迫られている社会的諸問題に適用し役立てていくものを意味することになる。したがって，伝統的なアカデミズムの内部では，応用社会学は，まず基礎学としての理論社会学が確立され，実証的客観的な調査知見の蓄積が存在していることが前提されており，その系として，理論社会学や調査研究の十全な成熟と発展なしには，応用社会学の展開はあり得ないという観念をも通用させてきた。そこでは応用社会学は，その独自の視点や理論枠組は不要なのであって，基礎学としての理論社会学の成熟と発展によって，それらは自ずから与えられ可能になるという見解が当然のこととして前提されているのである。

　しかし，理論社会学と応用社会学との関係は，「確立された理論の現実への適用」といった単純な図式では尽くすことはできない。両者は，そもそもの問題意識や発想様式を異にしており，しばしば相互の反発や対抗すらも見られるのである。たとえば理論社会学の側からは，応用社会学に対して次のような批判ないし非難が投げかけられている。①応用社会学では，その研究主題が他律的にあてがわれるものが多く，研究者自身の客観的な立場からのコントロー

ルがほとんど見られないから,とうてい自律的で客観的な科学とは成り得ない。②応用社会学の仕事の大部分は,目前の実際的な課題解決に限定され,そこで自己満足して普遍化的な認識志向をもとうとしない。③応用社会学はせいぜいのところ,人間を客体化し,管理するための技術学に留まるものであり,意識すると否とにかかわらず,現存体制の支持者になり下がっている。

他方,応用社会学の側からは,理論社会学に対して次のような批判や反発がある。たとえば,かつてのアメリカのラジカル・ソシオロジストや日本における社会学批判論者の告発にみられるように,アカデミックで伝統的な理論社会学の大部分は無意味な概念規定や範疇化に終始する些末な観念の遊戯に過ぎず,現実の社会の変革や福祉に対しては何らの貢献も果たしていない。理論社会学は現代社会の中枢的な問題状況に対応するのには方法的にも技術的にも多くの欠陥と整備不良の状態にある。とくに実証的研究との累積的体系的な連携が見られないために真に妥当性と普遍性をもつ法則的知識や理論をほとんどもち合わせていない。にもかかわらず徒に時流に乗って注目を浴びやすいイッシューにコミットしたりしている(それは社会学的能力の「空売り」であり応用社会学の「未熟なままの制度化」である),——等々の批判がある。

たしかに理論社会学と応用社会学は,基本的にいくつかの点で矛盾し,対立し,逆説的な関係に立たされる場合が多い。すなわち理論社会学は,純粋に知的な関心に導かれ,可能な限り個人的な価値観や信念を排除し,現存の政治的道義的な価値観念からも自由であることすら期待されている。それは「科学の目的は世界を理解することにあり,救済することにあるのではない」とされているからである。しかるに応用社会学は,たんに知的な関心にしたがって問題を選択するのではなく,その主題はたいていの場合,実践的な価値判断の渦巻くアクションの世界から由来する。それらは短期的なものであれ,長期的なものであれ,政策形成者やその他のクライエントから課せられた問題であり,あるいは研究者が一定の価値前提に立って実践的に選択した問題である。応用社会学はこれらの実践的な諸問題に立ち向かい,それらの解決に何らかの程度において貢献することによってのみ,その存在根拠をもつとされているからでる。

要するに，応用社会学は研究の主題そのものが実践の世界の中で生じ，たとえその調査の過程が客観的な手続きにしたがって遂行されねばならないとしても，それらの調査研究の結果は再び実践の世界に戻され一定の社会的効用性と妥当性を示すことが要請されているのである。かつて M. ウェーバーは，科学者としての知識や情報の提供者と，これらの情報を用いて行為する人としての政策立案者や実施者とを鋭く区別しようとした。このようなウェーバーの区別それ自体としては明白であり正当であろう。しかし応用社会学的な調査結果が現実の実践の世界に戻されたとき，それらが客観的な情報のままであっても，実践的情報として機能することは否めない事実である。

　社会学者は研究者としてどこまで実践的問題に対して沈黙を守り，どこで評価的でアクションする人間として語り始めることができるのであろうか。そもそも社会学理論の実質は何か。学史的な学説の紹介や解説か，視角やパースペクティブの開陳か，あるいは用語や概念の吟味，あるいは類型や仮説の設定，法則的命題の提示か。社会学的調査における，質的アプローチと量的方法との関連，理論と実証の関係——とくに問題の確認と限定，仮説設定とその立証の論理と手続き——は，どうなっているのか。社会学的知見の内実はどんなものであれ，それが現代社会における他の諸々の「知的資産」——いわゆる科学技術的知識のみならず，法学・経済学などの社会諸科学，心理学や教育学，また哲学や倫理学，さらに思想や宗教，文学や芸術，果ては民衆の知恵（Folkways）としての人生訓や処世術までも包括した）——のなかで，いかなる位置と役割をもっているのであろうか。もし社会学が「役に立つ」学問であるとすれば，社会学的知見（理論と調査結果から得られた）の効用，働き場所，クライエントは誰なのか。受講する学生や知的関心をもってくれる少数の読者だけではないのか，せいぜい時たま，あるいは為にする政治家や行政の宣伝や弁明の手段になったり，限られた企業やジャーナリズムがつまみ食い的に利用するだけではないだろうか。

　そして，応用社会学のフレームが，ラザースフェルドが主張しているように，「社会的目標の吟味，その実現のための方策の探求と提示，勧告の実施過程と

結果の査定・評価」といった一連の過程にかかわるものだとしても（Lazersfeld, 1975=1987），われわれの現に保持している，あるいは探求しようとしている「社会学的知見」が，これらの過程に現実にかかわっているであろう弁護士や裁判官の法解釈・法規適用による処置や手続きの指示，あるいは官僚や行政担当者による行政手続きとその執行，また政治家や議員による政策形成や決定権限などに対して，どのような位置を占めているのか。はたしてそれらに対する専門職的基礎理論や技術となりうるであろうか。そして，とくに政策科学者，あるいは精神医学者や臨床心理学者による診断と処置技術と相並ぶあるいはそれらを超克するような"厳密で客観的な科学的妥当性をもった知見"であると主張出来るであろうか。

それゆえ応用社会学の性格と役割についての議論の焦点は，いまや理論と実践の関係や，理論社会学と応用社会学との関係を，一般的抽象的次元において論ずるだけではなく，また雑多なイッシューについての非体系的等記述や提言を積み重ねるだけではなくて，応用社会学の論理と問題の所在を，「社会学的知見の利用過程を政策実践を含む実際的問題の処理との関わり合いにおいて明確化する」ことにあるといえよう。

本書は，まず「応用社会学の系譜」として，応用社会学の由来を社会学そのものの成立と展開のなかで辿ることから始めて，専門分化し多様化している現代社会学の諸領域におけるその「位置」を確認する（第1章）。次いで応用社会学的視角の基盤となるべき「社会学パースペクティブ」のエッセンスとしてを解明しておきたい。すなわち社会学そのものの「対象と方法」——その前提となっているパラダイムと仮説，社会現象の体系的分析の枠組，ミクロ・メゾ・マクロの3次元など——について簡潔な叙述を試みる。敢えて冒頭からこのような議論を試みようとしたのは，昨今の社会学では理論研究と実証的な調査研究が乖離しがちで，しかもマクロなアプローチを敬遠してミクロな次元の研究に終始し，社会学的知見の利用や応用が本格的な社会学の理論や実証研究とはかけ離れた文脈で実施されるなど，経験科学として統一されたディシプリ

ンとしての社会学の存在根拠を怪しくしそうな傾向（危機的状況）が見られるからである（第2章）。

次に応用社会学の対象としての目的的社会変動の諸相として，組織の管理運営の問題と住民運動，コミュニティ論，社会計画論に言及しながら，これらの社会学的パースペクティブに基づいた理論や調査知見を踏まえたものとしての「応用社会学の枠組みと方法」を体系的に明らかにする（第3章）。そして，それによって得られる知見の特性を，その可能性と有効性とともにその限界にも触れておくべく，「応用社会学の諸類型」と期待されている諸役割について検討するとともに（第4章），専門職としての応用社会学者が直面する「応用社会学における倫理問題」に言及し（第5章），次に，応用社会学のアプローチとして，アメリカにおける応用社会学の主要な3つの立場——「社会学的知見の利用」と「応用社会調査」および「臨床社会学」——を紹介し（第6章），その応用社会調査をめぐる問題点と，応用社会学および現代社会学の危機と改革についてのアメリカ社会学における論議を紹介する（第7章）。最後に，応用社会学の日本における現状，大学院における教育カリキュラムの改革など，いくつかの「残された課題」とともに，応用社会学者の基本姿勢にも触れておきたい（終章）。

かって，興味深く読んだリントン（R. Rinton）の The Cultural Background of Personality の冒頭で彼は，ギリシャの神殿に掲げられていたという"汝自身を知れ"という言葉を引用しながら，社会学や文化人類学は人間の学であり人間存在の自己確認のための学問であると主張している。社会学は，何よりも主体的な「行為の意味理解」——，シンボリック相互作用論や，エスノメソドロジーあるいは社会構築主義のように——，生活者の意識の襞にまで入り込んだミクロなアプローチに専心すべき学問なのか。あるいはウェーバーの主張しているように個別的歴史的な社会的事実の「理解と解釈の学」であるべきなのであろうか。

私は，このようなミクロレベルの認識とマクロ次元の認識との関連——その

媒介の必要性と可能性——，そして，中範囲の理論と一般理論，批判理論やメタ理論の位置付け——あるいはそれらの理論の「思想性あるいはイデオロギー性」の検討——といった社会学的認識論や方法論へのこだわりを持ち続けてきたが，その一方では，社会学があくまでも経験科学であるならば実証的データに裏付けられた客観的普遍化的認識を志向し専門職的な体系性と有効性を保持すべきであるという立場にも強く惹かれてきた。

応用社会学の成果が，——とくに政策科学者，あるいは精神医学者や臨床心理学者による診断と処置技術と相並ぶ，あるいはそれらを超克するような——"厳密で客観的な科学的妥当性をもった知見"であると主張できるのか，そもそも社会学は根本的に何を，どのように認識し，そして誰のために，どのような改革や変革に関わるべきなのであろうか。

これらは，ほとんどマンネリ化された問題点の羅列に過ぎないかもしれない。しかし，こういった諸疑念を改めて再吟味してハッキリしておかなければならないという思いにしきりに駆られ，これらの諸疑念に対応するために，かねがね構想しつつあったのが，この『応用社会学原論』なのである。

最近，再び産・官・学の協同が云々され，少なからざる社会学者がこのような官僚や実務者との共同作業においてなにほどかの効果的活動をしているが，しかし，そのような共同作業においては「分析」と「決定」，「診断」と「綱領」という，両者の間での厳しい分業に服さざるをえない状況に置かれている（ハーバーマス）ことを，ハッキリと認識すべきである。本書で特に強調したかったことは，実践的社会調査の企画と実施の手続きの際にも理論的な社会学的パースペクティブとの緊密な関連を保持すること，したがって単なるスローガンのレベルではなく実質的に社会学における理論と調査と応用の連結と統合をはかり，そのことによって社会学そのものの活性化と発展を期したいということである。

このようにして本書は，社会学を本格的に学ぼうとする人びとに対して，また社会学的知見や社会調査を実際的問題の処理に役立て実践的な業務に携わろうとしている人びとに対して，基盤となるオリエンテーションを示すとともに，

少なくとも適切なガイドラインとなることを期待している。

 2015年8月3日　卒寿の日に

齋藤　吉雄

目　次

第1章　応用社会学の系譜 ──────────── 1

第1節　応用社会学の由来──学史的考察　1
1. 社会学の成立と展開　1
2. アメリカにおける社会学の展開と応用社会学の成立
   ──臨床・応用社会学の学史的考察　7
3. 日本の社会学の展開　11

第2節　現代社会学における研究分野の拡大と多様化　13
1. 理論研究　14
2. 実証的調査研究と政策・応用研究　16
3. 基礎と応用の社会調査──共通性と相違点　18

第3節　「理論・実践・応用」の概念──応用社会学の端緒　20
1. 「理論・実践・応用」の関連　20
2. 理論研究と応用研究の統合への要請　22
3. 「応用社会学」の現状と課題　25

第2章　応用社会学の基盤としての
##　　　　社会学的パースペクティブ ──────────── 31

第1節　社会学的アプローチの諸側面と問題点──規定するパラダイムと前提的仮説　31
1. 対象規定のパラダイム　31
2. 方法規定のパラダイム　33
3. 「前提的諸仮定」　35

第2節　社会現象の体系的分析──方法論と学史の関連　37
1. 「社会」の概念──抽象的原理的規定と具体的現実の意味　37
2. 社会現象の体系的分析　39

3．個人と社会のダイナミックス　41
　第3節　社会現象の3つの次元——ミクロ・メゾ・マクロ　45
　　1．行為・社会関係の次元（ミクロ）　45
　　2．集団・組織の次元（メゾ）　47
　　3．地域社会・全体社会の次元（メゾとマクロ）　49

第3章　応用社会学の対象としての目的的社会変動の諸相 ── 53

　第1節　目的的社会変動と組織の変革　53
　　1．「目的的社会変動」　53
　　2．組織の管理・運営（変革）の五類型　56
　　3．類型の差違による組織課題の変容　60
　第2節　住民運動とコミュニティ論　62
　　1．住民運動——系譜と課題　62
　　2．コミュニティ——課題とその諸相　73
　　3．コミュニティ論の新たなアプローチと課題　80
　第3節　社会計画論　88
　　1．「社会計画」　88
　　2．社会計画の論理と戦略　91
　　3．社会計画の課題　97

第4章　応用社会学の諸類型と役割 ── 101

　第1節　応用社会学の位置と役割　101
　　1．理論社会学と応用社会学の関係　101
　　2．「応用社会学」の独自性　103
　　3．理論社会学と「応用社会学」の相互媒介　105
　第2節　応用社会学的実践の諸類型とそれらの役割　107
　　1．応用社会学の実態を規制する諸条件　107
　　2．応用社会学の諸類型　109
　　3．応用社会学者の役割　113

第3節 「応用社会学」における価値判断の問題　117
  1．応用社会学者の役割遂行のタイプ　117
  2．「応用社会学者」が犯しがちな3つの「禁制」　118
  3．応用社会学の実践的な立場　121

第5章　応用社会学者の倫理問題 ── 127

第1節 「専門職」　127
  1．現代社会における「専門職化」　127
  2．専門職の役割構造の理念型的モデル　129
  3．社会変動と専門職の危機　133
第2節 専門職倫理のモデルとしての
      インフォームド・コンセント　137
  1．インフォームド・コンセントの由来　137
  2．インフォームド・コンセントの論理構造　139
  3．アメリカにおけるインフォームド・コンセントをめぐる問題　139
第3節 社会学的実務家の倫理規準　141
  1．社会学的実務家が則るべき倫理規準　141
  2．社会学的実務家が直面する倫理的問題　147
  3．応用社会学者の取り組むべき課題　149

第6章　現代応用社会学における3つの立場 ── 157

第1節 ラザースフェルドの「社会学的知見の利用過程」
      の場合　157
  1．社会学的知見の利用過程についての体系的分析　158
  2．「利用過程」の社会的文脈の検討（場Ⅱ）　164
  3．調査研究者と政策立案者の間の分業と管理　167
第2節 応用社会調査の場合──応用社会調査の諸タイプ　173
  1．パラメータの推計・モニタリングとモデル構築　173
  2．進行中の政策の評価とその障害　175

3．「社会実験」 177

第3節　臨床社会学的アプローチの場合　179
  1．「臨床的アプローチ」の基礎　179
  2．「臨床社会学」的アプローチの特質　186
  3．「臨床社会学者」の責務　190

第7章　応用社会調査の特質と課題をめぐる論議 ── 197

第1節　応用社会調査の特質とその可能性　197
  1．応用社会調査の発展期の問題状況　198
  2．応用社会調査の「パラドックス」　200
  3．「学術指向」から「政策指向」への転換　205

第2節　応用社会学の危機と社会学の危機　207
  1．理論−調査−実践の乖離による社会学の危機　208
  2．現代社会学の危機と改革の方向　212
  3．「社会学的工学者」としての応用社会学者　214

第3節　応用社会学改革のための具体的方策
　　　──「応用社会学」の発展のために必要なこと　215
  1．社会学教育の改革　216
  2．大学院教育の改革　217
  3．応用社会学のための教育・研究組織　220

終章　総括と展望 ── 225

  1．日本における応用社会学の現状と課題　225
  2．「応用社会学」の意義　227
  3．応用社会学の教育と研究体制の改革　229
  4．応用社会学者の基本姿勢と課題　232

あとがき　239
人名索引　243
事項索引　244

応用社会学の系譜

　社会学のプロトタイプは，人びとの生活経験から生み出された「生活者の世界における知識と知恵」であり，そうしたプロトタイプから現代社会学の展開までの流れは，そのまま「応用社会学」の成立と展開であるとみなすことも可能であろう。

　現代社会学は「立場」や「理論」が分裂・分立しており「社会学の危機」に遭遇しているといわれるが，このような状況を克服し社会学を再活性化させるためには，理論・調査・応用の統合，マクロとミクロアプローチの相互媒介，そしてひとつの統一したディシプリンとしての社会学の確立を目指さなければならない。本書での「応用社会学」の立場は，そうした社会学の再建を目指す試みでもある。第1章では，そうした観点から社会学の流れを「応用社会学」の由来としてごく簡単に素描し，応用社会学の現状と課題の概要を明らかにしておきたい。

第1節　応用社会学の由来——学史的考察

1. 社会学の成立と展開[1]

 社会学のプロトタイプ（ルーツ）

　もし社会学を，ひろく人間の社会的共同生活に関する何らかの知識や考え方にかかわるものをさすとすれば，そのような知識や考え方はおそらく人類の歴

史とともに古いであろうから，社会学も太古から存在したことになるかもしれない。というのは，人間はいつ，いかなる場合でも社会的な存在であり，そのような社会的共同生活に伴う諸問題に対応していくためには，人びとの体験や反省に基づくさまざまな知識や知恵，あるいは期待や願望といった類のものをつねにもち合わせていた，と考えられるからである。

　それらの知識や考え方には，親子・夫婦といった家族生活のあり方，親類・縁者・隣人との仕事や生活の面での協力や共同の仕方にかかわったものもあろう。また幼い者や新参者を一人前までに仕立てあげるためのしつけや訓練の仕方，年寄りや目上の人，あるいは非行や犯罪を犯した者への対応やコントロールの仕方，仲間うちでの交際や困ったときの助け合いの仕方，見知らぬ他人や他所者の処遇，そのような人びととの間でのモノの交換や贈与のルールやエチケット，また略奪や風水害・地震や火災といった緊急事態や災害への共同防衛のあり方，さらに先祖の霊やカミやホトケといった超自然的存在への対応，それと結びついた祭やハレの日の行事と心構え，等々にわたっているであろう。

　これらはすべて，人間の社会的共同生活におけるさまざまな体験と必要から生まれた知識や知恵，勘や見通しであり，信念や信仰，処世の術，道理・筋などであり，あるいは「かくありたい」という共同の願望や期待や幻想であったり，「かくあるべし」という道徳的倫理的な慣行や規範である。それらはあるいは「先人の教訓」として崇められ，たとえば儒教や道教，陽明学のような思想やコスモロジーの基盤となったものであるかもしれない。

　私は，ひそかに社会学のルーツないし原型を，文化人類学的知見や民俗学と同様に，このような人間の社会的共同生活に関する人びとのさまざまな知識や知恵・勘，そして期待や願望の類に求めたいと思っている。もちろん，それらは厳密な意味での社会学ではない。それらの視野は多くの場合，社会一般ではなくて狭いいわゆる共同体的な世界に限定され，しかも事実についての知識と期待，体験に基づいた見通しと独断的な偏見や幻想，現実に行われている慣行と理念化された規範，等々のごたまぜであり，ほとんど断片的なままで，体系化されていないからである。

▶▶▶ 社会学の成立と展開とその条件

　一般に，社会学は近代市民社会の科学的自覚として成立したといわれている。たしかに人間の社会的共同生活に関する体系的な学問としての社会学が成立するためには，少なくとも次のような3つの条件が満たされていなければならない。

　第1の条件は，その研究対象としての「社会」の観念が成立していることである。「深海に住んでいる魚が海水の存在に気づいたのは，その魚が海から引き揚げられたときである」というたとえがあるが，たしかに人間の社会的共同生活の全体を「社会」として意識するようになるのは，人間が近代社会に入って，狭い共同体的な拘束から一応解放されるようになってからである。このような自由な個人によって織りなされる人間関係の錯綜した全体，「ムラ」や「国家」とは区別され，むしろそれらのムラや国家をも包摂した人間の生活関連の総合体を，まさに「社会」として意識することによって，はじめてそれらを対象とする社会学という学問の成立する契機が与えられたのである。

　このように，社会学の成立は，古い共同体的ないわゆる経済外的拘束や絶対主義的権力からは一応解放された近代市民階級の成熟と，市場メカニズムを通じての自由な経済活動を基礎とした広範な社会諸関係の拡散とネットワークの成立が前提となっているのである。この意味で社会学は，まさに近代市民社会の一応の成熟を前提とし，その科学的自覚として成立したのである。

　第2の条件は，研究方法として，このような「社会」に対して，体系性と実証性を伴った経験科学的認識方法を適用しようとする「構え」が認められなければならない。すなわち社会に関する知識や理論が，主観的な判断や想像にとどまるのではなく，また断片的な知識や体験の寄せ集めや信念や信条の吐露ではなくて，可能な限り事実を事実として究明する姿勢が貫かれ，社会生活の具体的な事象の観察やデータに基づいて，何ほどかの体系性と普遍性を企図した認識に志向されていなければならない。

　　歴史的には，18世紀初頭におけるホッブス（T. Hobbes, 1588-1679）やロッ

ク（J. Locke, 1632-1704），ルソー（J. J. Rousseau, 1712-1778）などの「近代自然法理論」に立脚した「社会契約論」および，スミス（A. Smith, 1723-1790）やファーグソン（A. Ferguson, 1723-1816）などによる「経験的社会理論」などの，近代市民社会の生成とともに出現した諸理論が相互に交流しあいながら，人間社会を対象として経験科学的方法を適用しようとする独自の学問領域としての社会学の実質的内容が成熟してきたのである。(2)

　第3の条件は，「社会学」という名称の付与である。周知のようにフランスのオーギュスト・コント（A. Comte, 1798-1857）は，その師サン・シモン（Saint-Simon, 1760-1825）の所説を引き継ぎながら，ラテン語のsociusとギリシア語のlogosを合成して「社会学」（sociologie）という名称をつくり上げた。このことからしばしばコントは社会学の学祖といわれるようになったのである。

▶▶▶ 初期の社会学

　このように体系的な学問としての社会学は，主として19世紀の半ばに西欧を中心として成立したものである。さしあたりその代表的な学者や学説を素描しておくならば，社会学の命名者で「知識の三段階の法則」や「社会有機体説」を唱えたフランスのオーギュスト・コント，同様に社会有機体説に立ちながら，分化と統合の社会進化の法則によって，「軍事型社会」から「産業型社会」への発展系列を描き出したイギリスのハーバート・スペンサー（H. Spencer, 1820-1903），また国家と社会を区別すべきことを主張したドイツのローレンツ・フォン・シュタイン（L. von Stein, 1815-1890），そして唯物弁証法の立場から社会と歴史の発展理論を展開したドイツのカール・マルクス（K. Marx, 1813-1883）などを挙げることができよう。(3)

　これらの19世紀に成立した初期の社会学にほぼ共通する特徴として，① 社会現象のすべて，すなわち家族や親族，村落や都市，政治や行政，経済や産業組織，さらに法規範や道徳・宗教などのあらゆる社会現象を，「総合的全体関連的に認識」しようとしていたこと，② さらに巨視的に人類社会の進化や発展の法則を探り当てようとする「歴史性の強調」，そして，③ これらの歴史的

発展法則の認識によってきたるべき未来社会を予見し，社会改造のための指針を与えるという「実践性」の3つの基本的な主張や要求が，不可分なものとして結びついていたことが指摘されるであろう。

初期の社会学におけるこれら3つの特徴ないし主張——総合的全体関連的認識，歴史法則の探究，それに基づく社会改造への指針の提示という実践性——に対しては，その後の社会諸科学の専門分化や社会学の経験科学としての厳密化への趨勢のなかで，しばしばあまりにも歴史哲学的な思弁であり，社会思想やイデオロギーの表出にすぎないといったきびしい批判や非難が投げかけられた。しかしながら，それにもかかわらず，現代社会学においても，初期の社会にみられるこれらの3つの特徴は，折にふれて社会学的認識への基本的要請としてたえず繰り返されている。ある意味では，これら3つの特徴ないし要請は，すべての社会科学的認識の「郷愁」や「魂」として生き続けているとでも表現されよう。

▶▶▶ 近代社会学

20世紀初頭から第一次世界大戦前後にかけて，初期の社会学への批判的検討を通じての方法論的な整備と，経験科学としての理論的体系性を備えた近代社会学が陸続として展開している。そのうちでとくに注目に値するのは，ゲオルク・ジンメル（G. Simmel, 1858-1918）の「形式社会学」およびマックス・ウェーバー（M. Weber, 1864-1920）の「理解社会学」と，エミール・デュルケム（É. Durkheim, 1858-1917）の「社会学主義」の理論である。

ジンメルやウェーバーの提唱する社会学は，初期の社会学への全面的な反定立（アンチテーゼ）として，方法論的個人主義の立場に立って社会現象を微視的次元で過程的機能的に把握し，歴史を貫く法則を仮定したり，それを実体化するような見解に反対した。そして事実と価値，理論と実践を峻別して，経験科学としての社会学は純粋に客観的な事実認識にとどまるべきことを主張した。[4]

一方，デュルケムは，ジンメルたちとは異なり，コントの「実証主義」を批判しながらも，社会的事実の説明は個人の生理的要因や心理的次元の要因に

よってではなく社会的事実そのものの性質に求めなければならないという方法的規準によって，新たな総合社会学を体系化し基礎づけた。デュルケムにとって社会とは，個人の単なる総和ではなく，むしろ個人にとって外在的で拘束力をもち，それ自体として客観的に存在する「社会的事実」としての「集合表象」なのである。

▶▶▶ 文化社会学の台頭

しかし間もなく，ドイツにおいては，マルクス主義におけるイデオロギー論に触発されながら，カール・マンハイム（K. Mannheim, 1893-1947）等によって，知識や思想，宗教や道徳等の意識や観念形態の社会による「存在被拘束性」を説く文化社会学（Kultur Soziologie）や知識社会学が台頭した。これらの文化社会学においては，ジンメル等の形式社会学では捨象された社会生活の意味や価値内容をも全体関連的に分析し，社会のもつ歴史性をも強調された。

一方，イギリスやアメリカにおいても，社会人類学や文化人類学と結びついて，人びとの生活様式（way of life）としての文化を総合的全体関連的に記述し分析しようとする文化社会学（cultural sociology）が隆盛となったが，同じ文化社会学という名称をもちながらもドイツ系と英米系とでは，いささかその趣を異にしている。

すなわち，ドイツの文化社会学では，社会のあり方がいかに文化のあり方（思想や知識）を規制するかというアプローチが支配的であるのに対して，英米の文化社会学では，生活様式としての文化のあり方が，いかに人びとのパーソナリティを形成し，人間関係や集団や組織のあり方に影響しているかという視点からのアプローチが支配的である。しかし両者とも社会現象のほとんどすべてを対象とし，それの全体関連的分析に指向している点ではほぼ共通である。

▶▶▶ 社会学の専門分化と発展

現代社会学は，これらの系譜や伝統を受け継ぎながらも，しだいに世界の各国に普及してその研究分野はますます拡大し，専門分化した。またそれぞれの

社会の歴史的背景と現実の問題状況に応じて多様化しつつある。理論社会学の領域では，アメリカのパーソンズ学派の構造・機能主義（Parsonian structural-functionalism）が一時支配的な影響力をもったかにみえたが，その後当の学派の内外での批判が盛んとなり，いまやそのような社会学の「パラダイム革新」が唱えられるに至った。

しばしば「イデオロギーからソシオロジーへ」といった言葉がささやかれ，「20世紀後半は社会学の時代である」といわれていたように，1980年代にいたる頃まで，アメリカを中心とする社会学の普及と発展，とくにそれによってもたらされた理論的実証的研究の蓄積と普及にはめざましいものがあった。[5] 社会学は社会的現実の解釈にとって中心的な意義をもつ学問として名実ともに確立したかのようにみられていたのである。

さらに，理論的学説的な研究だけでなく，現実の社会現象や社会問題についての実証的な調査研究が体系的組織的に行われるようになったことである。そして，そのための技術的方法としての社会調査法も洗練され，とくに多変量解析の手法やコンピュータの利用によってますます精密化されるようになった。そして，このような社会学的研究成果や研究方法の応用や実用化が広範に行われるようになっていることである。

今や「社会学的」ということを改めて意識しないで，行政や企業体のさまざまな分野で，社会学的な調査方法や研究成果が実用化され，一般化されて普及しつつある。このように社会学の研究成果の現実化と実用化への要請に伴って，社会学と他の隣接諸科学との協力や提携が活発化し，これらの「学際的研究」においても，社会学は中枢的な役割を果たすことが期待されるようになっていた。

2．アメリカにおける社会学の展開と応用社会学の成立
——臨床・応用社会学の学史的考察

ラザースフェルド（R. F. Lazarsfeld）は，『応用社会学』の「第1章　歴史的背景」において，アメリカ社会学の創成期の情況について簡潔に素描している。ここでは，そのラザースフェルドに従って，「応用社会学」の前史ともなるア

メリカ社会学の成立事情をみておこう。⁽⁶⁾

　ラザースフェルドによれば，ヨーロッパでもアメリカでも早くから社会学は，「純粋科学の構えを採用し，価値中立的であり得るのか，それとも直接に社会改良やソーシャル・アクションに関わるべきか」の論争に組み込まれていた。そして，より応用的であった人びとは，「非理論的（atheoretical）」とみなされ，より理論に志向した社会学の仲間からは区別された。臨床社会学者に対する障碍は，1950年代から60年代にかけてより強くなり，今日でも持続しているのである。

　ソーシャル・アクションへの実際の参加は，一部の社会学者たちにとっては，学問の「価値中立な構え」の破壊とみなされ，「純粋」と「応用」のさらなる分化を産みだした。社会学それ自体の活力と効用性が探求されるようになったのは，1970年代になってからのことである。

▶▶▶ 初期の社会学――理論と実践の未分化

　初期の社会学は，理論と実践の未分化の状態であった。たとえば，ソーシャル・ワークの創出とその制度化や，プランニング（とくに都市計画）の開発運動，政策分析への関わりなどで改革目標や知識の実践的適用にコミットする学問として認知されていた。

　こうして，科学によって「啓発された実践的学問」（informed practical discipline）という社会学のビジョンは存在したが，創始者たちの社会学についてのコンセプトは相当に多様であり，応用的ワークの性質についての観念も，改革・公共政策の定式化の唱道，クライエントへの情報提供など，アド・ホックなままであった。

　このように初期の社会学は，経験科学としてあるいは実践としての社会学であるという見解は，いくつかの面において曖昧であり，有効に統合されることがなく，アカデミア内部でも代替的な非アカデミック組織でも制度化されなかったのである。その結果は依然として今日まで続いているといえよう。

▶▶▶ 第 2 次世界大戦前後

ロックフェラー（Rockfeller），カーネギー（Carnegie）およびフォード（Ford）の財団など社会的世界のワーキングに関する知識を求めているパトロンから，社会学が大きなサポートを受けた。しかし，この探求のほとんどは，理論的に裏付けられたものではなく，記述的なものに留まり，パトロンもまもなく見放してしまった。『アメリカの兵士』（*The American Soldier*）は，政府によって資金援助されたもので，調査と理論が有用な知識を与えることができることを証明した最初の研究であった。

第二次世界大戦後，社会学の発展についてはかなり楽観視されていた。その発展とは，理論・方法・調査・エンジニアリング（工学）などが社会を洞察できるような仕方で組み合わされることであった。しかし，そうはならなかった。

理論は誇大になり，経験的調査はデータを細分化して――コンピュータ利用によって――あらゆることを他のあらゆることに相関させるようなものになり，社会学的実践は社会学の世界からはほとんど消失した。いわゆる「誇大理論」（grand theory）は，社会工学とは何らの関連性ももっていないので，実践的問題の解決のためには容易に移し替えることはできなかった。スプートニク時代以降に莫大な金がアメリカの大学に注ぎ込まれた時，調査はそれ自身の仕方で進められ，理論に大きな注意が払われることはなかった。

▶▶▶ 60年代――社会学の一時的隆盛(7)

学生が社会学部に溢れた。しかし，教授たちは，量化的方法やイデオロギー的グランドセオリーに耽っていた。マルクス主義者のアイデアもミルズ（C. W. Mills, 1916-1962）などを例外として，イデオロギー闘争に火をつけたことを除いては，調査を形成しなかった。社会学的実践の復活を見いだしたような多くの人びとは，1960年代のイデオロギー沸騰に由来し，アメリカ社会学の創始者たちと同じビジョン――社会改良と社会に役立つ仕事――をもっていたのである。

しかし，「彼らは技術者的精神（engineering mentality）をもっていない。彼

らは自分たちを臨床家そのものであると見なしてはいたが、資格なしの自らの活動を導く経験法則なしの臨床家に過ぎなかった」のである。

▶▶▶ 最近の傾向——社会学の危機の到来[8]

このように、1950年代後半から80年代までが、いわば社会学の絶頂期であった。それ以降、一世を風靡した感のあったパーソンズ（T. Parsons）一派の構造・機能主義が批判され、そのパラダイムが崩壊して、エスノメソドロジー、シンボリック相互作用論、社会構築主義などのミクロ社会学が流行した。しかし、それらの立場による経験科学的立場の無視や否定などによって、社会学自体が混乱し、いわばひとつの統一したディシプリンとしての社会学が崩壊し、「社会学の危機」に遭遇したのである。このような状況を克服し、社会学を再活性化させるためには、社会学本来の基本的要請であった理論・調査・応用の統合、マクロとミクロアプローチの相互媒介、そしてひとつの統一したディシプリンとしての社会学の確立を目指さなければならないであろう。

ターナー（J. H. Turner）は、現今の社会学における理論・調査・実践の乖離と応用社会学の分化・分裂分離の傾向を以下のように指摘して慨嘆する。「調査」は、コンピュータとパックされたプログラムの出現とともに、サーベイ調査（survey）が優先されるようになり、儀式化された。「実践」は、イデオロギー的になるか、資格なしで臨床家たろうとするか、記述的データを求めているクライエントを獲得するためサーベイ調査で対処しようとしている。

「理論」は、機能主義の「誇大理論」を取り壊すマルキストになるか、さもなければ「人間行動の予測不可能性」（unpredictability）や、人間に関する反科学宣言（anti-science pronouncements）の猛攻撃を伴ったミクロ（理論）へと赴き、そのいずれも社会学的工学を促進させるものではなかった。

1960年代末から70年代にかけての反乱のうねりでさえも、量化的社会学は支配的になっていた。観察法や歴史的方法の定式化は容易にできなかったからである。また理論構築運動（theory construction movement）も理論の制度化には至らなかった。ターナーによれば、生態学理論やシンボリック相互作用論、ソ

ローキン（P. A. Sorokin, 1989-1968）によって開発されたような少数の誇大理論を除いて，世界大戦の間に理論化の不足がみられ，1960年代半ばには，理論は社会学的説明のための統一的手段であるよりは，むしろ相争うパースペクティブのための戦場になった。

さらに，「実践」も制度化に失敗した。アメリカ応用社会学会では幾度か組織化が試みられ，社会問題研究学会の創設，臨床社会学会（社会学実践学会），アメリカ応用社会学会など包括的なあるいは特定化された類似の組織が創設され，ASA（アメリカ社会学会）が成長しているその時点でASAのフォーマルな構造の外側に多くの応用ウイングが移動した。そしてまた大学や学部のレベルで，応用社会学とみなすことのできる多くのものが，都市計画・公衆衛生・コミュニケーション・公共政策のような別々の学部や学科に編成されるようになった。

このようにして理論と実践は，社会学内部での首尾一貫した分野として保持できなくなったのである。そして，ひとたび社会学という学問の実践的応用的ウイングが社会学の外側に基礎を置いた新しい組織に移動すれば，それらの合併の見込みは，ますます遠のいてしまうようになった。このように，アメリカ応用社会学会は，不統合のままで分裂状態にある。

3．日本の社会学の展開

▶▶▶ 理論・学説研究

日本における社会学の研究は，当初は英仏独等の学説研究や方法論の検討による学問としての体系化を目途とするものが主流であったといえる。しかし，次第に独自の自立した研究業績が陸続して刊行されるようになった。そのなかでも特に高田保馬『社会学原理』(1919)，新明正道『社会本質論』(1942)，尾高邦雄『社会学の本質と課題』(1949)，清水幾太郎『社会学講義』(1950) などが優れた著作として着目されよう。そして，高田，新明，尾高の間で交わされた「社会学における私の立場」（『社会学評論』第4号　1951：79-104）は，戦後日本における社会学のあり方やオリエンテーションを規定するような論争であった。[9]

▶▶▶ 調査・実証研究

調査・実証研究では，初期は戸田貞三の日本家族構成に関する計量的記述や奥井復太郎の『現代大都市論』(1940)といった研究を例外として，もっぱら家と家連合としての同族団，村落，地主・小作関係といったものを対象としたモノグラフや歴史的記述研究が主であった。有賀喜左衛門『日本家族制度と小作制度』(1943)，喜多野清一『家と同族の基礎理論』(1976)，中村吉治『村落構造の史的分析』(1956)，福武直『日本村落の社会構造』(1959)，その他にも現地調査のみならず国勢調査の職業分類データを使用して体系化された尾高邦雄の産業・職業社会学，参与観察に基づいた松島静雄や間宏の中小企業に関する調査研究，親分・乾分関係や暴力団に関する岩井弘融の『病理集団の構造』(1963)，中野卓の古典的な『商家同族団の研究』(1957)，などを挙げることができる。

とくに，これらの社会調査の方法の入門書として福武直の『社会調査』(1958)や，安田三郎・原純輔の『社会調査ハンドブック』（第3版：1982）があり，やや専門書的なものとしては安田三郎・海野道郎の『社会統計学』（改訂2版：1977），G. W. Bohnstedt & D. Knoke, *Statistics for Social Data Analysis* (2nd ed.：1988) の海野道郎・中村隆監訳『社会統計学』(1980)があり，また，質的データの数量化の方法としてすぐれた技法としての数量化理論（第Ⅰ類から第Ⅳ類）の洗練された技法を完成させた林知己夫や彼を代表者とする『日本人の国民性』(1975)なども注目されてしかるべきである。

▶▶▶ 応用・実践研究

上に挙げた調査研究の大部分は，それ自体応用的実践的な性格をすでに含んでいる場合が多かったが，とくに福武直の農村研究などでは，いわゆる「封建遺制」の残存を究明し，農村と農民の民主化と新しい農業の経営形態としての協業や共同化といった実践的目標を掲げた啓蒙的な活動をも志向しようとしていた。

初期の主なものを思いつくまま挙げておくと，すでに，1966年に大藪寿一に

よって『応用社会学』というタイトルがつけられた著作が刊行され，また大橋薫は『社会病理学』を唱導して多くの賛同者を集め，大橋は地味ながらも日本における社会学の実践ないし実用化に貢献している。また塩原勉の『組織と運動の理論』(1976) や，舩橋晴俊・長谷川公一らの『新幹線公害──高速文明の社会問題』(1985) や原子力発電所の立地や公害その他の環境汚染をめぐっての一連の「環境社会学研究」も，現今のわが国における応用社会学的研究の事例といえるであろう。

　想起すれば，終戦後まもなくGHQの指示により内閣官房府に国立世論調査所が設置された折に，小山栄三所長や甲田和衛主席調査官のもとで筆者（齋藤）自身も非常勤の国家公務員である「地方調査連絡員」なるものの一人に任命された。年に数回首相官邸の会議室に集められて国民世論調査の企画や報告を受けたあと，官邸階段であたかも内閣新任式を彷彿とさせる記念撮影があって，それを受け取った記憶がある。この国立世論調査所は後に「中央調査社」なるものに移管され，地方連絡員制度もいつの間にか消滅してしまったようであるが，私にとってはそのような体験が実践的な社会調査に強い関心をもつひとつの契機となった。

第2節　現代社会学における研究分野の拡大と多様化

　現代社会学は，これらの系譜や伝統を受け継ぎながらも，その研究分野は，ますます拡大し，専門分化している。またそれぞれの社会の歴史的背景と現実の問題状況に応じて多様化しつつある。したがって，現代社会学のすべての研究領域を洩れなく，しかも首尾一貫した基準で体系化することは，きわめて困難な状況になっている。[10]

　たとえば，日本社会学会での「社会学文献目録」の内容分類コード表をみると，社会哲学・社会思想・社会学史から始まって，環境，総説・概説，その他に至るまで33項目に亘っている。しかもその分類の基準そのものが不明確で，挙げられ

ている項目も行き当たりばったりで，ほとんど体系化されていない状態である。本来これらの社会学研究領域の体系化は，研究の累積的発展と効果的な教育訓練のためには不可欠なものでありながら，この種の論議はどうしても形式的に流れやすいためか，最近の研究者の間では不人気であり，真摯な検討がほとんど行われていない。

しかし，考えてみると，社会科学における体系化のための古典的な基準として，「理論」（原論），「歴史」（実証），「政策」（応用）といった3つの柱があり，社会学においても理論（一般）社会学，調査（実証）研究，実践（応用）社会学の3区分が通例であり，比較的新しいものとして，富永健一が，認識方法による区分と，対象による区分を組み合わせて，現代社会学の包括的な部門分けを試みている。[11]

われわれも基本的には，社会科学の体系化のためにこのような基準に従いながら，現代社会学の諸領域を，「理論研究」「実証的調査研究」「応用研究」の3つのカテゴリーに区分し，それぞれの内容とその間の関連を概観してみよう。

1. 理論研究

▶▶▶「理論研究」の意味

最広義では，応用・実践研究に対比して，基礎的・学術的純粋研究を意味し，社会現象に関する知識そのものの探求とその体系化，とくに普遍化的な認識の追求を意図しているものを指している。

狭義では，実証的調査研究や政策・応用研究とは次元的に区別された社会に関する原論・一般理論といった学説のコメンタリーや，実証的調査研究の成果による経験的一般化の蓄積に基づいたモデル構築，あるいは理論的仮説の提示とその検証による法則的知見の探究とその体系化を目途とするといった研究を指している場合が多い。しかしそれらだけでなく，社会学的パースペクティブの構築，パラダイム・研究法の検討などの認識論・方法論，さらに領域別・専門分野別の理論や，調査と一般理論を媒介するという中範囲の理論をも含めることができるであろう。

しかし，ここでは慣例にしたがって，まず社会に関する学説史的ないし方法論的研究の分野を含めて，「理論社会学」と一括しておこう。さらに試論として，それらをさらに「社会学原論ないし社会に関する基礎学としての社会学」と「一般理論としての社会学」「専門分野別領域別理論」の3つに区分してみよう。

① 社会に関する基礎学としての社会学（社会学原論）

ここでは，社会の本質とか，人間存在の社会性，社会と文化，社会の構造と変動，社会体制の構造原理など，いわば個人の主体的行為が全体として客観化され構造化されることによって，逆に個人を拘束するという社会と個人の関係のあり方について，学説史的にあるいは論理的に追究する分野である。そして，これらの理論はしばしば人びとの社会に関する基本的なものの見方や考え方を指示し，時にはあたかも「目から鱗が落ちたように」人びとの世界観・社会観を培って暗黙裏に価値判断を裏打ちするとともに，逆に理論自体は価値判断を前提としてそれに支えられているのである。

これらの基礎学としての理論研究においては，主として学説史的ないし論理的な思弁によって，基本的な視角を構想し把握しようとしている。この種の「原論」は，部分的には確実な事実よりは，直感やイマジネーションの所産であり，したがって部分的に思弁的（非経験科学的）な要素を含むものであることを認容しなければならないであろう。

② 一般理論としての社会学

人間の行動や行為の分析から始まって，社会的相互作用や社会関係の諸形態，社会集団の諸類型，集団の構造と機能，組織，地位と役割，地域社会，社会的分業，職業の分化，社会階層・階級，国家や民族などの全体社会の構造と変動のメカニズムなど，ミクロ・メゾ・マクロに亘る社会現象に関する社会学的な概念規定や定義・諸類型を設定し，これらの諸概念間の関連についてのモデルや分析枠組みあるいは諸命題の体系から成り立っているものである。

これらの一般理論には，人間の行動や行為に関するいくつかの公理的命題や抽象的な仮説を設定して，そこからできるだけ普遍性をもち得るようなモデルや理念型を論理的に構想する「公理演繹体系としての一般理論」と呼ばれるものもあるし，あるいは具体的なデータによる「経験的な一般化」を基礎にして帰納的に構成された理論もある。しかし，これらの理論は，マートン（R. K. Merton）が指摘しているように「概念の数は多いが確認された理論は少なく，視点は多いが定理は少なく，方法は多いが成果は少ない(12)」ともいえる。このように一般理論としての社会学は，目下の所その理論内容や成果よりも社会学的な概念規定や用語によって社会現象を裁断するための道具立てであり，「方法としての社会学」の性格が強い。

③ **専門分野別領域別理論**
　「専門分野別領域別理論」は，行為理論，シンボリック相互作用論，小集団論，役割理論，準拠集団論，エスノメソドロジー，社会成層論，社会システム論などの理論体系に基づく専門研究とともに，家族や職業，企業組織，地域社会，都市化とコミュニティ形成，階層・階級，新中間層と大衆社会，現代社会論といった諸問題や諸領域を対象とする理論的な研究を指すことになる。このような社会学の専門分野は最近ますます拡大し細分化するとともに，一方においてそれらの専門分野間の関係のあり方や，隣接諸科学との協力による学際的な研究が盛んになりつつある。

　また，教育社会学，宗教社会学，法社会学，言語社会学，芸術社会学等々のいわゆる「連字符社会学」も，次第にその研究成果を蓄積し，学問としての体系性を整えるに従って，とくに学際的な研究において重要な役割を果たしつつある。

2．実証的調査研究と政策・応用研究

▶▶▶ **実証的調査研究**
　記録文書や統計資料の収集と分析のみならず，むしろ直接的に人びとの意識

や行為についての面接と観察の実施によって「社会的諸事実についての記述と解釈」を企図するのが社会学的調査研究の特質である。いわゆる社会調査とは，特定の社会事象を対象として，その対象およびそれに関連する諸事実を，現地調査を中心として，直接的にデータとして収集し，その整理・分析を通じて，対象の科学的解明を企図する過程およびそれに関わる一連の技法である。

通常「質的調査」と「数量的調査」に大別されているが，対象とされるケースに対して可能な限り包括的なアプローチを試み，その独自な特性の記述や解釈，モノグラフの作成などに従事するのが前者であり，探索されるべき属性の空間的な分布と時間的なトレンドやパターンの確定やそれらの相関的・因果的な分析を目指そうとするのが後者である。

いずれにせよ，これらの調査による「経験的一般化」，さらに可能ならば実験的手法の適用と数理的調査技法の洗練による因果的モデルの構築，それらの分析による理論的仮説の検証（理論的モデルのみならず，規範的政策的期待目標の妥当性をも含む）を目途としているのが実証的調査研究である。

このように調査的実証研究は，理論の検証だけでなく，新たな理論形成と発見をも触発し，応用や実践に対する有効で妥当な方法と技術的手段を提示することも期待されているのである。

▶▶▶ **政策・応用研究**

語義的には，応用社会学とは，すでに確立された理論的命題や実証的な調査研究の成果や洗練された社会調査の技法を，現実に解決を迫られている社会的諸問題に適用し役立てていくものを意味することになる。それは行政や企業の政策策定や遂行に関する社会学的知見や調査技術の適用といった社会工学的な診断によるプランニング・コストの測定とか，専門職的識見に基づいて設定された問題についての審査・諮問や勧告，それらの実施経過や結果の評価といった一連の「政策関連事業」だけでなく，社会学者自らが実務者になって社会病理の当事者として悩み苦しんでいるクライエントに直接接触して，問題状況について可能なかぎり参与観察を行い――臨床しながら――，所与の条件のもと

で実施可能なベストの処置や処遇をクライエントに直接適用し(「介入」)、クライエントの自立と福祉に資するといった「臨床社会学ワーク」がある。[13]

さらに,「社会病理・診断型」として,専門社会学的知見と調査の実施に基づいて差別・暴力・犯罪・非行・アルコール依存症などの社会的な逸脱・異常・病理の諸現象の発生・分布・展開・推移状況などを科学的に観察・分析し診断を行い,さらに査定・評価や,可能ならば矯正・保護・更生の方策について検討を行うものもある。さらには社会問題論・社会運動論,家族問題論的アプローチや「環境社会学的アプローチ」なども,応用社会学の範疇に入れることができるであろう。

3．基礎と応用の社会調査——共通性と相違点

▶▶▶ 社会調査の「基礎」と「応用」の区別

社会調査における「基礎」と「応用」の区別は,誰がその研究のための従属変数を選択するか(研究の主体は誰か)に要約されるという議論,すなわち研究者の選択であればそれは基礎調査であり,研究資金を提供する財団や基金の執行者や政策担当者であれば応用調査であるという議論があるが,その区別は基礎と応用の調査活動に関わる人員や組織が相当に重複するので不分明にならざるをえない。

唯一の正当な区別は,調査がそのために処理される目標(調査の目標)のなかに線を引くことである。つまり,応用社会調査は何らかの現実世界の問題解決のために向けられており,対照的に基礎調査は,その学問における知識内容の増進のために実施される。コールマン(J. S. Coleman)の用語を借りるならば,応用調査は「政策決定指向(decision-oriented)」であり,基礎調査は学術指向(discipline-oriented)」である。ロッシ(P. Rossi)は「基礎」と「応用」の区別として,以下のような点を挙げている。[14]

「基礎」と「応用」の区別を可能にする事項

基礎と応用の社会調査は社会科学というデシィプリンの「科学」と「技能知

識」は共有し，理論と方法・手続きにおいてはまったく類似してはいるが，それらの「技」に満たされた側面（ペース，スタイル，マナー）において異なっており，基礎と応用のそれぞれの作業のスタイルは次のような点で異なっている

① **聴衆（audience）の違い**：基礎調査の聴衆は拡散し隔たっており，主に専門雑誌の読者から成り，それらの人びとの関心を予測したり特性づけることは困難である。またどのように反応し，行為するかも不明のままである。応用調査の聴衆はまったく異なり，直接の聴衆はもちろんその調査を委託したクライエントに加えて他の関係者，影響を受ける人，当面の政策問題と利害関係をもつ政策形成者達である。そして，これらのクライエントの反応とこれらの反応の予測が応用社会調査に影響する。

② **調査活動の期限の有無とペースの違い**：基礎調査は手短に言えば悠長な調査研究であり，それには最終期限があっても延期されたり，学事暦で調整される。対照的に応用調査は，その開始と終わりをクライエントによって課せられる。最終期限は真剣に受け止められねばならない。基礎調査においては他の，より重要で切迫した事柄に注意するために延期することができるかもしれないが，応用調査においては，その調査よりも重要で切迫したものは存在しないからである。

③ **分析において強調される独立変数の種類の違い**：基礎調査においては，独立変数を以前の理論や仮説を基礎にして選択する。低次のレベルでは，説明される変化を最大化するという基準（criterion of maximizing the variance explained）を用いながら，アド・ホックに独立変数を捜す。応用調査では，政策介入に従って必然的に操作可能な変数に焦点を置くことになる。

基礎調査においてはより高次の変数がベターであるが，応用調査においては政策に貢献している変数が政策形成者による操作に従うかどうかが重要である。

④ **個人レベルでの関係性の違い**：基礎調査では個人間の関係性は大学内や専門職一般の関係性と同じであるが，応用調査ではクライエントとの関係が調査活動のあらゆる側面に影響することがある。

基礎調査と応用調査の間のこれらの差違は，以上の他にも，問題の定式化，調査のデザイン，調査のペースの置き方，調査される変数，企図される分析のタイプ，強調されあるいは埋没される発見，結果が提示される著作物のスタイル——などに亘っているのである。

しかし，この区別でさえも特定化された状況においては，線引きが困難である。社会問題の解決はそれらを理解するまではほとんど着手することはできな

いし，逆に社会問題の理解はそれについての潜在的な（可能となる）有効な解決策がイメージできる時にのみ理解されるからである。

第3節 「理論・実践・応用」の概念
——応用社会学の端緒

1.「理論・実践・応用」の関連

▶▶▶「理論」と「実践」の関連

　社会学の在り方をめぐっては，社会学的認識とその実践・実用との関連をめぐる論議も多い。社会や人間の問題は「あれこれと解釈するだけではなく，それらを変革することが重要」（マルクス）なのだろうか。それとも社会学は純粋科学として実践的価値的問題からはつねに一定の距離を保つべきものなのであろうか。また社会学の応用ないし実用化は，純粋の理論的実証的研究といかなる関連に立っているのであろうか。

　すでにみてきたように19世紀に成立した初期の社会学は，「総合性」と「歴史性」とともに「実践性」が強調されていたが，ジンメル等の形式社会学においては学問としての純粋理論にとどまろうとしていた。しかしその後のドイツ文化社会学は知識の存在被拘束性を説くことによって，好むと好まざるとにかかわらず社会的現実の解釈と対応姿勢を方向づけるという機能を果たしたし，英米の文化人類学も「何のための知識か」を掲げて，その研究姿勢や成果における実践性や実用性を強調した。逆に現代社会学のなかには，しばしば「体制内的イデオロギー」となって，本来の科学的関心や批判精神からよりは，直接的な実用化や応用的な関心にふりまわされているという傾向もないわけではない。

▶▶▶「理論」と「応用」の関連

　「理論と実践」の論議と重なる面が大きいが，社会学的認識の在り方として，

「応用」すなわち特定の改善改革目的のために研究すべきか，それとも普遍的な事実認識を積み重ねて構築する体系的な知識に基づいて応用を図るべきかの2つの立場が区別される。

　理論と応用の関連については，応用よりも理論を重んじる立場（理論＞応用）と，逆に理論よりも応用を重んじる立場（応用＞理論）がある。前者は，「確立された理論があってはじめて応用がある」と考えるもので，理論なき応用はアド・ホックで自律性がなく，普遍化的認識への志向を欠くと主張する。

　一方，理論よりも応用を重視する立場では，実証的調査研究と連携のない理論的テーゼは経験科学とは無縁であるとみなす。応用重視の立場では，理論は無用な概念規定やパースペクティブ，あるいはイデオロギーの開陳のレベルにとどまるものである。そうした理論は，学派ごとに対立して統一性はみられず，経験的に妥当する法則的な一般理論なるものは皆無に等しい。

　たとえば，高田保馬の「結合定量の法則」とか「基礎社会衰耗の法則」「勢力論」など一部のエピゴーネンが社会学理論の典型であるかのごとく称揚しているが，それらは自明の常識的知識をもっともらしく繰り返しているに過ぎないし，また史的唯物論における弁証法や矛盾論もいわばメタ理論の一種であって，基本的立場を単に宣言しているに過ぎないとみなすことができる。

　応用重視の立場に立てば，実証的調査研究と連携のない理論的テーゼは経験科学とは無縁である。むしろ既存の理論とはまったく関連なしに虚心坦懐に現実の中に飛び込んで，そこに存在する実践的問題を体験し，それらの実態調査を通じて学び取るといった現実尊重，現場重視の立場を取るべきである。たとえば，参与観察法とか民族誌からなる記述的な調査研究がその典型である。また，計量的な調査でもフィールドワークから獲得されたデータからの帰納的な分析だけを第一義的に重視するものも同様である。

　事実，実際的な問題の処理が，新しい理論の生成や構築に貢献している場合が多い。たとえば，「インフォーマル・グループ理論」（ホーソン工場での現場処理のデータから導出された組織理論）や「コスモポリタンとローカルというリーダーの類型論」（雑誌購読者層の調査から導き出された理論），「相対的剥奪と

準拠集団の理論」（アメリカ軍の士気の調査から発見された理論）などである[15]。このようにして，理論の妥当性の検証は単に実証的な調査に頼るだけでは不十分で，真実のテストは応用や実践の次元に関わることによって明らかになる。

▶▶▶ 「科学」と「実践」の相互補完関連

　科学の目標は，抽象的で普遍化的な理論の開発であり，臨床家や実務家の働く場所は特定の社会システムや問題状況である。抽象的・普遍化的なものは，特定的なものから帰納的にイメージされる。そして理論は演繹的にテストされる。臨床的経験は理論の開発と確証において重要な役割を演じることができる[16]。

　応用社会学は，客観性や予測といった目標や価値に関しては，基本的にかかわりをもたず，ディシプリン志向よりはクライエント志向で現実世界の問題の処理にかかわっているのに対して，理論社会学は学問としての知識の蓄積と拡大（客観性と予測の妥当性）を目指している――といわれてきた。しかし両者は複雑に相互に絡まり合い，共通の方法と理論的基盤を共有する。応用社会学者は彼らの収集したデータの「実践に関連する含意」（action relevant implication）を探求しながらも，知識の蓄積という学問的目標にも貢献するという第3の最優先の任務をもっているのである。応用社会調査は，理論を実際的なテストにかけることによって，理論の定式化と再定式化の進行過程に貢献する[17]。

2．理論研究と応用研究の統合への要請

▶▶▶ 理論と調査の相互媒介を主張する立場

　経験科学としての社会学は，理論的体系性とともに，その理論は事実によって裏づけられた実証性をもっていなければならない。その意味で文字どおり「理論のない調査は盲目であり，調査のない理論は空虚」（R. K. Merton）[18]である。一般に理論は実証的な調査研究に対して，調査すべき問題の選択と作業仮説形成の導きの糸となり，調査を組織的・系統的に進行させることになる。一方，実証的調査研究は，事実の収集や仮説の検証を通じて理論の妥当性と信頼性を高め，さらに新しい問題意識を導き出すことによって理論を再構成したり

明確化していくのに役立つといわれてきた。

　周知のようにマートンは，現在の社会学の力量からみて，あらゆる時代あらゆる社会に妥当するような高度に普遍化的な一般理論をいきなり樹立しようとするのは時期尚早であり，むしろその適用範囲は限定されたものであれ，日々繰り返されている調査などで豊富に展開されている小さな作業仮説と，包括的な概念図式とを媒介する「中範囲の理論」(theory of middle range) を構築することの重要性を指摘した。[19] マートンにおけるこのような主張は，社会学研究における理論と調査の相互媒介の必要性をとくに強調したものといえよう。

　しかし，調査研究，とくに事例研究においては，目前の現実の多様性と複雑性のゆえに，それぞれの現実の担っている諸条件に目を奪われ，その独自性からほとばしりでる問題が研究者の問題意識を強く制約して，現実の事例の特殊性を強調する記述的調査に終始しやすい。しかし，本来の社会学的認識においては，われわれの身近な日常的出来事から出発しながらも，それらを「全体としての社会的現実とのつながりのなかで理解する精神的資質」(C. W. ミルズ『社会学的想像力』) を不可欠としている。その意味でも，種々の社会的事象を全体のなかに位置づけ，基本的なものと派生的なものとを区別できるような巨視的理論との連結も不可欠なのである。

▶▶▶ 理論と実践の統一を主張する立場

　これに対して「何のための知識か」という立場から，理論と実践の統一を説く立場がある。マルクスの場合がその典型であるが，アメリカの文化人類学者のリンド (R. Lynd, 1892-1970) も，科学は本来実践的な問題を解決する手段として発生したものであり，価値判断からの自由の立場は客観性の確保という名分が「中立性のかくれみの」として利用され，結局は現状肯定の保守的イデオロギーとしての役割を果たしているときびしく批判している。[20]

　社会学における認識過程は，研究者の理論的背景とともに，彼の現実の社会に対する実践的な問題意識を起点とするものであり，さらにそれは一定の歴史的社会的現実のなかで行われるものである限りにおいて，欲すると否とにかか

わらず，また意識すると否とにかかわらず，ひとつの実践的な社会過程なのである。したがって，対応している問題の文脈や調査技術をまったく無視して，理論的な次元だけで基本的立場や原理を云々したり，パラダイム革新を唱えることは必ずしも生産的とはいえない。理論社会学と応用社会学の関係は「確立された理論の現実への適用」といった単純な図式では尽くすことができない。両者はそもそもの問題意識や発想様式を異にしており，後で触れるように，しばしば相互の反発や対抗すらもみられるのである。

　応用社会学に向けられる批判の多くは，それが価値中立性からの逸脱ないし破壊であるというものである。しかし，完全に価値中立的であることが可能であるかどうかは暫く措くとしても，理性ある人びとであれば同意できる社会問題——貧困・飢餓・虐待・暴力・差別・非行・テロリズム・環境破壊・民族浄化等——が存在するのである。

▶▶▶ 価値判断からの自由の立場

　社会学における理論と実践の関連をめぐって，マルクスと並んで大きな影響を与えたのは M. ウェーバーの「価値判断からの自由」の立場である。ウェーバーによれば，理想や善悪，当為などの評価にかかわる実践的価値判断は主観的なので，各人の人生観・世界観によって異なり，いわば神々の永遠の争いの世界であり，それらは政治や道徳や宗教の次元の問題である。社会学がこのような実践的価値判断の世界に踏み込むならば，科学としての客観性を喪失し，科学の名において特定の党派的なイデオロギーを唱道したり擁護したりする結果に陥りやすい。

　したがって，彼は社会学は実践的な価値判断と客観的な事実判断とを峻別し，あくまでも客観的な事実の分析にとどまるべきことを主張した[21]。このような客観的な事実判断にとどまることによって，下手にイデオロギーに毒された教説よりは，所与の目的達成にとっていかなる手段が有効適切であるかを評定できるし，立てられた目的相互間の論理的整合性を確かめることもできるから，より実用的ですらあるといえよう。

3.「応用社会学」の現状と課題

▶▶▶ 日本における応用社会学の現状

　社会学と社会的現実とのかかわりあいをめぐる論議は，理論的認識と政策的実践との関連のあり方として，学史的にも方法論的にもつとに繰り返し繰り返し取り上げられてきた問題である。一方における「価値判断排除の立場」と，他方における「批判科学としての使命を説く立場」とは，一見大きな距りをもっているように見えながら，何れの社会学的認識においても，何らかの政策的関心との関わり合いにおいて，その認識対象の選択と方向づけが影響されていることは紛れもない事実であろう。

　学史が教えているように，これまでの多くの社会学的認識は，時には基本的社会観や社会的現実に対するパースペクティブを開陳してみせることによって，あれこれのイデオロギーないし政治的立場の論争点を明らかにし，改革を必要とすると思われる社会的条件を指摘しうるものとみなされてきた。社会学理論の実践性とか啓蒙的役割といわれているのは，そのような次元での事柄であり，したがってイデオロギー批判の武器ともなり得た。

　しかし，社会学的認識と社会的現実との関連は，いまやそのような基本的な社会観やイデオロギーのレベルでの議論とは別の次元によこたわっている。つとにマンハイムが指摘したことであるが，現代の社会学的知見や社会調査の技法は，いわゆる「社会的技術」として，それがたとえ不完全なものであっても，さまざまな分野で意識的に利用され，甚大な影響力をもつにいたっているという事実に着目しなければならないであろう。

　今日の社会学は，たんにイデオロギーのレベルでの効用だけではなくて，実証的経験的に確証された認識成果やその技術そのものが現実の社会過程にフィードバックされ，全体としての社会過程に直接的あるいは間接的に影響をあたえているのである。事実，高齢化や家族解体，生活改善や貧困対策，住民運動や市民運動との関わり合い，コミュニティ施策や地域開発へのコミットメント，さらに社会工学的アプローチや政策科学的発想の唱道，はては社会批評

や時代診断にいたるまで, 種々雑多なイッシューに関する何らかの記述や提言が, いかに素朴でアド・ホックなものであっても, すべてそのまま社会学の応用であるかのようにみなされている。

▶▶▶ 応用社会学の基本的性格と在り方

応用社会学の基本的性格やそのあり方に関しては, 後述（第4章第1節）のように必ずしも一義的に明確化されているわけではない。たとえば, 社会学的認識の実践性を強調する立場にたてば, 理論社会学即ち実践（応用）社会学であり, 実践（応用）社会学は, 理論社会学に対する別の部門ではなく, 理論と実践との結びつきを強調する社会学を特徴づける名称に過ぎないことになる。

さらに, 応用社会学のあり方として, もっぱら社会調査の技術的方法を, 具体的実用的な問題領域に適用するものを指している場合もある。たとえば社会調査におけるサンプリングや検定の方法, 態度調査, 社会測定の技術等を用いての世論調査や市場調査, 選挙や投票行動の予測や分析を行う場合とか, 事例研究法とか生活史分析法, 面接と観察の技術を用いて, ケース・ワークやグループ・ワーク, コミュニティ・オーガニゼーションといった社会事業（ソーシャル・ワーク）の調査やクライエント処遇の技能として利用される場合などである。また, 新しい傾向としてシステム分析が組織体の管理や地域開発に適用されている（第3章参照）。

その際に役立つ社会学的知見のタイプは, どんなものであろうか。中範囲理論か, 一般理論的なモデル理論か, それとも類似した事例についての実証研究の内容, あるいは洗練された社会調査技法の適用か, ——その実施可能性・妥当性と有効性が問題となる。さらに, 既存のあるいは先行している類似社会諸科学との関係, たとえば社会運動論・社会政策学・社会福祉学・環境社会学などとの関係はどうなるのか, 包摂するのか別個の専門科学として自己主張するのか明確になっていない。応用社会学の現状は, 理論社会学の場合とまったく同様に, 多様な分化や分裂あるいは統合が, 繰り返されているのである。

アメリカにおいても初期にみられたソーシャルワーク（社会事業）との未分

化の状態から社会福祉学の分離・自立化の趨勢がみられ，ラザースフェルド以降でも社会政策やソーシャルプランニングの分野での「社会工学」や「応用社会調査派」が活性化し，「臨床社会学」の分離独立の傾向が支配的になっていたが，1986年に再びそれらが「社会学実践学会」（Sociological Practice Association）として「再統合」されている。

日本においても，かつての実践社会学の系譜に連なる社会運動論派や社会問題論的アプローチを強調する立場もあれば，逸脱行動や種々の病理現象の分析や診断に従事しようとする「社会病理学派」，悩めるクライエントに直接接触して，矯正や更生自立を目指して介入しようとする「臨床社会学派」が分化しつつある。かつて社会学の主要な実践分野とみなされていた社会事業は，いまや「社会福祉学」の領域として，むしろ分離独立を主張する状態になりつつある。そして本来ならば社会学の応用とみなされるべき「社会政策」は，日本では経済学的パースペクティブが支配的であって，社会学的視角からのアプローチは，ごく最近になってようやく見かけられるようになっているだけである。[23]

▶▶▶「応用社会学」の概念

いずれにせよ応用社会学は，社会学的パースペクティブや理論命題あるいは社会調査法や調査結果の知見等を利用して，実践的・実用的な——しかも実現可能性をもった——目標の設定とその目標実現のための手段や手続き，結果の査定や評価に関わろうとする試みであるから，少なくとも機能的に，理論社会学からは一応区別される社会学の部門であるとみなすことができるであろう。

われわれの「応用社会学」の概念は，外延的には，啓蒙的実践的な社会学理論から始まって，マクロな社会計画論・社会政策論や諸種のコミュニテイ施策，組織論・運動論，福祉施策，また社会病理現象の分析と診断，さらにミクロなレベルでのクライエントに直接接触して介入的処置に専心しようとする「臨床社会学」にいたる広範囲の分野を包括する。

応用社会学は，現実の社会過程や社会変動に対して，一定の価値前提と社会学的パースペクティブに従ってアプローチし，そこにみられるある種の社会的

状況や局面を，社会問題ないし社会病理として認識し診断して，それらの問題の解決のための具体的な目標を設定し，その目標実現のための手段や方策，利用可能な諸資源を勘案し，それらの手段・方策・資源を動員して，何らかの調整や改革・変革を実施し，その結果を査定・評価するという全プロセスが関わっている。

しかし，「原論」としての本書では，まずそれらを応用社会学の諸類型として記述することにして，むしろそれらの諸施策に共通する属性であるところの──「目的的社会変動」に関わる「社会学的知見の利用過程」──に焦点を据えながら，応用社会学の論理と問題の所在を体系的に解明して行きたいと思う。

〈注〉
(1) 本節の1は，齋藤吉雄編，1984，『社会学──理論と応用』第1章第1節によるもので，主として次の文献を参照した。
　　新明正道，1954，『社会学史概説』岩波書店
　　S. F. Nadel, 1951, *The Foundations of Social Anthropology,* Cohen & West.
　　鈴木幸寿編，1972，『社会学史』学文社
　　R. F. ラザースフェルド著，1975；齋藤吉雄監訳，1989，『応用社会学──調査研究と政策実践』恒星社厚生閣
　　R. K. マートン著，森東吾ほか訳，1961，『社会理論と社会構造』みすず書房
　　C. W. ミルズ著，鈴木広訳，1965，『社会学的想像力』紀伊國屋書店
　　尾高邦雄，1949，『日本における社会学の本質と課題（上）』有斐閣
　　M. ウェーバー著，富永祐治・立野保男訳，1952，『社会科学方法論』岩波文庫
(2) 清水幾太郎，1948；1980，『社会学講義』岩波書店
(3) 清水幾太郎，上掲書
(4) 清水幾太郎，上掲書
(5) ダニエル・ベル著，岡田直之訳，1969，『イデオロギーの終焉』東京創元社
(6) 以下は，ラザースフェルドの『応用社会学』の「第1章　歴史的背景」に基づく。
　　この時期は，アメリカでは，1923年の「社会科学審議会」（Social Science Research Council）創設の時期から1930年代における，かの有名な社会学の科学性をめぐるランドバーク（G. A. Lundberg）とズナニエッキ（F. Znaniecki）の論争などを経て，第二次世界大戦開始までがそれにあたる。アメリカにおいても社会学が学問としての自律性を求めて，専門的な経験科学としての方法論や調査技術の洗練に努めた段階なのである。（ラザースフェルド著，齋藤吉雄監訳，1989，『応用社会学』4-6頁）

(7) 以下は Jonathan H. Turner, 1998, Must Sociological Theory and Sociological Practice be so far apart ? : A Polemical Answer, *Sociological Perspectives*, Vol. 41, No. 2, pp. 243-258. に基づく。
(8) Ibid., pp. 248-57. なお，第6章第2節3節を参照。
(9) 富永健一，2004，『戦後日本の社会学』第2章第3節 79-94頁参照。ところが富永健一は，高田のみを偶像化してことごとく賞賛し，この論争をむしろ不毛な論議とみなし，新明のみならず第三の道を唱導した尾高・福武の立場をも酷評している。
(10) 齋藤吉雄編，1984，『社会学——理論と応用』，第1章第3節 25-27頁
(11) 富永健一，1986，『社会学原理』49-56頁
(12) R. K. Merton, 1957[1947], *Social Theory and Social Structure*.（森東吾・森好夫・金沢実・中島龍太郎訳，1961，『社会理論と社会構造』みすず書房，7頁）
(13) 「応用社会学」と「臨床社会学」については，第6章第3節を参照。
(14) P. H. Rossi, J. D. Wright, S. W. Wright, 1978, Theory and Practice of Applied Social Research, *Evaluation Quarterly*, 2(2), pp. 171-191.
(15) Jonathan Turner, 1999, Saving Academic Sociology, *Sociological Inquiry*, 69(1), pp. 110-120. 久慈利武訳，2010，「ピーター・ロッシによる応用社会学諸論　第2部　応用社会学はアカデミックな社会学を救済することができる，それはいかにしてか」東北学院大学教養学部論集　155, 139-153頁
(16) 純粋・基礎的社会理論と応用ないし実践的社会学理論との関係について，これまで研究者たちの間にコンセンサスがなかった。(C. J. Larson, 1990, Applied /Practical Sociological theory: Problems and Issues, *Sociological Practice Review*, 3, pp. 16-24. 参照)
(17) D. F. Howkins, 1978, Applied Research and Social Theory, *Evaluation Quarterly*, 2, pp. 141-152. L. F. Ward, 1883, *Dynamic Sociology or Applied Social Science*, New York: D. Appleton. なお，ウォード（L. F. Ward, 1883）は，「純粋の舞台なしの，応用を目指す営みは，ことごとくランダムになるし，純粋それ自体は無用なもの（useless）である。」と述べている。
(18) マートン，上掲訳書，95頁
(19) マートン，上掲訳書，3-8頁
(20) R. リンド著，小野修正訳，1979，『何のための知識か』三一書房
(21) M. ウェーバー著，富永祐治・立野保男訳，1952，『社会科学方法論』28頁，注1
(22) K. Mannheim, 1950, *Freedom, Power and Democratic Planning*, p. 6.
(23) 武川正吾，2009，『社会政策の社会学』ミネルヴァ書房

第2章 応用社会学の基盤としての社会学的パースペクティブ

　応用社会学は，アド・ホック現場対応的なものに留まっていては，「社会学」とはいえず，その基盤に社会学的パースペクティブがなければならない。そこで，まず「社会学の対象と方法」として，「社会の概念」や社会現象の体系的分析，「方法規定のパラダイム」などの基本的課題を明らかにする。とくに「個人と社会のダイナミックス」「ミクロとマクロの相互媒介」「潜在的機能」の摘出と分析こそが社会学的パースペクティブのエッセンスであることを指摘し，強調したい。

第1節　社会学的アプローチの諸側面と問題点
——規定するパラダイムと前提的仮説

　社会学的アプローチには，他の諸科学と同じく認識のためのパラダイム（概念枠組とその前提となる仮説）がある。それらを方法論的に認識した上で研究することが「科学」であるための要件であり，実践的な問題に取り組む際にないがしろにされがちな応用社会学では特に留意しておく必要がある。以下，応用社会学の方法論的な基礎となる社会学的アプローチの諸側面について簡略に触れておきたい[1]。

1．対象規定のパラダイム

　対象規定のパラダイムについては，研究されるべき社会ないし社会現象をい

かなるものとみなしてきたか，すなわち，①基本的な社会観ないし「社会の本質」の規定の仕方，②歴史性に対する感覚，③とくに現代社会をどうとらえるか，といった諸側面に関わる問題がある。

　社会学はその成立以来「社会と個人の関係」の理解を基軸として展開してきたとみなすことができるが，このような「社会」と「個人」に関するいくつかの基本的観念は，いわゆる「社会実在論」(social realism)と「社会名目論」(social nominalism)といった社会思想史上の2つの潮流をふまえながら形成されてきたものであり，また「社会の本質」をめぐる論議も，このような「社会観」や「社会と個人の関係」についての理解を基軸とする対象規定をめぐる論議に他ならない。

　また，このような社会に関する対象規定は，さらに「歴史性」に関するる認識志向によってニュアンスが大きくかわってくる。社会を抽象的一般的に，あるいは生理学的心理学的次元で規定しようとしているのか，それともそのような非歴史的な社会観を廃して，つねに何らかの歴史的な発展段階のなかに位置づけて把握しようとするのか，さらにその歴史的発展段階は何をメルクマールとして設定できるのか，その発展段階が全人類の社会や文化に普遍的にあてはまるものなのか，それとも，それぞれの社会や文化の独自性と多元的な発展系列が前提とされなければならないのか。これら社会現象の「歴史性」に関する多岐にわたる諸側面の問題にいかに対応するかによって，社会学の対象規定は質的な差異を示すことになるのである。

　この歴史性に対する感覚の系として，社会学が，みずから立っている社会すなわち現代社会をどのように把握しているかという問題がある。社会学が基本的に「近代市民社会の科学的自己認識として成立した」ものであるとすれば，社会学の対象規定にとって，つねにみずから立っている社会の規定の仕方があらゆる社会学的認識の基本的前提となっているともいえよう。近代社会は「個人の自由が尊重され，しかも有機的に統合されて安定した社会」なのか，それとも「本質的に矛盾に充ち満ちた不安定な社会であって，遅かれ早かれ崩壊し，克服さるべき社会」なのか。現代社会も「階級的矛盾を根本的には決して克服

できない資本主義社会」なのか、それとも「大規模な機械技術と工業に基礎をおく産業社会あるいは情報社会」であり、また「少数のエリートと砂のような大衆によって構成される大衆社会、あるいは管理社会」であるのか。

　このような社会学の対象となる「社会」の規定の仕方によって、社会学にとって解明さるべき基本的課題の焦点も異なってくる。たとえば社会学は、ある社会事象のもつ歴史的な特殊性や個別的な意味を理解すべきなのか、それともそれらの個別的なものの諸記述を積み重ねてそれらを分類し何らかの類型設定を試みることにあるのか、むしろ普遍化的な法則定立が最終課題なのか、あるいは静態的な構造や機能の分析が当面の課題なのか、それとも動態的な変化や巨視的な社会の構造変動の把握が主要関心なのか。

　これまでのさまざまな社会学は、このような対象規定の仕方に応じてそれぞれの学説を展開しその学問体系を樹立してきたのである。

2．方法規定のパラダイム

　社会学は全体としてこの社会現象にたいして、実証科学的方法を適用することによって、はじめて経験科学として成立したといわれている。しかし社会学の方法的規定は、前述した対象規定と同様に、きわめて多岐にわたる複雑な問題を含んでいる。いまここでそのすべてを詳細にのべていく余裕はないが、ごく基本的な問題として、いくつかの点を指摘しておこう。

　まず、社会や人間事象に対する経験科学的方法の本質は何かという論議がある。自然科学的方法と意味理解的方法とをめぐる古典的な論議は、現在なお、事例研究法と統計的方法、参与観察とコントロールされた観察、態度調査における質問紙票のつくりかたや、「尺度形成」(scaling) といった社会調査の方法論のなかに持ち越されている。

　次に、社会学的認識において客観性を確保するための論理的な手続きや技術的方法をめぐる問題がある。微視的認識と巨視的認識、その両者の関連のあり方、比較の諸方法、概念や仮説の形成と仮説立証のデザイン、そして具体的な資料の収集・整理・分類・分析のための技術的体系としての社会調査法とその

位置づけ，一般化すれば社会学的認識における「理論と調査」の関係をめぐる問題がある。

最後に，社会学的認識とその実践・実用との関係をめぐる論議がある。社会や人間の問題は，「あれこれと解釈するだけではなくて，それらを変革することが重要」（マルクス）なのだろうか。それとも，社会学は純粋科学として実践的価値的な問題からはつねに一定の距離を保つべきものなのであろうか。また，社会学の応用ないし応用社会学は，純粋の理論的実証的研究といかなる関係に立っているのであろうか。

社会学の方法においても「方法規定のパラダイム」が前提されている。まず，通常の「経験科学的方法」においては，その研究の対象とされる現象のなかに何らかの規則性（regularity）が存在し，しかもそれらをわれわれ人間の感覚を通じて経験的に把握していくことが可能であることが前提されているといわれている。社会学的な認識においても，人間の行為や社会事象は，本来的に自由意思と主体的な選択に基づくものであるとしても決して恣意的なものではなく，むしろ相互に相手の行為を予測し期待しあって社会生活を可能とするような何らかの斉一性や規則性，さらに因果性や相関性，趨勢や傾向などの存在が前提されているのである。そして，このような斉一性や規則性を発見するために概念規定や類型化の厳密化や操作化が必要とされ（一般理論），そのような社会事象の観察や分析のための論理的な手続きや技術的方法（社会調査法）が工夫され発達してきたのである。

一方，社会事象を研究する際には，研究の対象と研究する主体とが同じ人間であるということで一致しているので，自然科学のように現象をたんに外面的に観察して因果関係や相関関係を推論するのではなく，行為者の目的や意図，動機にまで遡って行為の意味を内面的に理解することが可能となる。これが自然科学的方法とは区別される人文・社会科学の独自な方法であることが主張され，しばしば「行為者の見地」として強調されているものである。

また，エスノメソドロジーやシンボリック相互作用論あるいは社会構築主義

などの立場では，社会的現実の外在性や客観性をことごとく否定して，日常生活者の自我意識によってむしろ逆に「構築されたものである」ことを主張して，少なくともミクロなレベルでの社会的現実のリアリティを，ある程度の説得力をもって解き明かそうとしている。

たしかに，このような「意味理解的方法」や「行為者の見地」あるいは「社会構築主義」的アプローチは，社会現象についての外面的な観察や分析からだけでは窺うことのできない深い内面的な洞察を可能とするであろう。しかし後者のようなアプローチは，「理解」や「洞察」のための手続きや手順が標準化されているわけではなく，研究者の体験や鋭い直感力に依存するところが大きいであろうから，説得的なようでも，誰か別の人が追試したり立証したりすることが困難な場合が多いであろう。

このような社会学的認識における「自然科学的方法」と「意味理解的方法」さらに「社会構築主義」をめぐる論議は，とくに社会調査における統計的方法と事例研究法，コントロールされた観察と参与観察，さらに態度や意識調査におけるクエスチョニァ（質問紙票）の作り方や尺度構成といった社会調査の方法論や技法のなかにも持ち越されているのである。

3．「前提的諸仮定」

しかし，社会学の対象規定や方法規定には，明確に定式化され論理的に組み立てられた命題や公準，仮説だけでなく，それらのいわば背後にあって，これらの諸命題や公準を選択したり，結びつけたりするさいにセメントとなり基盤ともなるような一連の「前提的諸仮定」（background assumptions）なるものが含まれている。これらの諸前提は定式化されることがめったにないので，かならずしもそれと気づかない場合が多いが，終始理論形成とその理論によって導かれる研究調査に影響を与えている[2]。

たとえば人間に関するこれらの背景的諸前提として，① 人間は合理的な存在か非合理的な存在か，② 人間の行動は予測不可能なものか否か，③ 人間性はむしろ情緒や感情のなかにあるとみなすべきなのか，等々に関する前提的仮

定であり，社会に関するものとしては，④社会や集団は本来的に不安定なものか安定的なものか，⑤社会問題は計画的干渉なしにおのずから解決される，あるいは解決されないものか，⑥貧困者は当然救済される権利があるものか否か，といったことに関する一定の前提的仮定である。[3]

さらに方法規定の背景にもこのような前提的仮定が暗黙裡に働いている。たとえば，社会事象を「もの」として取り扱い，個人的な感情や実践的価値判断からは自由な，したがってインパーソナルな態度によって認識の「客観性」を保持しなければならないといった要請は，テクノクラート支配の官僚制社会におけるエリートの心情に共鳴する仮定であるし，前述の「解釈するよりは変革することが重要だ」という視点も，現実の社会に対して実践的な姿勢を示す何らかの前提的仮定に由来しているとみなすことができよう。

しかも，これらの「前提的諸仮定」は，その効用を計算したうえで選択的に採用するといった性質のものではなく，むしろ所与の社会構造のもとでの人びとの社会化過程のなかで形成され，すでに性格構造のなかに深く組み込まれて情緒的なものをも負荷している認知手段なのである。[4]

すべての社会学的認識が論理必然的に，このような前提的諸仮定に依存しなければならないかどうか，その詳細な検討はまさに「方法論」や「知識社会学」の課題であるにしても，これまでの多くの社会学的理論のなかに，このような「前提的諸仮定」が含まれていることは，経験的事実として学史的に立証可能であろう。

そして，ある理論が受け入れられたり拒否されたりするメカニズムは，いわゆる科学方法論において想定されているものよりは，はるかに複雑で，むしろ異なった過程をとっているのである。人びとの社会理論へのコミットメントは，その理論のもつ論理的整合性とか，その理論によって提示された諸事実についての慎重な考察と評価によって決定されるというよりはむしろその理論のなかに埋め込まれている「前提的諸仮定」への共鳴に依存している場合が多い。[5]

すなわち，その理論の背景にある「前提的諸仮定」を分有し，それらに同意

できると信じる人びとにとっては，その理論はあたかも「既視感」（déjà vu）をもって直観的に確信され受け入れられるのである。一方それらの「前提的諸仮定」にたいして違和感や緊張を感じるときは，その理論は無縁で不可解なものとして無視されるか，単純な反発や否定の対象とされてしまいやすい。

このように，それぞれの社会学的理論にたいして，理論的な魅力や理論そのもののバイタリティをあたえるものは，このような「前提的諸仮定」であり，また社会理論の発展を制約し，陳腐化せしめるものも，この「前提的諸仮定」なのである。これらの「前提的諸仮定」はいわば「知的な相続資本」として，社会化の過程を媒介として社会的に継承され，研究者の科学的訓練と混合されながら科学的知的営為のなかに投資されて，種々の学説や立場を形成してきたのである。

第2節　社会現象の体系的分析
——方法論と学史の関連

経験科学としての社会学は，その成立以来対象と方法の規定に関し，前述のような前提的諸仮定を含めて，それぞれの時代の歴史的社会的現実の問題状況に制約され，かなりのバラエティをもちながら展開してきた。

1.「社会」の概念——抽象的原理的規定と具体的現実的意味

原理的にいえば，社会は人間が他の人間とともに生活しているという事実に基づいている。人間が何らかの仕方で直接間接に他の人間に働きかけ，また働きかけられながら生活をともにし仕事をともにしているところに社会は存在する。抽象的にいえば，複数の個人が存在し，彼らの間で意思を伝達しあえる可能性（communicability）があり，したがって直接的もしくは間接的に相互的な行為のやりとりが認められ，それらが相対的にせよ一つのまとまりを示している場合には，いつどこにでも社会は成立しているということになる。いわゆる

社会の概念として，諸個人間の「心的相互作用」とか「社会関係の統体」とか，あるいは「人間結合」「行為関連のシステム」などが挙げられているのは，このような抽象的一般的な意味での社会の定義にほかならない。

しかし現実に人びとによって営まれている生活や行為は，そこで抱かれ追求されている価値内容も，行為者自身の内面的な動機や意識も，また関連しあう他者の範囲，かかわりあい方，さらにそれらの状況的背景なども，それぞれ主体的な意味を担いつつほとんど無限の多様性をもって展開している。それゆえに抽象的には「行為関連のシステム」と定義される社会も，具体的にはさまざまな範囲と規模をもって成立し，その内容も形態も多岐にわたっているわけである。

そこで，われわれが通常具体的に社会という場合には，抽象的原理的な意味での行為関連一般ではなくて，多数の人びとの行為関連のシステムが直接的間接的に，あるいは意識的無意識的に関連しあいながら，それ自体が自足的な統一体をなしている最大の範囲，すなわち「全体社会」をさすことが多い。

たとえば日本の社会とか資本主義社会という場合の「社会」とは，このような意味での社会であり，それは一定の地域を占め歴史的な発展段階によって制約されながら，人間の共同生活のあらゆる錯綜した諸関係や諸側面を包括した全体的な体制としての社会なのである。そして，このような全体社会内部のさまざまな集団や諸社会関係は，古典的な表現を借りるならば「部分社会」ということになる。

繰り返しておけば，「社会」とは抽象的原理的には「行為関連」が存することを意味し，具体的には，それらの行為関連のあらゆる諸側面を包括した全体的な体制としての「全体社会」ないしはその部分を指す。したがって「社会的」とは抽象的には他者関連的であること，具体的歴史的にはそれぞれの歴史的性格をもつ全体社会ないし部分社会の在り方に，直接的もしくは間接的に関わりをもっているということである。

同様に「社会現象」とは，これらの「社会」に関わりをもついっさいの現象，すなわち人間の行為関連によってつくられ，支えられ，変えられ，また逆にそ

の行為関連のあり方を培い，制約するといった過程にかかわりあうすべての現象を意味する。客体的にとらえられる社会とは，これら社会諸現象の総体にほかならない。

　社会学の基本的ねらいは，なによりもそのようなさまざまな行為を現実に遂行している行為主体としての人間に着目し，それらの行為がいかなる人間の間で，どのような意味内容をもちながら，いかなる様態のもとで展開し，そこにどのような原理や法則がはたらいているかを体系的に分析し，人間存在の社会性と社会の全体構造を理論的実証的に究明しようとするものである。

　したがって，社会学は社会現象のうちのある限られた特定の領域だけを研究するのではなく，最初から社会現象の全体を対象としなければならない。社会学では何よりも身のまわりの日常的な事象を，全体としての社会の現実のなかに位置づけて理解する精神的資質が要請されているのである。[6]社会学の対象をいわゆる「広義の社会」から区別して「狭義の社会」なるものに限定しているのは，対象に迫るパースペクティブの違いとしてならいざしらず，社会学の研究対象としての「社会の規定」としては，まったく非現実的で，ほとんどナンセンスであるといわねばならない。[7]

2．社会現象の体系的分析

　しかし，ひとくちに社会現象といっても，それは個々人のニュアンスにみちた微視的な行為から始まって，無数の人間の行為とその複雑な関連状態によって織りなされる全体社会の巨視的歴史的な過程に至るすべての諸現象を包含している。このように錯綜した社会現象を体系的に分析していくためには，もはやゆきあたりばったりの仕方ではなく，最初に全体についての原則的な見通しを立てておかなければならない。このような目的のために，まず問題になるのが，「パーソナリティ」（personality），「社会」（society），「文化」（culture）という3つの「位相」（aspect）と，「行為ないし社会関係」「集団・組織」「地域社会」「全体社会」という4つの次元である（表2－1参照）。

　先回りして一応定義しておけば，「パーソナリティ」とは社会的行為の主体

表2−1　社会現象の体系的分析の3つの位相と4つの次元

次元 (dimension) ＼ 位相 (aspect)	パーソナリティ (personality)	社会構造 (social structure)	
		社　会 (society)	文　化 (culture)
行為・関係 ↓	情　緒　｜ 態　度　｜の独自性と統一性と連続性 価値観念｜	相互作用（過程） ｜ 　　　　　地位 社会関係（パターン）↑ 当事者としての社会的位置	↔役割（期待） ↔「らしさ」としての行為様式（権利と義務）
集団・組織 ↓	集団的パーソナリティ 地位のパーソナリティ	成員間の諸社会関係のまとまり・システム 基礎集団 機能集団 組織化と組織体 （フォーマル・インフォーマル）	規則・規約 価値目標 技術・知識 物的装置
地域社会 ↓	ローカルカラー 地方人らしさ 都会人らしさ （階級・階層的性格）	村落・都市 コミュニティ	伝統・慣習 地方文化・祭など
全体社会 ↓	国民性 民族性	社会的分業 階級（階層） 国家 民族	言語・コミュニケーションの制度 経済　｝ 法　　｝ 政治　｝の諸制度 教育　｝ 軍事　｝

（出所）　齋藤吉雄・五十嵐之雄編著，1984，『社会学・理論と応用』福村出版，30頁

的側面として，諸行為の個人主体における内面的統合性に着目して構成された概念であり，「社会」とは相互に交渉し影響しあっている行為者そのものの関連に，「文化」とはそのような社会的行為の様式ないし所産に，それぞれ視角を向けて構成された概念である。いわばこれらの3つの概念は，社会現象をタテに切った場合に現われる3つの側面，あるいは位相であるといえる。

　それに対して4つの次元とは，社会現象の体系的な分析を進めていく際に順次に展開してくる対象の範囲，いいかえれば分析の視野構造に入ってくる対象範囲のレベルにほかならない。もちろんこれらの3つのアスペクトと4つの次

元は，何よりも現実に展開している社会現象を体系的に分析するための理論的な手段である。

しかし，これらの手段を用いることによって錯綜した社会現象の全体的な構造を示すことが可能となり，またそれらについてのより詳細な分析を正当に位置づけることによって，体系的な認識に到達することができる。そして，そのような体系的認識を通じてこそ，はじめて社会的存在としての自己の位置をも理解することができるようになるであろう。

3．個人と社会のダイナミックス

すでにみてきたように，人間は社会をつくり文化を生み出す主体であるが，また自らつくった社会や文化によってつくられる客体でもある。このように個人と社会は原理的には「つくられつつつくり，つくりつつつくられる」という相互依存の関係にある。それゆえに個人のみを実在とみなした社会名目論（social nominalism），逆に社会の個人に対する超越的実在性を主張した社会実在論（social realism）など19世紀の哲学的見解は，いずれも思弁的な見解に過ぎないとみなすこともできるであろう。

しばしば述べてきたように，人間はアモルフな本能のままで社会のなかに自ら選ぶことなく生み落とされる。それゆえに幼時において出会い経験する対人関係や集団内における地位と役割は，自らつくるものであるよりは，むしろ適応すべき運命的な所与としてその枠組みが与えられており，さらにそれらは一定の歴史的な性格をもつ全体社会の構造的条件によって直接的もしくは間接的に制約されているであろう。

この意味で個人の社会に対する参与は，主としてその社会における個人の地位と，将来その地位を占めるという予想のもとに彼が受ける訓練によって決定されているともいえる。個人はその占める地位とそこで期待される行為基準としての役割をとおして，さまざまの行為様式を学びとり，はじめてパーソナリティをもった社会的な人間として成長する。他方，社会の側からみれば，社会構造の維持存続はその内部のそれぞれの地位に応じた役割期待を，その成員が

具体的な行為をもって，適切かつ規則的に遂行してくれることに依存しているわけである。

それゆえに，この機能がスムーズに展開されるためには，その成員のパーソナリティのなかに，それぞれの役割を果たすのに必要にして十分な動機づけを植え込み，「逸脱行動」に対しては「社会統制」のメカニズムを発動せしめなければならない。この過程が地位と役割の割当－配分の過程であり，社会化の過程なのである。もし，個人と社会の両方におけるこのような過程が，何らの矛盾もなく進行するものとすれば，社会の成員はそれぞれの地位と役割にふさわしいパーソナリティの型をもつように社会化され，したがって所与の社会構造の規範を積極的に支持して，それをつねに維持存続せしめることになる。

しかし，そのようなことは理論的には想定できても，現実にはユートピアにすぎない。現実の個人と社会の関係は，そのような静的均衡的な相互依存関係ではなくて，つねに多かれ少なかれ矛盾と緊張をはらみ，相互否定的な契機を宿しながら，その関係自体のあり方が歴史的に変化してきた力動的な関係なのである。人間は社会的行為の主体である。自ら動こうとする人間が，配分され帰属させられた地位と役割にまったくはめ込まれて，一方的に捏ね上げられるわけではない。

しかも，人間は必然的に多くの社会的地位を遍歴し，また同時にいくつかの地位を占めていなければならない。ひとつの地位による役割期待の内面化はときには他の役割への不適応すら結果するであろう。諸個人の生活体としての特性とともに，基本的な生活資源の獲得と配分をめぐって，必然的に生起する諸集団・諸制度間の不統合は，諸個人の占める役割間の矛盾対立・義務の闘争となって現われ，社会関係の摩擦を増大させ，社会制度や諸規範の対立と混乱を結果する。

かくして，逸脱行動が一般化しあるいはパーソナリティの不統合による心理的緊張が蓄積されて，アノミーと社会不安が増大する。おそらく，そこには既存の社会構造の正当性を拒否して，その改変を企図する組織的な運動も現われるであろう。このことは全体としての社会構造の変動も，遅かれ早かれ必至で

第2章 応用社会学の基盤としての社会学的パースペクティブ 43

表2-2 個人と社会のダイナミックス

		個　人	社会構造
均衡モデル		役割期待の内面化 （パーソナリティの形成）← 　　｜ 同調的行動 ｛役割期待の実現── 　　　　　　　欲求の充足 　　　自我の安定	──地位と役割の配分（社会化） →社会関係・集団の維持・存続 　集団目標の達成 　社会構造の安定
	条件	人間本能のあいまい性，長期の依存 後天的に行動様式を習得する必要性 同一視 identification と内面化 internalization のメカニズム	社会的分業 能率と個人差
緊張モデル		欲求傾向と役割期待の緊張　　← 　　役割葛藤（義務の闘争） 　　　　↓ 　　逸脱行動──役割の不履行 　｛いやいやながらの同調的行動── 　　非同調的行動（非行・反逆）←	→社会化の不完全・失敗 　矛盾した役割期待の賦課 →既存の社会関係の摩擦の増大 　集団・組織の弛緩・能率低下 →社会的統制機能の発動 ──社会的制裁
	条件	複数役割の同時保有と役割の継起性 欲求不満（frustration） 代償行動（compensation）のメカニズム	集団間・制度化の不統合 既存の社会関係（権力・特権）の維持 文化遅滞（cultural lag）
変動・変革モデル		逸脱行動の一般化 パーソナリティの崩壊 ｛不安・焦燥← 　　　　　　　　　　ノイローゼ 　　　　　　　　　　犯罪 　　　　　　　　　　自殺 革新的行動 カリスマ的指導者の出現　──────	社会統制機能の喪失 社会的制裁の無力化 アノミー（無規制状態） 社会規範の崩壊 諸集団・諸制度間の矛盾対立 集団の解体，社会関係の解消 社会不安 →新しい地位と役割システムの再編成 　階級闘争──革命・改革
	条件	既存の社会構造の正当性の拒否 新しい行為目標と手段の提示 階級意識の昂揚・組織の運動 革新的イデオロギーの浸透と変容	体制の経済的・政治的諸条件の変化，生産力と生産関係，階級的矛盾の激化など

（出所）齋藤吉雄・五十嵐之雄編著，1984，『社会学・理論と応用』福村出版，37頁

あることを示している。

　表2-2はこのような個人と社会構造とのダイナミックスの概略を理解しやすくするための「均衡」「緊張」「変動・変革」の3つの過程をモデル化したものである。[8]

このように，社会をどのように規定（概念化）するかは，「社会と個人の関係に関する基本観念（社会名目論と社会実在論），歴史性に対する認識志向，現代社会をどうみているか，といった「対象規定のパラダイム」によって方向づけられ，それにしたがって，社会学が解明すべきとされる「基本的課題」がそれぞれ異なって設定されているのである。

　社会学的認識においては，個人のもつ主体性・能動性と，社会構造のもつ客観性と拘束性を同時に説明することが要請されている。このことから，微視的アプローチと巨視的アプローチとを貫く同一の認識枠組みをあくまで追求すべきであるという立場もあれば，微視から巨視へと認識の次元やパースペクティブの拡大に応じて，分析枠組みや使用される概念が異なってくるのは当然であり，それぞれのレベルでの概念枠組みと理論を体系化することが不可欠であると主張する立場もある。

　確かに，たとえば社会構築主義における社会像は，ミクロなレベルで現実性をもつだけであって，個人の行為の準拠枠となっている役割期待やそれらの連関システム，集団や組織の規則や規定は，個人が個々に構築した社会像の集合ではなくて，個人が所属し準拠するメゾやマクロの社会集団や組織によって，すでに規定されているものであり，個人がその生活世界で構築するものは，多くの場合そのような既成の規則の枠内でのバリエーション以外の何物でもあるまい。

　要するに，社会学的視点とは，人間存在の社会性とさまざまなレベルの社会システムの構造と機能，それらの変化や変動の過程を，理論的・実証的に究明しようとするものである。したがって社会学では，何よりも身の回りの日常的な事象を，全体としての社会の現実の中に位置づけて理解する精神的資質が要請されているのである。

第3節　社会現象の3つの次元
　　　　──ミクロ・メゾ・マクロ

　「社会構造」という言葉は，現在でも人により立場によりいろいろな意味で使われている。しかしもっとも抽象的には，「社会」というものを構成している諸要素がどのように組み合わされているかを示そうとする言葉であり，原理的には社会的行為の対応過程にみられる全体的なパターンであると定義できよう。

　したがって，社会学的研究の中心課題は，いろいろな範囲と規模・内容にわたって存続し，あるいは変動しつつある社会構造を対象として，①そこでは何が基本的な構造要素で，何が派生的副次的な要素であるかを分析し，②それらの諸要素がどのように組み合わされ，③どんな条件のもとで，どんなメカニズムでそれらのパターンが変わっていくのか，また④そこに働く基本的な原理としてはいかなるものが考えられるか，といった問題を体系的に解明していくことにある。その際に，主として社会現象のどのような範囲のものを，いかなる抽象の仕方で取り上げていくかという分析レベルの差異によって，順次，先に述べた4つの次元──すなわち行為ないし社会関係・集団・地域社会・全体社会──が区別されてくるのである。

1．行為・社会関係の次元（ミクロ）

　あらゆる社会現象の究極の担い手は人間の社会的行為である。具体的な個人が社会を外にして考えられないのとまったく同様に，生きて働いている個々人の行為を離れて実現されるべき歴史の法則も社会の運動も存在しない。したがって，あらゆる社会現象についての原理的な分析の出発点は人間の社会的行為の分析におかれてきた。

　ところで社会的行為は他者に志向された行為であるから，当然他者の行為との関連が含まれている。このように人間が他者と交渉し働きかけあっているという事実を，もっとも要素的なものに単純化して示したものが社会的相互行為

(social interaction) におけるいわゆる「ダイアディック・モデル」(diadic model) である。そのような社会的相互行為が何回も繰り返され，相互に相手の行為を予測し期待しあえる枠組みが様式化されていることによって，そこに「社会関係」(social relation) が成立する。リントン (R. Linton) 的な表現をすれば，「社会的相互行為や社会関係において，人びとが相互に当事者として占めている位置が，その人の社会的な地位 (status) であり，それらの関係の当事者としてとどまるかぎり果たさなければならない行為様式が，その役割 (role) である[9]」。

もちろん人間のあらゆる社会的行為がすべてダイアディック・モデルで示されるように直接的な相互行為の形態をとるわけではないし，相互行為のすべてが社会関係に発展するわけではない。また人間の社会的行為は必ずしも当事者によって意図された方向だけに展開していくものではなく，ときには当事者にとっては意図も予想もしなかった結果へと導いていくかもしれない。そして「物」に対する働きかけが直接的間接的に「人」に対する関係へと転化する場合も多い。

人びとの占めているさまざまな地位と役割は，発生的にみれば，すべて相互行為過程のなかから生み出され，行為主体の承認と現実のコミットメントによってのみ存続しているといえる。しかし，これらの地位と役割のうちには，性や年齢，地縁や血縁といったような個人の能動的な意思の有無にかかわりのない，いわば運命的な所与を条件として，否応なしに配分されるものもあるし，また特定個人からみれば，彼の意思や彼の直接的な相互行為の文脈からはるかに離れた歴史的な社会的分業の進展の程度や基本的な階級関係の在り方によって，その枠組みが決定され制約されている場合が多い。しかし，にもかかわらず社会的相互行為が維持存続され，そこに一定の地位と役割を伴った社会関係が展開していくのは，究極的には，人びとの何らかの要求や利害得失のバランスが，それらの過程を通じて充足される可能性をもつからであるとみなされなければなるまい。

ともあれ，われわれの営む社会生活とは具体的にいえば，友人・親子・夫

婦・師弟・雇用などの間柄にある人びとが親しく生活や仕事をともにするなかで結びあい、あるいはたがいに競争し、反発し、憎しみあうといった、種々さまざまな諸関係に立たされながら生活していることである。いわばこれらの社会的相互行為や社会関係は、全体としての社会現象を織りなすタテ糸とヨコ糸であるともいえよう。したがって社会現象分析のこのレベルにおいては、まずもっとも一般的な仕方で、個々の人間がどのような内面的な動機や意図をもち、そのおかれた状況に規制されながら、どのような相互行為過程を展開し、その結果としていかなる社会関係が形成されてくるか、またどのような要因とメカニズムによって諸種の社会関係が存続し、あるいは変化したり解消したりしていくかを微視的に分析していくことになる。

2．集団・組織の次元（メゾ）

いくつかの社会関係が何らかの程度において複合的に統一されて、ある程度の持続性をもち、より高次の機能的単位をなしている場合、それらの社会関係の複合体を集団としてとらえていくことができる。たとえば家族という集団は夫婦・親子・兄弟姉妹といった成員の諸社会関係の複合体にほかならない。見方を変えるならば集団とはある程度規則的かつ持続的な社会関係にある人びとの集合体であり、それらの人びとの社会関係が客観的にも主観的にも、他と区別されるまとまりを構成している場合、そこに集団が存在するといわれるのである。

ふりかえってみると、われわれの生活やわれわれがとり結んでいる社会関係は、多くの場合何らかの集団の一員として、あるいは何らかの集団にあやかろうとして営んでいる生活であり社会関係である場合が多い。もちろん人びとの所属している集団（所属集団）や、自己の態度決定の際に価値規準の枠を与える集団（準拠集団）の具体的な姿は、その規模の大小・持続性の程度・果たしている機能などにおいてきわめてバラエティに富んでいる。

したがって、この分析のレベルにおいては、まずこれらの多種多様な集団の体系的な分類、ないしは類型化がなされなければならない。従来の社会学の伝

統に従うならば，社会集団は基礎集団と機能集団の2つに類型化される。基礎集団とは，たとえば「家」集団に典型的にみられるように，その成員のさまざまな生活欲求を未分化のまま包括的に充足し，感情的融和と暗黙の了解による関係が支配している運命的自生的な集団類型であり，機能集団とは組合や企業体のように，特定の要求を充足する手段として意図的計画的につくられ，合理的打算的な関係が支配的であるような集団類型である。

　それぞれの集団は，必ずしもつねに意識されないにせよ，何らかの果たすべき集団全体としての目標をもつものであるが，所与の物的・技術的用具や手段を用い，成員それぞれの要求を満たしつつ，彼らの間の社会関係を何らかの程度において統合していくことによって，はじめてその目標を達成し存続していくことが可能となるであろう。集団が目標を失い，あるいは成員の要求を満たすことができず，その社会関係の統合が崩れてしまえば，その集団は遅かれ早かれ解体せざるをえない。

　しかし，集団の目標とはいっても多くの場合，そのすべての成員によって同じように考えられているものではないし，また同じ強さで追求されているわけでもなく，それゆえに成員の集団活動への参与の程度も異なっている。いわば成員は集団のなかでそれぞれ特定の地位を占め，それに応じた役割を果たすことによって，自己の必要とする物質的・精神的報酬を得ているのである。集団内におけるこれらの地位と役割は，成員の集団活動への参与の仕方の分化を表わし，それを上下の系列においてとらえるならば，上位者の下位者に対する支配とか指導とかの関係が見出され，権力や権威の行使，報酬の配分におけるアンバランスなどの諸現象が認められるであろう。集団の構造とは成員の地位と役割のこのような配分状況を中核とする社会関係の組み合わせであるといえる。

　また，これらの地位と役割の体系を集団目標の達成という視角からとらえれば，それが集団の「組織」を示すことになる。したがって集団の組織化の程度は，まず内部の地位と役割の制度化の度合いによって明らかにされる。しかし集団の組織はそのように意図的・計画的につくられる組織だけで尽きるものではない。そのような定形的なフォーマル組織（formal organization）とともに，

自然発生的な無定形的なインフォーマル組織 (informal organization) も成立し機能していることを忘れてはならない。

要するに，これらの集団分析のレベルにおいては，社会集団一般の類型や構造とともに，現実に存在する個々の具体的な社会集団を取り上げて，その構造や機能を体系的に分析していくことが主要な課題となる。

3．地域社会・全体社会の次元（メゾとマクロ）

現代の人間は，一つの集団に所属するだけでは生きていくことができない。実際われわれは，それぞれ必要に応じて複数的に集団に所属し，あるいは以前の集団から脱け出して新しい集団に加入したりしながら生活し，働いているのである。このように，われわれが同時に所属し，また遍歴する諸集団や諸関係が，相互に交錯しあいながら一定の地域的な空間に投影して，ひとつの相対的なまとまりを示している範囲を，われわれは地域社会 (community) の次元と呼ぶことにする。具体的には村落や都市としてのまとまりにほかならない。従来，地域社会は基礎集団として取り扱われてきたが，むしろそれは全体社会のマイクロコズム（縮図）として，個々の集団を包摂したより高次のシステムとして区別すべきであろう。

しばしばそれぞれの地域社会は，住民の社会生活に特有のエートスを与えている独自の構造的特性を示している場合がある。これらの地域社会の構造的特質は，それぞれの地域社会における住民の生活関心や生産の諸条件から生み出されたものであるが，それ自体より包括的な全体社会の地域的分極として，全体社会の経済的・政治的諸条件によって制約され，上からの行政的な枠組みによって規制されながら存在しているものであることにも留意すべきであろう。

人びとは生活し働く場所として，つねに一定の地域を占め，利用し，あるいは地域社会のある範囲を移動しながら，相互に交渉し，関係し，さまざまの集団や組織をつくり，あるいは支えている。したがって，この分析のレベルではまず土地ないし「地域」(territory) と住民の生活や生産の関係，そして，そこにみられる地域住民の階層構成や階級的支配関係が分析されねばならない。そ

れらを中核として，村落や都市の社会構造の特質が明らかにされるであろう。

また，それぞれの地域社会は，他の地域社会および全体社会との関連において存在している。かくして，村落と都市の関係，より広い地域間の関係なども，全体社会の体制的な諸条件との関連において解明していかなければならない。

さらに，地域社会のなかにしばしば認められるいわゆる「共同体的なもの」と「都市化」(urbanization) によって象徴化されるような，全体社会の体制的・歴史的な諸条件との交錯や影響力の分析などが重視されるであろう。

かつては未開社会の氏族や部族，中世の村落共同体のように，基礎集団や地域社会がそのまま同時に全体社会であるとみなすことができた。しかし生産力の発達と社会的分業の進展およびコミュニケーション手段の飛躍的な発達などによって，全体社会の範囲はますます拡大し，その内部も複雑に分化してきた。

もはやわれわれの生活は，たんに個々の集団や村落・都市といった中間的な地域社会の範囲だけでは完結しない。全体社会とは形式的に定義すれば，これら無数の諸集団や諸関係が直接的・間接的に関連しあい，補完しあうことによって，それ自体自足的な統一体をなしている最大の社会であり，現在の段階では国民社会と考えてよい。

このように全体社会は社会現象の全体的な統一体として歴史的に発展し，その発展を通じて段階的な形態を示してきた。かくして，全体社会は個々の集団や地域社会を超えてそれらを包摂する，より高次のシステムとして分析されなければならない。

しかし全体社会の構造分析のやり方は，それぞれの理論的背景と問題意識の差異によって，いまなお多義的であることはまぬがれがたい。たとえば，コント (A. Comte) やスペンサー (H. Spencer) などの古典的な社会学においては，もっぱら生物有機体としてのアナロジーによって人類社会の分化と統合あるいは進化が説かれ，形式社会学の立場ではわずかに抽象的な諸社会関係，諸集団の複合や機能的関連が語られたに過ぎない。

また，経済的諸条件を土台とし，政治・法・イデオロギーを上部構造とみな

して，階級的支配関係に焦点をおきながら，巨視的な歴史的体制原理なるものを強調する立場もあるし，さらに，いわゆる構造−機能的分析の立場からの「社会体系論」なるものも存在する。

しかし，全体社会も人間の行為関連の全体的なシステムにほかならない。したがって全体社会の構造分析は，まず社会的分業の進展による産業と職業の分化と，そこにみられる人びとの諸階層や基本的な階級関係の分析から始められるであろう。

また，全体社会の内部にはさまざまの集団や制度・イデオロギーが錯綜している。現代の社会はよくいわれるように，集団の噴出とその巨大化・官僚制化の時代でもある。しかし，これらの諸集団間の相互関係は，資本主義社会に関する限り，むしろ無秩序のままに放置されている。そして一方においては階級関係の分裂と対立が激化し，他方においては消費とレジャーに押し流され無力感と政治的な無関心の「ぬるま湯」にひたっているという，いわゆる「大衆社会的状況」も存在する。

このような状況のなかで，国家はその権力機構を通じて全体社会に対する支配の貫徹を企図し，また運命共同体としての民族の観念や，マス・コミュニケーションによるさまざまなシンボル操作を通じて，意図的にか無意図的にか全体社会の統合がはかられている。全体社会はこのようにさまざまの矛盾と対立を含み，大きな変動の可能性を蔵した「動いている社会」なのである。社会学研究のもっとも重要な課題の一つは，このような全体社会の構造と変動についての体系的な分析を推し進めていくことにある。

応用社会学は，こうしたミクロからマクロ・レベルに亘る社会の3つの次元に関して，特に次章で詳述する「目的的社会変動」という視角を中核として分析し考察するものである。

〈注〉
(1) 本章は，齋藤吉雄「個人と社会」（齋藤吉雄・五十嵐之雄編著，1984,『社会

学・理論と応用』福村出版, 第2章) に基づくもので, 主として以下の文献を参照している。
  R. Linton, 1945, *The Cultural Background of Personality,* Appleton-Century-Crofts.（清水幾太郎・犬養康彦訳, 1952,『文化人類学入門』創元社）
  新明正道, 1942,『社会本質論』弘文堂
  B. K. マリノフスキー, 姫岡勤・上子武次訳, 1958,『文化の科学的理論』岩波書店
  T. パーソンズ, E. A. シルス, 永井道雄ほか訳, 1960,『行為の総合理論をめざして』日本評論社
  S. F. ネーデル, 齋藤吉雄訳, 1977,『社会構造の理論』恒星社厚生閣
(2) これらの点が明確化されないかぎり,「"人間生活における共同"という視点からの認識」という, いわゆる「第三の立場」も単なる前提を示すに止まり, 社会学的認識の性格を示したことにはならない。
(3) Hans Gerth and C. W. Mills, 1949, *From Max Wener: Essay in Sociology,* pp. 323-359.
(4) 齋藤吉雄, 1959,「役割の構造」新明正道編『基礎社会学』誠信書房, 第3章第2節, 74頁参照。
(5) これらは, 意味内容をほとんど捨象し行為者の距離的位置的関係性のみを分析しようとする形式社会学的立場とまったく逆の立場である。この視点からの分析も意味内容を適切に類型化し得るならば社会構造分析のきわめて有力なしかも比較的容易に体系的に遂行しうるひとつのアプローチとなる。周知のようにミルズらはこの視点に立って社会構造を, 政治的, 軍事的, 経済的, 宗教的, 血縁的の5つの制度的秩序 (institutional orders) と, シンボル, 技術, 地位, 教育という領域 (spheres) によって分析を試みている。cf., H. Gerth and C. W. Mills, op. cit., p. 32.
(6) C. Wright Mills, 1959, *The Sociological Imagination,* p. 33, 48.
(7) 富永健一, 1986,『社会学原理』岩波書店, 3頁
(8) 齋藤吉雄・五十嵐之雄編著, 1984,『社会学・理論と応用』福村出版, 37頁
(9) R. リントン著, 清水幾太郎・犬養康彦訳, 1952,『文化人類学入門』創元社, 99-100頁

第3章 応用社会学の対象としての目的的社会変動の諸相

　本章では応用社会学の対象である「目的的社会変動」について，その概念とメゾレベルとマクロレベルの「変動」を取り上げる。メゾの「組織レベルにおける管理・運営の問題」からはじめて社会運動の今日的形態としての「住民運動」とその基盤となっている「コミュニティ」について今日的課題を解明し，次いで広義のコミュニティ・オーガニゼーション，さらにその他の目的的社会変動が収斂したものとしての「社会計画」についてやや詳細に考察しよう。[1]

第1節　目的的社会変動と組織の変革

1.「目的的社会変動」

▶▶▶「目的的社会変動」の概念

　社会変動とは社会構造の変化，すなわち社会の構成諸要素の内容と，それらの諸要素間の関係のあり方が変化することである。しかし現実の社会変動にあっては，その変動の「原因」と「結果」，「目的」と「手段」が直接的ないし間接的に影響しあい関連しあっているために，全体としての社会変動の要因や変動過程を一義的に描き出すことは容易ではない。しかし，このような複雑な社会変動を分析する手段として，操作的に次の3つの過程に分けてみることができるであろう。

　第1は，社会変動の事実的客観的な過程としての「社会変化」であり，第2

はそのような社会変化の何らかの局面ないし様相を「社会問題」ないし「社会病理」として認知し診断する過程であり，第3は，このような認識を前提として，そのような「問題」ないし「病理」を積極的に改変ないし調整しようとする「社会変革」の過程である。

このように「社会変革」は事実的な「社会変化」を対象にしながら，それを評価的に認識し診断することによって，積極的に調整しようとする一連の能動的な対応過程であるから「目的的社会変動」(purposive social change) と称することができよう。

▶▶▶「社会変動」の諸形態

しかし，能動的積極的な対応といっても，その具体的な様態は，何よりも客観的事実的な「社会変化」の状況により，またそれに対応する「変革主体」とその価値理念の違いにより，したがって社会問題や社会病理についての認識視角やアプローチの相違，さらに実践的な意欲や能力等々によって，きわめて多種多様である。

たとえば常識的に，① 現体制の枠内で部分的漸進的な改革を標榜する「社会改良ないし社会改善論」と，根本的全体的な変革を企図する「社会改造」や「社会革命」を区別することができる。

① 変動目標の範囲や内容によって，「全国総合開発計画」のように国家的規模のものもあるし，特定地域に限られるものや，市町村自治体の範囲とか，町内や近隣のような比較的小規模な範囲で企図される「コミュニティ形成運動」などもある。

② 変革主体や変革のためにとられる手段や方式によっても，国家権力を背景として体制的に推進される上からの社会調整としての「社会政策」的形態のものや，個々のケースに密着した「社会福祉事業的サービス」と，いわゆる反体制的運動として，労働者や地域住民が前衛政党のリーダーシップと結びついたり拮抗したりしながら，デモンストレーション・ストライキ・ボイコットのような不服従・抵抗・非協力・妨害，あるいはキャンペーンや参加といった諸

手段を用いての下からの「社会運動」的形態のものとを区別することもできよう。

▶▶▶ 「社会政策」と「社会運動」

しかし、このような上からの社会調整としての「社会政策」と下からの社会変革としての「社会運動」という区別は、いわゆる大衆民主制や福祉国家の成立とともにしだいにあいまいなものとならざるをえない。

いわゆる社会政策は、そもそもは各種労働立法による労働者保護政策・労働力保全政策として制度化されたものであった。しかし労働者の団結権の承認による労働組合の合法化、労働者政党の結成、労働争議の大規模化等の経緯をたどることによって、社会政策の内容も範囲もますます拡大していった。いまや社会政策は狭義の労働者保護・労使関係の調整・失業および雇用促進の対策だけでなく、ひろく国民一般を対象とする社会保険や社会保障の拡充、保健、衛生、住宅、義務教育など、人びとの生活上の問題とも深くかかわりあうようになっている。

一方、「社会運動」もいわゆる大衆民主制の確立と、人びとによる民主主義イデオロギーの内面化によって、多くの変質を迫られつつある。政治的発言権を付与された大衆は、それぞれの利益や関心にしたがって集団を結成し、必要に応じて一定の権利意識をもって連帯しあい、あるいは圧力集団や役職エリートを媒介として政府与党や行政に群がっている。

これらの人びとにとっては政府はもはや敵対的な存在でも特定階級を利するものでもなくて、むしろこれらの諸集団の利害の調整と均衡のうえに、大衆の利益を維持し増進してくれるべきものとして受け取られ、いわゆる体制からの受益者意識を定着させつつある。政府もまた各種補助金や財政投融資その他のあらゆる行財政の手段を用いて、階級対立や矛盾の緩和と隠蔽をはかり、またさまざまの将来計画のビジョンを振りまくことによって社会運動の目標を先取りし、大衆運動を幻惑させてしまうことも可能となった。

また、いわゆる過激者集団による過激な行動は、「社会の良識に対する虻」として、現行の社会規範の妥当性に挑戦してみせることによって、文字どおり

前兆的・先駆的に社会問題や社会病理の所在を示唆するという有用な社会的機能を果たしているとみなすこともできよう。しかし「体制側」は、そのような運動の企図やその社会的潜在的機能を読み取り、意識的に利用することによって、ますますその支配を安泰ならしめることすらできるのである。

わが国においては、1970年代後半からの高度経済成長時代の終焉とともに、上のような状況のいくつかは相当に様変わりしつつある。しかしながら、事実的な社会変動を対象として、それらを何らかの程度において調整し、あるいは積極的に改変しようとする「目的的社会変動」という社会的機制はいささかも変わっていない。

2. 組織の管理・運営（変革）の五類型

▶▶▶ 変革の主体・客体とコンセンサス確保の戦略

従来、メゾレベルの集団や組織の社会学的研究は、基礎集団と機能集団といった基本的な類型論やその構造や機能分析から始まって、官僚制組織などの定型的組織とそれに対比される非定型的組織としてのインフォーマルグループの生成や機能の分析など、数多くの理論的・実証的研究が蓄積されてきた分野である。[2]

しかし、目的的社会変動論に志向した本書では、これらの組織や集団の管理や運営と変革に関わる研究に焦点を絞ることにして、先ずこれらの変革に関わり合う人びと（変革の主体と客体）を、

　ⅰ）変動を担う行動に携わっている人びと（active participant）である組織の一般構成員

　ⅱ）組織の管理者・所有者、政策形成者、行政担当者（administrative or bureaucratic staff）

　ⅲ）専門職従事者（professional staff）

　ⅳ）依頼人（client）

　ⅴ）一般公衆（public at large）

の5つのカテゴリーに分類し、同時にこれらの構成員間の「コンセンサス確保

の戦略」を，

a）協力戦略（collaborative strategy）

b）説得戦略（campaign strategy）

c）抗争戦略（contest strategy）

の3種のものに区分し，この変革に関わり合う人びとの範疇（ⅰからⅴ）とコンセンサス確保の戦略（a，b，c）を組み合わせて，次のような5つの類型を設定することにした．

▶▶▶ 第Ⅰ類型

ここでは，ⅰとⅳとⅴが一致していて変革の主体が同時に客体でもある．たとえば当該コミュニティの全成員が，自ら解決すべき問題の確認とそれらを解決するための手段や方法を主体的に決定し，そのプランニングに従って行動することを通じて，自己変革を遂げて行くようなケースである．ⅱの管理者・行政担当者も原則として全成員の意思によって選出され，その任務遂行も全成員の総意によって決められた方針に従って果たされねばならない．

コンセンサス確保の手段では，基本的に利害や価値観の対立が存在しないことが前提されているので，情報の周知と合理的な話し合いで十分である（collaborative strategy）．

したがって，この種の組織にとっての基本的な課題は，組織存続の効率的な運営と，組織内民主主義の維持とのジレンマを如何に解決していくかにある．

合致する例としては，理念形的に想定された**コミュニティ・オーガニゼーションや住民運動・市民運動**などが挙げられよう(3)．

▶▶▶ 第Ⅱ類型

構成員自身が相互に自らの利益を擁護したり促進したり，あるいは達成するために結成した組織，たとえば**生活協同組合**や**労働組合**，あるいは各種の自主的な「共益結社」やボランタリーな「自助組織」などの運営である．この種の組織の目標は，構成員相互の利益の達成であり，どのような管理や運営が，そ

の組織目標の達成にとって適切であるかは，構成員自身によって下された判断に基づいて運営されるべきであるとされているから，「組織内民主主義の確保」が不可欠である。すなわちⅰカテゴリーの人びとが，相互の利益を確保し増進するために組織的に運動するケースであり，ⅱ，ⅲの地位と役割は，第1類型と同じであるが，ⅴは含まれていない。

　コンセンサス確保の戦略では，成員内部の無関心を克服して積極的な参加を確保するため，またこの運動組織のもつ価値利害と外部の一般公衆の価値利害が一致するとは限らないから，説得ないしキャンペーン戦略（campagin strategy）が必要である。また直接の交渉相手（労働組合の場合は企業の経営者・管理者）とは，目標や価値関心が対立すれば，その戦略は，抗争戦略（contest strategy）が主となり，時には妥協戦略も採られるであろう。

　したがって，この種の組織にとっての基本的な課題は，組織存続のための効率的な運営と組織内民主主義の維持とのジレンマをいかに解決していくかにある。

▶▶▶ 第Ⅲ類型

　営利会社や事業所などの**企業体組織**がその例である。もちろんこの種の組織においても従業員にサラリーを支給し，社会的に必要とされる物資やサービスを提供するなど直接的間接的にいろいろな人びとに利益を与えてはいるが，資本主義的社会体制のもとでは，そこでの主要受益者は，基本的にはⅱのこれらの組織の所有者や経営者である。しかし，この種の組織は同種の他の組織との激しい競争のなかで，生き残りや発展をはからねばならないのであるから，組織としての「生産性の向上」とか「効率化」が不可欠となる。しかしそれらの達成とともに，ⅰである従業員や組織成員の参加意欲の確保をもはかっていかなければならない。このような相反する2つの要請をいかに解決していくかが，この種の組織にとってのもっとも基本的な課題となるのである。

▶▶▶ 第Ⅳ類型

　病院や福祉施設など，医師やワーカーのようなⅲの専門職従事者が，ⅳのク

ライエントの真のニーズや福祉に応えようとする「専門職サービス機関」の運営である。専門職的サービスは，通常の商取引のように顧客のニーズにそのまま対応するのではなく，専門職従事者が，その専門職的知見や技術に照らして，どのような処置がクライエントの真のニーズや福祉に応え得るかを判断して行うサービスであり，この意味で専門職側の「誠実性」とクライエント側のその専門職に対する「信頼」に依存しているのである。

このように，ここではⅲの専門職が主体となり，ⅳの依頼人の福祉のためにサービスするための変革や調整活動が為されるケースであるから，変革の主体と客体は別である。したがって，第Ⅰ，Ⅱ類型のようなプランニングの自主決定や組織内民主主義といった理念は，必ずしも必須のものではない。むしろ専門職による熟達した知識や技術を踏まえて，依頼人のためにという誠実性に裏打ちされた説得戦略と，依頼人側からのそれに対する信頼に依存している。いわゆるインフォームド・コンセントの観念は，この類型との関連でなお慎重な考察が必要なように思われてならない。

この種の組織にとっての基本的課題は，専門職的基準からするクライエントへの適切な水準のサービスの確保と，組織そのものの維持存続をはかるための管理や財政上の配慮とを，如何に調整するかにある。

▶▶▶ 第Ⅴ類型

行政機構や**立法・司法の諸機関**など，それらが置かれているコミュニティ全体のために設置された「公益組織」の運営である。ⅱの管理者・政策形成者・行政担当者が主体となり，ⅴの一般公衆の福祉や利益をはかるものとされている事業や活動，都市計画や地域開発事業などがその実例として挙げることができよう。ⅴの一般公衆は，ⅱからのの指示や提案に従って行動するよう説得あるいは強制される場合が多い。

しかし，この種の組織にとっての主要受益者は，当該組織の構成員である官僚や特定化されたクライエントではなく，コミュニティの全成員すなわち一般公衆である。したがってこの種の組織にとっての基本的課題は，いかにして効

率的で公正な行政やサービスを提供するかということに尽きるわけではない。少なくとも，民主主義社会では，ⅱからの提案に対する，ⅴの一般公衆の判断能力とフィードバックが否定されてはならない（類型Ⅳの専門職に対するクライエントの場合と異なる）。むしろこれらの組織の独走を防ぎ，一般公衆による民主的コントロールすなわち，シビリアン・コントロールをいかに確保していくかも基本的課題なのである。

しかし，現実には効率優先の価値観が支配的であり，一般公衆は操縦の対象とされ，抵抗の姿勢を示しても「説得」や妥協戦略に遭遇し，条件闘争に終わる場合が多いであろう。

3．類型の差違による組織課題の変容

▶▶▶ 類型の現実的様相

このような5つの類型は，あくまでも理念型的なモデルであり，現実の組織の運営は，この5つのタイプが何程かミックスされたものであって，時には相互に移行することもあり得る。たとえば第Ⅰ類型においても，コミュニティ成員が「参加活動を通じての自己変革」を目指すよりも，多くの住民運動・市民運動の実態が示しているように，公害反対や行政施策の改変要求など「外部的な諸条件の改善」が主目的になれば，ⅳは第Ⅴ類型における一般公衆とほとんど同じものとなり，しばしば行政による「操縦」や「説得」の対象に成り下がってしまうであろう。

第Ⅱ類型の成員相互の共益結社である生活協同組合であっても，効率的な運営を第一義的な眼目に掲げながらも，実際はそれによって役員やリーダーの利害や役得を図るようになれば，それは第Ⅲ類型の私的企業体と何ら変わらないものとなってしまう。逆に私的企業体において，従業員の経営参加や持ち株制度によって，もし成員自身の相互利益の追求が主となるような状態になったとすれば，それは実質的に第Ⅱ類型（共益結社）に移行しているとみなすことができよう。

同じように第Ⅳ類型の専門職サービス機関において，クライエントへの専門

職的基準からするサービスの提供よりも，機関そのものの維持・存続や，組織の効率的な管理・運営が第一に図られるようになれば，それは第Ⅲ類型の企業体と異ならないものとなるであろう。第Ⅴ類型の公益組織においても，もし公衆による民主的コントロールが形骸化して，それらの組織の構成員である公務員や職員だけで自律的に政策決定を行って独走するならば，いかに組織の効率的運営のためとはいえ，もはや公益組織とはいず，むしろ成員相互の利益確保を目指す第Ⅱ類型のものに近似するといえよう。しばしばこれらの行政組織運営においては効率優先の価値観が支配的であり，一般公衆は操縦の対象とされ，たとえ抵抗の姿勢を示しても「説得」や妥協戦略に遭遇し条件闘争に終わるのが現状であろう。

▶▶▶ 類型の違いに応じた分析の必要性

一般に組織の基本的課題は，組織目標の効率的達成とともに，成員の参加意欲を動機付け確保するという相反する機能をいかに調整して組織の維持・存続を図っていくかにあるといわれているが，みてきたように組織の類型を異にすることによって，その基本的課題もそれぞれ異なっているのである。したがって組織目標の効率的達成とか，自律的な参加，民主的なコントロールといった規準も，総ての組織に同じように妥当するのではなくて，組織類型の違いによって力点が異なってくるし，また組織の主要受益者や組織目標が変われば，組織の類型とともにその基本的課題も異なってくるのである。

したがって，「組織目標の効率的達成と成員の参加意欲も確保」といった抽象論では，応用社会学における「問題の確認－調査テーマへの変換，勧告と結果の査定・評価」の分析基準としては不十分である。対象となっている事象ごとに――たとえば，行政府や自治体の社会政策と民間資本企業の経営・人事管理政策，組合やボランタリーな自主的組織，福祉施設や病院・学校などの公益法人――それぞれが，その構成原理・組織目標，主要受益者，基本的課題を異にしている筈であるから，課題となる問題も政策目標も，さらに勧告の内容や結果の評価も，それぞれ区別されたアプローチが要請されよう。たとえば，住

民運動や市民運動などのコミュニティ運動の場合と，営利的な民間企業の地域開発事業，福祉施設の経営・管理の問題，病院における医療・看護，患者の人間関係の処理など，それぞれの組織類型の差違に応じたきめ細かな分析が必要である。

第2節 住民運動とコミュニティ論

1．住民運動——系譜と課題

　住民運動はすぐれて実践的で緊張に富んだ世界である。それゆえに，従来の住民運動についての記述は，一定の実践的立場からなされた事例報告，とくに自治体の在り方や国の行政に対する住民運動の「警告者」ないし「告発者」としての役割を説いたものが多かった。しかし，ここでは，それらの住民運動の諸事実を可能な限り一般的な文脈のなかに位置づけて理解するという原理的な考察にとどめたい。そこで，まずきわめて概括的であるが，戦後における住民運動の系譜をたどりながら，住民運動の諸類型を明らかにし，次いで自治体行政と住民運動のかかわりあいを検討することを通じて，これらの住民運動のもつ組織上および運動体としての原理的な問題点を指摘しておこう。[4]

▶▶▶ 住民運動の系譜

　住民運動の系譜といっても，そもそもの住民運動なるものをいかに規定するかによって，その発端の決め方も異なってくる。後述するように，1960年代以降に現われたものを狭義の住民運動と規定するのが一般的であるが，しかし広義の住民運動すなわち地域住民の何らかの運動は，かつて田中正造が指導した足尾銅山の事例をひくまでもなく，いろいろな形で相当古くから存在していた。

　戦後の日本において，住民運動ないし地域運動が顕在的なものとして，一般に知られるようになったのは，1950年代以降である。当時は主として労働運動

や政党の政治的活動の主導の下に,「地域闘争」という形で, 合理化反対・基地撤去・憲法擁護といった地域運動が行われていた。

1960年代の半ばになると, 以前の地域運動とは種々の点で性格を異にする地域住民運動が発生する。

まず第1に, その発生の契機として, 以前のような生産点での闘争の補完物としての地域闘争ではなく, 地域生活の構造変動や生活危機に対する地域住民の生活防衛そのものが出発点となった。その要因は基本的には高度経済成長政策と工業優先の地域開発事業による住民生活環境の悪化に帰因する。それは過疎, 過密, 公害問題として, 何よりも物理的な生命と生活の破壊の危機として現われた。それは同時に既存の地域社会の構造変動に伴うアノミー現象をもたらした。急激な社会移動と階層分解の進行につれて, これまで慣れ親しんできた社会関係や地域生活のパターンが崩壊し, 所属感の喪失, 新旧の住民間の対立, 地域権力構造の変質等々のさまざまな問題を生み出したからである。

第2の契機としては, このような新しい地域問題に対する行政や地方自治体の対応姿勢が挙げられなければならないであろう。当時の多くの地方自治体は, いわゆる産業基盤整備のための地域開発事業の推進や企業誘致に熱中し, 地域住民の生活施設の整備や生活関連の行政サービスはかえって低下するという状況すら生み出していたからである。

さらに第3の契機として, 各地に出現したいわゆる革新自治体の存在と新しいタイプの地域リーダーの活躍が, 従来とは異なった住民運動の発生と展開を容易ならしめ, かつ促進してきたことをも挙げておかねばならない。

このようにして, 基本的に地域における生活防衛に根ざしたさまざまの住民運動が各地で出現するようになった。しかし当初のものは大部分, 生活防衛といってもむしろ事後的な救済や被害補償を要求するものであり, その働きかけの対象も, 行政よりは, 生活破壊の発生源とみなされた企業に直接向けられ, その運動形態も, 無組織的な形での陳情や抗議が主であった。しかし, とくに漁場汚染など農漁民の生活基盤そのものの破壊や生産活動に対する直接的な障

害を及ぼすような事態が生じた場合，追いつめられた農漁村の自己主張と告発が，はげしい一揆型の実力行使を伴った運動形態をとるようなことも，しばしばみられるようになった。住民運動がにわかに社会的に注目されるようになったのは，このように発生源と思われる企業等への集合行動的な運動形態がとられるようになってからであるといえる。

次に，わが国の住民運動の系譜にとって新しい展開を示すものとして注目されるのは，三島・沼津・清水2市1町の石油コンビナート誘致反対運動である。それは従来あたかも地域住民のためであるかのような幻想を抱かせてきた地域開発政策に対する，地元住民からのはっきりした拒否行動であり，その後に全国各地において展開されるようになった公害反対や工場誘致反対の運動の端緒と目されたものである。もちろん70年代に入ると，高度成長経済政策や地域開発に対する社会的風潮の変化があり，経済開発から社会開発が説かれ，生活や福祉の優先が語られるようになった。マス・コミのキャンペーン記事で，従来タブー視されてきた公害問題を積極的に取り上げるようになったのも，この頃からである。これらの社会的風潮が，住民運動の発生をうながし，これらの運動をしだいにプラスのイメージで受け止めるような素地を構成したといえる。

このような70年代における住民運動の特徴としては，①事後的対症的な生活防衛運動にとどまらず，むしろ事前的な予防運動が多くなったこと，すなわち開発政策や企業立地の計画策定前の撤回運動や変更要求運動が主となったこと，②運動の向けられる対象も，直接企業に働きかけるよりは，そのような企業のあり方を認容した行政や自治体に向けて働きかける運動であること，③マスコミのキャンペーンや弁護士・医師・教師等の専門家集団の参加とカンパニア的支持が強化され，全国的に類似の運動や組織に結集して，情報の収集と伝達が活発に行われるようになったこと，④かつての抵抗・反対・抗議といった運動様式から，要求・交渉・参加へ，そしてさらにイニシアティブをとった自治への胎動がみられるようになったこと，などを挙げることができる。

▶▶▶ 住民運動の一般的特徴

このように住民運動は，それぞれの時期と状況の下で多種多様なイッシューをもって展開してきたものであるため，一義的な規定を下すことは容易ではない。しかし，一応の整理をすれば次のような諸特徴を指摘できよう。

第1に，その要求や問題が地域問題とくに住民の生活と生命の問題に由来し，その運動の構成員も地縁的地域組織を土台としている場合が多い。すなわち，既成組織のメンバーとしてではなく，むしろ当該地域の居住者であるという地域性がその成立の根拠となっていることである。

したがって第2に，住民の日常的定住生活の個別的・用具的契機から出発したものであり，無階級的・脱イデオロギー的性格を示すのが一般的である。

第3に自発性と創造性を尊重し，運動の過程そのものから学習し，実践することによって参加者の態度変容がもたらされるとみなされている。

第4にその運動形態として，しばしば物理的エネルギーの発揮を伴う集合行動的形態をとる場合が多い。

第5に，組織上の特徴として無定形的でプロとしての専従者や官僚主義的な管理方式を忌避し流動的である。

よくいわれるように「住民運動の組織は大きいようで小さく，小さいようで大きい」。たとえば住民運動としてマスコミが華やかに取り上げ，大きな運動体のようにみなされているものも実際にそれに近づいてみると，常時中核となって活動している部分は意外に小さい。しかしだからといってそれが小さい組織かといえば，必ずしもそうではなくて，それらの少数の中核部分をとりかこんで顕在的あるいは潜在的に支持している層は意外に厚くて影響力もきわめて大きい場合が多い。

このように，住民運動の組織構造は「少数の積極的な人びとの周囲に相当数の顕在的潜在的な支持層がとりまき，さらにその周辺に，いわば自分の家に閉じこもりながら，窓越しに拍手を送る多数の人びとが存在するといった形態をとっている」のである。

▶▶▶ **住民運動の諸類型**

　イッシューや目的による類型：住民運動の具体的形態を類型化することは，対象そのものの多様性と流動性によってきわめて困難である。しかしまず，住民運動のかかわるイッシューや目的によって，①騒音・水質汚濁・大気汚染等の公害反対，高層建築・高速道路・新幹線等の建設反対，あるいは家畜・採石事業所設置反対等，主として環境権や居住権の侵害に対する「地域生活防衛運動」，②自然保護，農薬・薬害反対，文化財保護といった特定地域を超えた「市民生活防衛運動」さらに，③地域内の連帯性によって生活向上を追求する消費者運動，過剰包装拒否，新生活運動のような「地域生活向上運動」，④公共施設・社会福祉施設・教育施設等の充実，モーテルやソープランドの建設反対などの「地域生活基盤整備運動」，⑤ごみ・し尿処理施設，病院等の設置反対，区画整理・再開発事業反対などのいわゆる「地域エゴによる地域生活基盤整備阻止運動」，⑥リコール・汚職追及などの「地域政治革新運動」，⑦住民参加と自律性を強調する町づくり村づくりとしての「コミュニティ形成運動」などを挙げることができる。

　運動の手段や形態による類型：次に運動の手段や形態を基準にして，先にもふれておいたように，①抵抗・抗議・告発などによる自己の要求の徹底主張や一揆型，②陳情や請願など平和的な手段を主として，状況によって妥協をはかろうとする条件闘争型，③署名や調査活動をふまえて事前的な予防や計画の撤回を迫る直接参加型，さらに④参加と自治の徹底をはかり，新しい市民的価値に志向する参加的市民運動型などを区別できよう。

　住民運動の組織的特徴
　似田貝香門らは，住民運動の組織的特徴を次の3つに類型化している。[5]
　① 日常的媒体の利用による住民運動
　　これは町内会・自治会などの既成の地縁的組織を抵抗の媒体として利用するものであり，したがって，タテ割り構造の組織をそのまま一括ぐるみ集団化し，運動の自己評価の基準は日常的な実感や規範であり，リーダーやメンバーの人間関係による評価が主となる。目標達成度の志向性においても，状況に応じて容易に

レベルダウンして条件闘争になりやすい。
② **日常的媒体からの離脱による住民運動**
　運動の担い手が特定目的のための市民組織の場合のように，既存組織から離脱して新しい抵抗媒体を組織化したものであり，その組織特徴としては，フォーマルな組織原則を確立しつつ，契約と討論によってフォロアーの自律性を重視する点にある。運動の自己評価はその運動の「理念」を基準として行なわれ，目標達成の志向性において一貫性の追求がみられ，かつ目標の自己設定のための継続的行為が遂行されるといった特徴をもっている。
③ **日常的媒介の再編強化による住民運動**
　これは町内会等の既存組織が再編され強化されることによって，運動のための抵抗媒体化されたものである。一括ぐるみの集団化や，日常実感による運動の自己評価の基準など，①の類型と共通するところもあるが，しかし役割の平等性や対抗秩序の形成といった点で再編強化され，目標達成の一貫性の追求や目標の自己設定の継続的行為の遂行などに志向している。

参与者の抱く信念による類型：また，スメルサー（N. J. Smelser）の「集合行動論」は直接に住民運動だけを対象としているわけではないが，住民運動のメカニズムや類型を考察するのにも有効である。彼は集合行動を参与者の抱く信念によって次の5つの類型に分けている[6]。

① **パニック（恐慌的）反応**：あいまいな状況において，ある不可抗力と思われる脅威の源泉を想定し，そこから逃避することによって不安を減殺させようとする信念に基づく行動。
② **クレイズ（熱狂的）反応**：①とは逆に全能的な力を想定し，それに願望を投射することによって不安を減殺させようとする信念に基づく行動。
③ **敵意噴出行動**：不安や不都合な状況を生み出している元凶を想定し，それを攻撃し破壊することによって不安を減殺させようとする信念に基づく行動。
④ **規範志向的行動**：現在の社会規範を変革するか，より適切な規範を創設することによって不安や不都合を除去しようとする信念に基づく行動。
⑤ **価値志向運動**：自己および社会を根本から再構成することによって不安や不都合を除去しようとする信念に基づく行動。

▶▶▶ 住民運動の基本的潮流

　以上，住民運動の系譜をたどりながら，その一般的特徴と諸類型を概観してきた。われわれはそこにおける基本的潮流として，抵抗から参加へ，事後的対症的対応から事前的予防的対策要求へ，そして特殊利害追求の住民運動から普遍的な新しい価値の創造に志向する市民運動へ，といった方向を指摘できそうである。

　しかし，参加や新しい価値に志向する運動は，後述するように，あまりにも新中間層的観念によっていろどられており，現在のところ「理念」の域にとどまっているといわねばならない。一般住民が運動に参加するのはあくまでも自己の生活と生命を守るためのものであって，公害反対一般，地域開発反対一般，地方自治擁護そのものを価値規範として追求していくわけではあるまい。自己利害が基本であり，その貫徹に結びつく限りで普遍的な価値や原理を擁護するのであって，その逆ではない。おそらく現実は，無関心と権威追従の自己利害の追求を基盤とする政治社会であり，階層的利害の対立と妥協と忍従・諦観のうずまく社会であろう。

▶▶▶ 地方自治と住民参加

　住民運動の構造は基本的に参与する住民やリーダーの階層的性格によって規定されるが同時に，彼らの運動に対する情熱やエネルギーの量と質に依存する。さらにこれらの組織や運動をとりまく体制的状況，地域権力構造，地方自治体の性格等によっても制約されざるをえない。ここではさしあたり，新しい住民運動にとってもっとも深いかかわりあいをもっている自治行政との関連に焦点をしぼって考察してみよう。

　既述したように，今日住民運動を必然化せしめた契機の一つは，地域住民の生活構造緊張に対する既存組織ないし地方自治体の対応姿勢にあったことは否めない。もちろん現行法の下でも住民参加の方式として，条例の制定改廃の請求，事務監査の要求，議会の解散，議員や長の解職請求などの「直接請求」や「住民監査要求」「請願・陳情」「公聴会・モニターの設置」「審議会・委員会の

設置」「住民投票」などが制度化されている。

　また，要求や運動のようないわば非制度的参加に対しても，多くの自治体において，対話集会や説明会の開催，直接の説得，議員や有力者による調停や斡旋，議会による調査などの諸方策で対応し，必要に応じて都道府県や国に働きかけ，可能な場合には施策の修正や予算措置がとられる場合もあるであろう。

　住民の側からみれば，自分たちの切迫した要求や期待に対する自治体の対応は，形だけの説明や一方的な説得あるいはみえすいた懐柔策や無視として受け取られやすく，他方行政の立場からすれば，行政の中立性と公平性，公私の別の保持や人権の尊重といった制約があって，住民の個別的要求や陳情に対して直ちに満足のいくような対応を為しがたい場合も多いであろう。いわゆる革新自治体の場合でも住民運動への対応に問題がないわけではない。住民運動を少数与党の不利をカバーするための院外勢力として利用するといった状況もしばしばみられるし，とくに町内会などの既存の地域組織が崩れてしまった地域社会において，行政首長のヘゲモニーないしリーダーシップのパイプとして，住民組織を利用するといった場合もないわけではない。

　たしかに，今や住民運動は自治体行政に対する警告者ないし告発者としての役割を果たしている。それは自治体という生体の病理を知らせる警鐘であり，潜在的な病理を顕在化せしめる徴候として受け止めるのに役立つであろう。しかし住民運動や住民参加の「理念」からすれば，住民運動は自治体組織そのもののメカニズムの展開であり，自治体それ自身の健康の維持，増進のカロリーとして燃焼させるべきものである。そうであるならば，そのような「理念」を現実化せしめる具体的脈絡はいかにして，また，どこに求めうるであろうか。

▶▶▶ 「地域エゴ」——住民運動の3つの矛盾(1)

　住民運動がつねに直面しなければならない固有の問題として，いわゆる「地域エゴ」の克服問題がある。上述してきたように住民運動の発生成立の根拠とそのエネルギーの根源は，日常的な地域生活上の不満や要求であり，むしろ地域エゴに終始するところが住民運動の本来の姿であるというべきである。

しかし，このような地域生活上の不満や要求は，それ自体として個別的であり，しばしば短期的な利害関心である。また，それらは階層や地域を異にすることによって多元的であり，内部に多くの矛盾や対立をかかえているのが実態であろう。しかし運動体として大きく発展し普遍性を獲得するためには，それらの個別的利害が社会的に政策化され社会的なコンセンサスを確保しなければならない。

　しかし，このような個別的短期的利害関心を普遍的長期的政策へと媒介し社会的価値を付与せしめることは，理論のうえではともかく，現実の運動の実践過程のただなかでどのように現実化するかは，依然として残された重大な課題である。

　このような個別的利害といえども，人間の生命と生活を守るという基本的原理的な要求であり，それ自体普遍的な価値をもつものであるから，地域エゴに基づく住民運動であってもただちに無媒介的に社会的な価値を保有しているという論議もないわけではない。

　しかし，前述したように個別的利害や要求それ自体が階層的地域的に重複し矛盾や対立を含む場合，それらの短期的微視的な要求や利害の充足と，長期的巨視的な展望のなかでの現実化とでは，少なくともその際の優先順位や手順についてすら食い違いが出てくることは避けられないであろう。

　さらに社会システムとしての自治体や国のいわば機能的要件と思われるものの充足と，地域住民の個別的利害——しかもそれ自体市民的権利として主張されるような類の利害——や要求と衝突し矛盾しあう場合を考えてみよう。たとえばごみ処理やし尿処理のようないわゆる「迷惑施設」の建設や新幹線問題のような場合はどうであろうか。このような状況において単なる「話し合い」や「説得」の続行のみを云々することは，事態の解決を無限に延期するための無責任な口実となりかねない。

　解決不能の場合，おそらく自治体は一定の権力を背景に「公共（公益）施設対地域エゴ」という行政的判断を強調することによって，強引に事態の解決を迫る場合が多いように思われる。住民側もたとえ当該地域での建設阻止に成功

したとしても，他地域での同じような問題の惹起に連がるという後味の悪さから逃れえないであろう。しかし，多くの住民はこのような問題を住民自ら解決しようとする姿勢よりは，だれかが処理してくれるべきもの，とくに行政の責任で処理すべきものであるという観念が強いのではないだろうか。

このような住民運動の限界を突破し，新しいコミュニティ建設への展望を切り拓くことが，新しい地域社会研究の理論的実践的課題の一つであるといわねばならない。

▶▶▶ 参加者の広がりの狭さ——住民運動の3つの矛盾(2)

住民運動の第2の問題は，運動の参加者の範囲が限定されがちであることである。住民運動や市民参加が活発に行われるためには，イッシューについての情報が完全に浸透しなければならないし，またそれらのイッシューを処理する能力を十分にもっていなければならない。しかし現実にそのような情報に接触する機会やそれを処理する能力をもつものは，どうしても一部の階層に限定されやすい。

大部分の住民にとって，運動参加の動機はその参加が有効と感じられるからであって，もし参加することが自己の生活にとって何らかの危険を伴う場合はその参加意欲の減退は避けえない。おそらく四六時中政治が語られ，四六時中政治的対立にあけくれる社会は現実の形態としては存在しない。現実に存在しているものは無関心と権威追従の政治社会であり，自己の利害を中心に現実的な妥協と保身から離れがたい生身の人間であろう。

社会学的にもよく知られているように，紛争や交叉圧力にさらされている人びとは，しばしば中立的立場をとり，脱政治化しやすいといわれる。いわば紛争解決を基本目標とする住民運動や住民参加が，紛争のあることでかえって一般庶民の参加が減退するというジレンマをもつことに注目すべきであろう。

このようなことから，典型的な住民運動がみられるのは，大都市ないしその近郊地域で，中上層の新中間の多い住宅地域であり，しかも各種の集団活動への参加機会が豊富に存在しているようなところであるといえる。とくに新しい

地域づくりや住民参加という形での先駆的な住民運動を担う層は，すでに自然保護・医療・農薬禁止などの運動に親近性をもっている層である。しばしばこれらの住民運動にみられる反合理主義・素朴自然主義は，高度経済成長政策を支えた乾いた合理主義・能率主義や技術万能主義に対する抵抗イデオロギーとしてそれなりの意義をもっていることは否定できない。

しかし，このような観念はどうしても新中間層の価値意識の優位という傾向がみられるため，これらの中間層の価値観とは異なる属性をもつ住民層，とくに土着住民や農民層の反発や無視を引き起こし，運動そのものが上すべりに終わってしまう危険をもつことは否定できない。

▶▶▶ 包摂の問題——住民運動の3つの矛盾(3)

第3の問題として，住民運動の行政による包摂（involvement）の問題がある。住民運動が有効であるためには，行政に働きかけ，その成果が何らかの形で制度化される必要があるが，そのような制度化によって住民運動そのもののもつダイナミズムが喪失するという危険があることである。

前述したように，現在，行政の住民運動への対策として，たんに広報広聴活動の強化，対話集会，説明会の開催といった方式だけでなく，議員や地域の有力層を介しての説得，住民運動に対する情報その他の便宜供与，地域活動の指導者の養成，さらに住民運動のリーダーの審議会や委員会への編入（いわゆるコープテーションの機制）など，さまざまな手段がとられるようになっている。

行政や自治体のこのように住民運動に密着した姿勢によって，住民運動が行政に包絡され，運動や参加のエネルギーを喪失し，人びとに受益者意識のみを醸成しかねない。とくに住民運動に対する革新自治体の異常接近は，このような行政による運動の包摂をますます結果しやすいのではないだろうか。

▶▶▶ 解決の方向

このように住民運動は，多くの社会現象と同じように，運動体としては相互に不可欠な要素でありながら，同時に構造的に矛盾しあういくつかの要素を含

んでいるのである。それゆえにひとつの問題の解決は，ただちに別の問題を惹起せざるをえない。たとえば地域生活防衛を旨とする「住民主導型」の運動が，たとえ当の自治体行政の革新に成功したとしても，そのことが結果的には当該自治体の権益擁護のみを優先させ，国の行政失策の責任を他地域や「弱い環」にしわよせするようなことをもたらすかもしれない。他方，「行政責任主導型」で，住民の生活利害を何らかの形で普遍化し，「負担の公平性」と「均衡」を確保しえたとしても，それは前述したように，「行政の包絡」による住民の「受益者意識」を惹起し，そもそもの住民運動のエネルギーを喪失せしめて，住民参加と自治の否定につながる危険なしとしない。同じような統制は政党による住民運動の指導の場合にもあてはまるかもしれない。

　したがって，現実の住民運動の問題解決の方向として，これらの諸矛盾を一挙に解消することを望むことは，本来的に不可能なのである。むしろ問題解決のためには，これらの構造的矛盾の存在をはっきり認知し，そのたえざる調整そして矛盾の再発，その再調整という動的な過程のなかで見出すほかはないのである。それゆえに，住民運動にかかわりあうすべての人びと，とくに主体者としての住民や地域リーダーとともに，専門人としての研究者や地域行政担当者間の，真の意味での深いかかわりあいと対話のなかから，解決のための新しい展望が開かれるであろう。

2．コミュニテイ——課題とその諸相

▶▶▶ コミュニティ論の課題

　コミュニティという用語は，いまや社会学や狭いアカデミズムの文脈をはるかに超えて，種々の行政施策や社会教育実践のなかであたかも自明なことがらとして，ほとんど抵抗なしに受け入れられ使用されているようである。このことからすればいわゆるコミュニティをめぐる問題はもはやあれこれ論議をする段階ではなくて，すでに現実の社会過程のなかに定着しているともいえる。したがってなお再び"コミュニティ論"なるものを云々することはまさに時代遅れであり，悪しき意味での社会科学的事後解釈にいつまでも拘泥している嫌い

しかしながら，コミュニティということで今日何を表象し，どのような意味あいと意図をもって語られ，使われているかを吟味することは依然として重大な問題であるように思われてならない。なぜなら"コミュニティ"はたんに現実の地域社会や人間関係についての客観的な認知的次元の問題としてばかりでなく，同時に地域社会や地域住民組織の統合化や再編成という政策的・用具的次元をも含意し，それらはただちに，地域社会や人間関係についてのあるべき価値ないしは望ましい規範の次元にもかかわっているからである。そして，コミュニティのこれらの3つの次元のそれぞれについて論議し再検討されなければならない多くの問題が存在しているにもかかわらず，諸種の"コミュニティ施策"がいまや勝手に独り歩きしている状態である。

　一方，当世流行のいわゆる"コミュニティ論"のなかに，これらの行政的コミュニティ施策をたんに擁護し合理化することに終始するか，さもなければ，地域社会の現実からはまったく離れて，ユートピア的な情動的観念をやたらにふりまくような類の論議だけがしばしば見うけられるからである。

　しかし，本節では，コミュニティ論の基本的問題として，これまでのコミュニティ論がその主要な対象として地域社会のどのような次元や位相にかかわってきたかを主として認知的次元に焦点をおきながら明らかにし，今日的段階で要請されているコミュニティ・パラダイムの転換とそのインプリケーションを追求することを課題とする。もちろん本書だけでこの課題のすべてを体系的に論及することは困難であるとしても，新しいコミュニティ・パラダイム革新によって明らかにさるべき中枢的なコミュニティ論の問題の所在と分析の方向は指摘できるであろう。(7)

▶▶▶「コミュニティ」の概念

　よくいわれているように「コミュニティ」の概念は，それぞれの歴史的社会的状況の差異と研究者の理論的背景や問題意識の相違に基づいて多様化されながら展開してきたものである。したがってコミュニティというひとつの概念用

具によって指向されている対象や位相が多次元的であるばかりでなく，抽象の度合いもきわめてまちまちである。しかしこれまでのコミュニティ論で使用されてきたコミュニティ概念を検討してみると，おおよそ次のようないくつかの場合を区別できそうである。

まず，もっとも素朴なものは，コミュニティ概念をほとんど無規定なまま，単なる対象概念として，所与の地域社会をそのままコミュニティと称する場合である。そこではコミュニティは景観的な意味でのなんらかの地理的空間的な範囲であり，あるいは理論的ないし実践的に究明さるべき社会的・心理的諸事実や諸過程——たとえば非行や犯罪，スラム，社会成層や権力構造など——の展開する「場」や「文脈」ないし背景として考えられている。

しかし，このような無規定的なコミュニティ概念では，その空間的地理的範囲をどのような属性や変数のいかなる分布や関連性で考えようとするのか一向に不分明のままである。また，探究さるべき社会的事象や解決を要する問題が生起する文脈や場であるとした場合でも，その地域社会のいかなる局面や属性がどのようにかかわっているかについてはあいまいであり，せいぜいアド・ホックに言及されるだけの場合が多い。

第2に，やや古典的な取り扱いであるが，コミュニティを社会学の基本的な集団類型論の中に位置づけて概念的に類型化する場合である。かつて人口の分布や土地利用のパターンの空間的時間的な配置状況を生態学次元でとらえて，それらを"コミュニティ"と称し，意識的目的的な社会関係の総体としての"ソサエティ"から区別する用法もあった。

そのような用法はまったくすたれてしまったわけではないが，しかし今日でもなお検討を要する用法は，(1)所与の地域社会の「基礎集団」的様相や次元のみに着目して，それをもってコミュニティと称するのか，それとも(2)その基礎集団的様相はいうに及ばず，その地域社会の領域内で生成展開しているあらゆる機能集団，その他の主要な社会的様相をすべて包括した全体社会の縮図 (microcosm) をそのままコミュニティと概念化するのか，(3)あるいはとくに，もはや個人や個々の家族，個別的な機能集団や行政施策のみでは解決困難と

なった，あるいは担いきれない地域生活問題ないし日常の地域生活上の不可欠な要件を解決し充足していくために一定地域範囲の人びとが居住の近接性を契機として形成する社会関係のまとまり，より狭義的には，自発的な参加・協力・連帯といった意識や態度に支えられた人びとのアソシエーショナルな結合や社会関係の質をコミュニティと考える立場が区別できるであろう。

　以上のようなコミュニティ概念に関する集団類型論的区別を下敷にしながら，より分析的に，最近におけるコミュニティ論のパラダイムの変遷をたどってみよう。

　(1)の「基礎集団としてのコミュニティ」概念はコミュニティ論にとって文字通りもっとも基礎的古典的な概念であり，かつての村落的ゲマインデを基盤として類型化された概念である。そこでは，コミュニティの境界は容易に確認され，人びとの生活の大部分はその境界内でほぼ自足的であり，分有された共通の価値規範や制度とひんぱんな対面的な相互接触によって地域との一体感と強い凝集性がみられる。そして，すべての現象は当該コミュニティ自体のダイナミックスによって説明可能とされ，しばしば「コミュニティ目標」「コミュニティ価値」「コミュニティ関心」「コミュニティの意思決定」といった概念が用いられて，「コミュニティ」はあたかも生物有機体のごとく，少なくとも具体的な集団に近い社会的実体として観念されていたのである。

　したがって，この「基礎集団としてのコミュニティ」という観念にしたがえば，当該地域社会のすべてのアソシエーションはこの基盤としてコミュニティから派生するものとなり，先に触れた「場」としての，ないし「文脈」としてのコミュニティ概念を，いわば理論的に，あるいはイデオロギー的に支えることになっているのである。

　「基礎集団としてのコミュニティ」という観念は，コミュニティを実質的にあらゆる有意味な社会活動の原点とみなそうとするゲマインシャフトへのロマンチックな郷愁と結びついて，いまなお多くのコミュニティ論者と，コミュニティ・ワーカーたちの心をとらえている。そしてそのモデルとなっているのは依然として対面的な人格的関係が成立しうる小規模な村落的地域社会なのである。

▶▶▶「コミュニティ」の諸相

 しかし，産業化された現代社会においては自足的で完全に閉鎖的な地域社会はほとんど存在しない。事実地域社会内で生起している多くの現象も，全体社会的規模の制度や組織の地方的な支部やネットワークの一部にすぎない場合も多いであろう。また地域の人びとの生活関心も，それらを充足するための施設や組織の種類や範囲も，性や年齢や職業のちがいによって多様であり，したがって種々のサービスエリアも重複し錯綜しあっているのでコミュニティの境界は，行政的区画を別として，包括的に確定することはほとんど不可能となっている。

 かくして現代のコミュニティは，閉じたシステムとしてではなく，むしろ定義するのが困難なほど滲透的な境界しかもっていない高度に開かれたシステムとして概念化されねばならないことになるのである。このようにして，当該地域社会を超えた外部のマクロシステムとより強く結びついているもろもろの組織や制度の部分をも包括した「地域社会の全体」（the entire local society）をもってコミュニティとみなすアプローチが，より現実的なものとなってきたのである。

 このようなアプローチは，基本的に，全体社会と個別的な社会関係や小集団の中間領域としてのある手頃な範囲の地域社会における社会生活を全体的にあるいは全体関連的に分析するという重要な方法論的意義をもっているとみなすことができる。より分析的に，コミュニティを「地域関連性をもつ主要な社会的機能を遂行するための社会的単位とシステムの組合せ」と定義したR. L. ウォーレン（Roland L. Warren）の立場もこれに近い。[8]

 ウォーレンの分析枠組によればコミュニティは，地域社会内部の諸単位間の関係としての「水平的パターン」（horizontal pattern）のみならず，当該コミュニティを超えた外部のマクロシステムとの関連としての「垂直的パターン」（vertical pattern）をも重視しながら，コミュニティそれ自体をひとつの開かれた社会システムと規定する。そして「地域的自律性の程度」や「サービスエリアの合致の度合い」「地域との心理的一体感の強弱」「水平的パターンの強弱」

などの4つの次元によって分析しようとしている。[9]このようなウォーレンのアプローチは，まさに全体社会の縮図としての現実の地域社会全体の構造と機能を全体的に分析しようとした典型的な理論モデルとみなすことができる。

しかしウォーレンの立場では，コミュニティをもはや「集合体」ないし「実体的な集団」とみなすのではなく，むしろある限定された地域を占めている人びとや組織体の相互作用の総体であり，コミュニティを構成している諸部分の相互作用は，コミュニティに共通した全体的な価値や規範によって指令されたものとしてよりは，むしろ諸部分間で「交渉されるもの」(negotiated) としてとらえられている。

そして，分有されている価値や規範も，当該コミュニティだけの固有なものとしてよりはむしろ多くのコミュニティにとって共通なマクロな次元の文化の部分であるとみなされている。要するに，かつての集団的アプローチとは異なり，行為するのはコミュニティではなくて，その部分としての個人や組織体であり，コミュニティのインタレストと称されるものも，それ自体として存在しているものではなくて，これらの諸部分の個々のインタレストの総和にすぎないとみなされることになる。

このようなパラダイムの下では，現代におけるコミュニティ論の核心は「ほとんど集合体的オリエンテーションが見当らず，また統制機構がはるかに離れたところに位置しているにもかかわらず，またコミュニティ内の多くの部分が当該コミュニティを超えたマクロシステムとより強く結びついているにもかかわらず，なお全体の事柄がうまくつじつまがあうように展開するようなダイナミックな過程をいかに説明するか」[10]にあることになる。

アメリカにおけるコミュニティ理論の新しい展開のなかにも，このようなパラダイムの変換が反映されているのを読みとることができる。たとえばG. H. ヒラリーがコミュニティのエッセンスとみなした「コミューン的な組織」 (communal organization) では，その非－目標指向性 (nongoal-oriented nature) が強調されている。[11]

また，コミュニティを集合体としてではなく，確認可能なソシオメトリック

なネットワークのなかで遂行されている機能のなかに求めようとする「ネットワーク理論」(12)があり，これに関連あるアプローチとして「非定形的ネットワーク」，あるいは「非定形的サービスネットワーク」の概念を用いる分析も注目に価する。これは現代社会において支配的な企業や行政機構等による営利的専門的サービス以外に，家族や友人や近隣などによって遂行される非定形的でインフォーマルなサービスが存在することを指摘する。

そして，これらのインフォーマルなサービスは従来の社会計画においてすら無視されがちであったが，これらのインフォーマルなサービスが相互に近隣して居住している人びととの社会関係や地域に指向した社会的活動の重要な側面であることと認知されるようになりつつある。たとえば老人福祉や児童福祉の施業において，在宅ケアやコミュニティ・ケアが重視されるようになったのも，このような傾向の現われである。

カウフマン（H. F. Kaufman）によれば，厳密な意味でのコミュニティは「地域社会」とは区別さるべきであり，「コミュニティ・アクションすなわち地域的な出来事に関しての地域の人びとや組織体の連合した行為によってもっともよく定義され調査できるもの」(13)である。さらにコミュニティ・アクションは当該の地域レベルで生起している行動の全範囲に比して狭い。したがって「コミュニティは当該の地理的範囲内でのすべての社会生活を包括するものではなく，また地域的なまとまりのすべてではなくて，厳密に地域的事象に指向されている側面にすぎない」(14)のである。

このように「コミュニティ・アクション」とは，地域社会レベルでの人びとの相互作用であるが，現実にコミュニティ現象である地域行動と，わずかしかコミュニティには関連しない地域行動を区別する必要がある。というのは地域社会内で生起している行動のすべてが当該地域社会レベルでの相互作用の産物ではないからである。たとえば家族内での家族構成員としての行動は，その大部分が家族という集団のもつ役割パターンによって規制されている。しかもそれらの家族役割のパターンも，個々の地域社会ごとに独自に形成され維持されているのではなく，より包括的な全体社会レベルの文化や制度によってパター

ン化されているものとみるべきである。

また，地域社会内の組織体やアソシエーションであっても，その運用の基本的様式や方針は，当のコミュニティを超えたマクロ・システムの構造や手続きによって規制されているであろう。個々のコミュニティがその一般的な社会構造と社会過程において，さらにフィジカルな施設の布置すらもいちじるしい類似性を示すのは，このためであると推論できよう。

もしある地域行動が，他の行動に比して社会的実在としてのコミュニティにより強い関連性がみられるならば，それはまさにコミュニティ・アクションとして適切に研究されることになる。そしてそれ以外の行動は地域社会内部のサブシステム（たとえば個々の家族）ないし，コミュニティを超えたマクロシステム（たとえば全国的規模の組織体や結社）のように，それらの行動がより密接に関連しているものによってよりよく研究されることになる。もちろんコミュニティ・アクションとその他の行動との間に厳密な二分法があるわけではない。むしろ「コミュニティとの関連性」（community relatedness）は程度の差として，ひとつの連続体上の変数とみなされてしかるべきであろう。

3．コミュニティ論の新たなアプローチと課題

▶▶▶ マクロシステム重視の新しいアプローチ

社会レベルの社会過程において，外部のマクロシステムからの垂直的なインパクトや強制力のもつ意義の重要性についての認知が高まるにつれて，地域社会をそれ自体として分析の対象とするのではなく，地域社会を超えたマクロシステムの「地域における実施」（local enactment）とみるアプローチが次第に有力になってきた。この新しい立場では，コミュニティ研究の主題を地域社会とマクロシステムとの関係とくにコミュニティ内のそれらのサブシステムとの連結様式と機能についての体系的な分析と適切な概念化が必要であることを含意している。さらにこの新しいアプローチでは，コミュニティのダイナミズムを説明する基本的な要因を，コミュニティの内部に求めるのではなくて，当該コミュニティを超えてマクロシステムの構造と過程の中に求めようとするのである。

パーソンズ的な社会システム論に従うならば、ローカルコミュニティにおいても、強い集合体的指向とともに成員の相互行為過程を支配するなんらかの価値や規範が存在しなければならないことになる。

　しかし、現実の地域社会においてこれらの価値や規範が個々の地域社会ごとに固有なものとして考えるのは、いささか焦点ぼけであって、むしろ地域社会のそれぞれの役割にある人びとのオリエンテーションの型を基本的に枠づけているのは、共通のマクロシステムの価値と規範であると考えるべきであろう。もしそうでないとすれば今日のような人びとの社会移動が激しい時代においては、地域間の移動に伴う再社会化への要請が極端に大きくなるであろう。事実は逆であり、地域間の大きな移動にもかかわらず、人びとはマクロな次元の共通の価値と規範を分有しあっているので、再社会化の必要性はきわめて少ないのである。

　また社会成層は純枠にローカルな視点から分析することもできるし、あるいはマクロシステムの枠組みから考察することも可能であるが、ローカルな社会成層や権力構造が大部分マクロシステムにおける位置によって決定されるという示唆がますます有力になりつつある。たとえば大企業の地方支工場での新任のマネージャーが地方の状況に大きな影響力を行使できるのは、決して地方の人びとの単なるおもねりやへつらいの故にではなく、ナショナルな規模にわたるような大企業のマクロシステムによって任命された彼の位置が、彼に重要な資源への接近権を与え、地方の行為者に対し、ポジティブにあるいはネガティブに重大なサンクションを行使しうるような機能を賦与しているからである。[15]

　もちろん、地域の権力構造には、それぞれの地域社会におけるローカルな文脈や個人的なパーソナリティに基づくソシオメトリックなネットワークに帰因させることのできる差異は存在する筈である。したがってマクロシステムの中で同じ位置を占めているすべての行為者が、まったく同程度のローカルな権力を握っているわけではない。しかし多くの場合、相対的に等しいないし同等視しうる権力を、マクロな構造の中の位置に帰属させることができると仮定したモデルを利用することは、「そんなにひどい誤りではない」[16]であろう。

このようにマクロシステム重視の新しいアプローチでも，従来のコミュニティ・パラダイムのコペルニクス的変革を含意している。そしてそれはたんに分析レベルだけではなく，社会学的調査研究や地域政策上でのイッシューの確定方式に対してさえ，大きな差異をもたらすことになるのである。

たとえば失業・麻薬・少年非行・犯罪・貧困等は，これまで，それらはすべてローカルな場でローカル的に発生したものであり，したがってローカルな努力によって解決可能なもののように認知されてきた。しかし，いまやそれらの社会問題や地域的イッシューも，その重要な側面は純粋な地方レベルを超え，ローカルな人びとの直接的なコントロールの及ばないマクロシステムに内在する状況と構造の産物であるという認知が次第に大きくなりつつある。

▶▶▶ コミュニティ論におけるパラダイム変革の影響

さて，これまでの論議は主として認知的な側面だけに限定してきたが，ここでこのようなコミュニティ論におけるパラダイム変革が，政策的・用具的側面に対してもつ含意についても概略的にせよ触れておかねばならない。

古いコミュニティ・パラダイムでは，コミュニティの福祉は，その成員や含まれている組織体のインタレストの総和以上の創発的なもの——ルソーの一般意志に相当するような——であることが示唆されていた。そのことは次のような規範的な含意をもっていたとみなすことができる。そこでは全コミュニティに単一のインタレストのみが存在しているのであるから，コミュニティの組織化とはそのようなインタレストを合理的な仕方で決定し，そのようなインタレストを追求することによって全体としての福祉が増大すると考えられていた。

いわばこのようなパラダイムは既存のコミュニティ決定組織を正当化するための理論的基盤を構成していたのである。またそれは，既存の権力構造の立場からの協力的意思決定戦略を支持するものとなっており，実際は，意思決定のトピックスから論争の種になるような問題は除外され，また地域社会内の種々のサブグループの意思は「コミュニティの意思決定過程」からは事実上排除される傾向を生み出している。このように古いコミュニティ・パラダイムは，し

ばしば保守的なエリート主義を支えるイデオロギーとなっていたのである。

したがって，具体的な集合体としてのコミュニティ・パラダイムのもつ規範的インプリケーションとしては，コミュニティにとってつねに目的的な調整が必要であるという方向性をもっていた。すなわちコミュニティ政策やプログラムの決定において，コミュニティの多様な諸側面を中枢部の統制力を最大化させ，相競う個人や集団の自由な遂行を最少限にするよう集中した階統的構造の完成をめざすことになる。そして，コミュニティのインタレストに関して，コミュニティのエリートたちのコンセンサスからは逸脱したグループとみなされる人びとの意向は，正当化されたコミュニティの福祉とは対立する利己的関心として告発の対象とされてしまうのである。

これに対し，新しい相互作用の開放的なシステムというパラダイムにおいては，すべての関係者が等しく利害を受けるような事柄での協力価値ということまで否定するわけではないが，しかし実際には存在しない価値への合致というベールを取り払い，エリートたちの合意でもたらされているコミュニティ・インタレストの「全員一致性」の仮面を排除する傾向が強い。この意味で今日の都市地域での公共的アクションの決定と履行の上での諸力のダイナミックな相互作用をみていくためのより有効なアプローチといえるであろう。

従来のコミュニティ計画論では，コミュニティにおけるこのような調整努力は意識的で集合的な指導システムによってのみ果たすことができると前提されていた。しかし新しい相互作用パラダイムにおいては，この調整機能は随時折にふれて行われており，しかもそれはその目的のために意識的に設定された中心的なコミュニティの指導システムのアクションなしでも，個々の相互作用や交渉によって可能となっていることを示唆している。

したがって，新しいパラダイムでは，これまでコミュニティ事業の専門家たちによって肯定的に考えられてきた次のような問題に対しても再検討の必要性を示唆している。(17)

① 中心的に指導されたフォーマルな調整の度合いが高くなればなる程，フォーマルな調整による好結果がもたらされるといわれてきたが，その回答は

経験的に確証さるべき事柄であって，つねに必ず肯定的であると前提すべきではない。

② 調整の戦略として「協調介入戦略」（cooperative intervention strategies）は，コミュニティ全体のための変動を確保する手段として「党派者間の競争戦略」（contest strategies among partisans）よりはつねに好ましいとみなされているが，それもそうであるか否かは経験的に開かれた問題である。

さらに新しい相互作用パラダイムでは「唱導計画」（advocating strategies）を重視する。従来のパラダイムでは，先に触れたように，単独のセットのコミュニティ事業の専門職の仕事はそのようなインタレストを定式化しそれを履行することであるとみなされていた。しかし，「唱導プランニング」はそのような観念への信頼性が喪失したことから有力視されているのである。唱導的プランニングにおいては，人びとのインタレストの対立や不調和が存在することを認知する。そして，それ自体の権利で存在するものとみなされていたコミュニティ・インタレストを探究せねばならないという観念は放棄し，現状についての改善は，たとえ不完全であるとしても，少しでも解決の糸口を見つけ出すために，これらの相対立するインタレスト間の交渉を進めていくことを示唆している。

最後に，マクロシステムの結節としてのコミュニティというパラダイムの政策レベルでのインプリケーションにふれておきたい。このパラダイムは，コミュニティ事業に対して，4つのことを示唆している。

① コミュニティこそ本源的な原動力であるという観念の効果は限定されざるを得ない，

② したがって，ローカルな人びとに影響している諸問題はローカルな人びとによって解決できるし解決されるのが当然である，という前提に対して明確な懐疑をもつことを許容し，

③ 同様に，コミュニティワーカーたちがコミュニティの社会過程に影響を及ぼそうとする試みにおいて，マクロレベルへの視野を広げないかぎり，その役割や権限は，相対的に些細で論理の通らないものに限定されざるを得ない，

④ しかしながら，ローカルコミュニティがマクロなレベルの施策が履行される場であるとすれば，国の公共施策の効果やインパクトを，その副次的な効果も含めて具体的に明らかにできるのはコミュニティレベルにおいてである，——という4点が示唆されている。[18]

▶▶▶ コミュニティ論の今日的課題

このように新しいコミュニティ論においても，コミュニティをもって，包括的なマクロシステムからのインパクトを蒙っている開放的システムではあるがなお地域性ないし地域を準拠枠とすることからは離れ難いものとする立場と，むしろ地域属性をマクロシステムの結節として説明の基本的要因をマクロシステムの構造と過程の中に求めようとするアプローチとでは，認知的側面だけでなく政策的・用具的側面のインプリケーションにおいても差異がみられるのである。

しかし，このような多くの差異にもかかわらず，現代社会にとって，コミュニティという観念とそれによって提示されている問題は無視したり捨てさることのできない多くの根本的問題を含んでいることは明らかであろう。

第1に，現代社会の住民の生活も，依然として何らかの地域的連帯を不可欠としているからである。今日でもごく少数のエリート層を除けば大部分の人びとは，他人と隣り合わせで生活し，一定地域内でたがいに同じ施設を利用し合い，時には憎しみあったり回避しあったりしながらも互いに生活を共にしあっている。より具体的に，ごみ処理・道路・上下水道・病院・学校の利用，そして地震・その他の災害時における地域的連帯の必要性を想起してみればただちに明らかであろう。

現代社会においては，個々人の生活の再生産は社会化された共同消費や公共施設との関連なしには成立し難い。そして都市化の進行に伴う生活環境の不備や悪化は，もはや個人や個々の家族の私的対応の限界を越え，人びとはまさに"甲羅のないカニ"であり，この意味で地域的連帯を不可欠としているのである。そして，単に行政からの「施策充実」を求める「作為要求型」の住民運動

のみならず,「公害」「自然環境悪化」「自然環境・文化財の保護」などを争点とする「作為阻止型」の住民運動を広汎に惹起せしめてきたのである。[19]

このように多くの住民運動は, これらの公共施設の不備, 不充足を契機としての行政サービスへの要求や自治体運営への要求という形態をとってきた。しかしこれらの住民運動において, 単にものとり的な行政への要求や抵抗だけでなく, 日常的な地域社会において, 地域内での利害の対立や紛争を自律的に調整しうる秩序を創り出し, その分野と領域を拡大していくことができれば, それはこれまで「公共性」を独占してきた行政権力への抑制となり, そこに真実の住民自治の可能性もひらかれるであろう。[20]

公然たる「私」の主張や, 行動における個別化と自主独立は, 戦後原理のひとつであり, さらに能率・競争・合理化の追求は, わが国の経済の高度成長と規模拡大を可能ならしめた。しかし, その反面としての人間関係の荒廃とアノミーの一般化によって, むしろ「協力, 思いやり, 参加といった価値観念」がより重視され, 人びとの心をとらえているようである。

そして, もしコミュニティの成立する基本的条件が, 人びとの共住する地域を基盤とした社会関係の蓄積と, それらを背景とした住民間の自律的調整機能の形成であるとすれば, 地域住民が日常的な地域社会の場において地域生活問題の解決のために形成するまとまりこそ, コミュニティそのものなのであり, より狭く定義するならば, そのような社会関係のなかにみられる協力・連帯・自発的参加・共同といった態度や意識, ないしそのような態度や意識に支えられた人びとの諸行為過程のシステムこそ, コミュニティと考えられるであろう。

これらの地域生活問題への対応メカニズムにおいて, 地域住民と行政がどのような機能を分担し合っているのか, これら生活問題解決のための責任と権限とそして資源とエネルギーをどのように配分し, 押しつけあるいは押しつけられ, また受け入れたり拒否したりしているのか, その実態を把握した上で, 地方都市のコミュニティの在り方として, 住民と行政の間でのどのような役割分担が適切であるか, 少なくとも, そのモデルを探究することが緊急な課題となっているといえよう。少なくとも, 「コミュニティ」を公・私のはざまに宙

吊りの状態のままにおくのではなくて、公・私の分解を橋渡しする媒介者として、明確に位置づける必要があるであろう。

しかし、そのモデルも、当為として描き出し主張するだけでは、単なるスローガン的なものにとどまる。その当為なり理念なりの客観的根拠と、その理念の実現可能性についての何らかの見通しを与えないかぎり、社会学的には無意味である。

したがって、まず現地の地域社会の構造と機能についての客観的分析が果たされていなければならないし、とくに、前述の地域生活問題解決の対応メカニズムとして、行政と住民がどのように機能分担しあい、さらにそのことについての住民自身の評価的な判断がどのようなものであるかを知らなければならないであろう。

この意味でコミュニティ論の今日的課題は、まず存在するもの、すなわち現実の地域社会の連帯と機能についての客観的な分析を踏まえ、あるべきもの、すなわち地域住民の自主的な参加と連帯・協力による自律的な秩序の創出をめざしつつ、ありうるもの——すなわち、それらの客観的可能性——を組織論的視角の下で探究することにあるといえよう。

さらに具体的にはコミュニティ・センターなどの「コミュニティ施設」の建設管理、運営における公私の役割分担、とくに管理、運営のための組織の在り方、その権限と責任能力等を、住民の主体的な参加意欲の充足と確保とのかかわり合いにおいて考察していくことがもっとも具体的な今日的問題であるといえよう。

第3節　社会計画論

1.「社会計画」

▶▶▶「社会計画」の概念

「社会計画」（social planning）という用語も，依然として多義的である。しかし「社会計画と呼ばれるためには，少なくとも次のようないくつかの要件が含蓄されているように思われる。第1は，その計画がこれまでのそれぞれ特殊化された機能別のプランニングや個々の組織体や集団の計画ではなくて，それらの間の全体的な調整（coordination）や統合が企図されるようになっていることである。第2は，事後的でアド・ホックな対策から，何ほどか積極的な予防や総合的な対策を志向しているということであり，第3は，「実現可能性」（feasible）を重視することによって抽象的イデオロギー的な次元での論議を拒否して，むしろ体制の価値規範内での計画事業や組織化過程が主になっていることである。そして第4には，そのプランニングの過程において人びとの態度や価値意識，コンセンサス，人間関係やリーダーシップ，階層構成などの社会学的要素がしだいに重視されるようになっていることなどを付加しておかなければならない。

▶▶▶ 社会計画の3つの系譜

このような社会計画的発想が成立してきた背景としては，おおよそ次の3つの系譜を指摘することができよう。

第1は，都市計画との関連である。いわゆる都市計画は比較的古くから政府ないし行政レベルで行うべきプランニングとして一般的に受け入れられてきたのであるが，それは道路・建物などの施設配置計画や土地利用計画などのフィジカル・プランニングが主であった。しかし地域における人びとの生活構造パターンや，価値観の階層的差異，計画目標についての社会的意義が重視される

につれて，従来のフィジカル・プランニングを主とした都市計画からの脱却が語られるようになった。いわばフィジカル・プランニングを補充し，あるいはそれを包摂するものとしての「社会計画」的発想が要望されるようになったのである。

　第2は，社会福祉事業の質的展開との関連である。社会福祉的実践は私的なものであれ公的なものであれ，伝統的に特定の社会病理や社会問題に対するアド・ホックな対応が主であった。しかし全体としての社会変動に応じて，その機能や対象分野がしだいに拡大され，それに応じてその技術体系も専門的に整備洗練されるようになった。

　しかし，このような対象の拡大と技術の専門分化によって，それぞれの社会福祉事業が断片化し孤立化して，ときには重複による無駄や非能率さえもみられるようになった。このような社会福祉事業分野における諸対策の統合ないし計画的調整の必要性が，社会計画的発想の重要な基盤なのである。

　しかも，このような社会福祉サービスの調整や統合の動きはアメリカなどにおいて「慈善組織化運動」(Charity Organization Movement) 以来の伝統をもって，コミュニティ・オーガニゼーション（community organization）として体系化されてきたものである。そして，このようなコミュニティ事業の中で伝統的に強調されていた住民の間の「協力」と「連帯性」,「自助」(self help) と「参加」,「コンセンサスの確保」といった諸観念がそのまま社会計画論的発想にとっても重要な理念として受け継がれているのである。

　第3の系譜は，広義の経済計画との関連である。資本主義社会の進展に伴って顕在化してきたさまざまの社会病理現象，社会問題に対しては前述の社会福祉事業的対応とともに，政府によって制度化されてきた各種労働立法による労働者保護政策，労働力保全政策としての社会政策的諸施策がある。そして社会政策の内容は，狭義の労働者保護，労資関係調整，失業や雇用促進の対策だけでなく，広く国民一般を対象とする社会保険や社会保障の拡充，保健・衛生・住宅・教育など人びとの生活上の問題にも深くかかわり合うようになった。

▶▶▶ 社会計画の土台としての「福祉国家」

かくして前述の拡大化され公共化された社会福祉事業とあいまって「社会計画」的発想の土台を形成してきた。広義の経済計画は，いわゆる「福祉国家」(welfare state) の成立に伴って，ますます拡大されていく傾向がある。福祉国家という用語も「社会開発」と同様きわめて多義的であり，しかもそれはしばしば現実の政治的論争のなかで鋭く対立したイデオロギー的含蓄をもちながら使われたりしている。

しかし「福祉国家」の定義や概念にまつわる意味論的な矛盾や葛藤を論理的に解明して指摘してみたところで，問題の実質的な解決にはさほど役立つとは思われない。そこでここではごく大まかに「福祉国家」という概念のなかに含まれている基本的な「観念」を指摘することにとどめよう。

福祉国家においては学校教育，医療サービス，社会保険や年金などに対して国家や行政が関与したりその実施を引き受けるようになっている。それはこれらの活動が「利潤」をあげうるか否かとか，市場メカニズムに委ねることが可能か否かということにかかわりなく，そのようなサービスをすべての人びとが享受できるようにすべきであるという価値観念が承認されるに至ったからである。

「福祉国家」におけるこのような「諸観念」の実現を可能ならしめたものは，根本的には技術革新と産業化の進展に伴う経済成長と，雇用と所得の安定を保証する十分な有効需要水準の維持にある。しかも，このような経済成長の持続と有能で適切に動機づけられた労働力の創造という2つの条件の充足は，よい意味につけ悪い意味につけ，国家によるさまざまな「社会プランニング的努力」に依存しているといわねばならない。

　　カーン (Alfred J. Kahn) は福祉国家における社会的プランニングを，「社会保障を中心とする段階」(social security phase of the welfare state) と，「社会計画を中心とする段階」(social planning phase of the welfare state) とを区別している。前者の段階では，社会保険は民間の私的保険のモデルにしたがって，特定化された危険負担と貢献度に基づいて支払われるのを原則としている。要するに「救貧法は形式的には過去のものとされているが，なおその残滓がその制度や態

度の至るところでみられる」ものである。しかし，いまや「新しい豊かなテクノロジー社会」(the new affluence of the technological society) においては，「福祉国家の社会計画的段階」を可能とする。そこでは「年金・社会保険・公的扶助・家族手当・累進課税」など「所得転嫁」のための政策がよりいっそう拡大され，住宅，学校その他の公共施設や，都市改造など，「公的関与」(public commitment) が拡大する。そして，人間を単なる手段としてではなく目的とみなし，個人の主体的な参加とプライバシーの保全，集団的決定と主体的な選択のバランスといったことが主要なイッシューとなるような社会であり，いまや契約的な社会から仲間的な社会（コミューン的な社会）(communal society) への移行が現実的な問題となる社会であるという。[21]

▶▶▶ 現代社会における社会計画

現代社会においては，絶えざる技術革新と産業化の進展，組織の大規模化・官僚制化，そして社会的諸機能の専門分化といった傾向は同時に相互依存性と統合の必要性をますます増大させている。したがって，何らかの仕方で社会的なプランニングを必要とする状況は不可避的である。かくして「問題はいまやプランニングを企図すべきか否かということではなくて，現代社会がはらむ固有の危機を見通してどのようなプランニングにいかにして着手するかである」というべきであろう。

このように社会的プランニングは，その成立の系譜が多様であるばかりでなく，その内容や範囲，手段方法，価値観念等々にわたってきわめて多種多様である。しかし，いずれにせよ社会変動における事実的変化，とくに計画的目的行為の「非計画的非意図的結果」に留意して，可能な限りでの客観的な予測を試み，一定の価値観と利害に基づいてより望ましいと思われる社会的状態を作り出すために計画的に対応するという「社会計画的」観念は，現代社会の大部分において制度化され，事実として承認されつつあるといってよいであろう。

2．社会計画の論理と戦略

▶▶▶ 合理的な意思決定の方法

プランニングとは最も広い意味では「合理的な意思決定の方法」であり「予

測の体系的な適用」である。すなわち第1は目標ないし目的を確認し、これらの目標を達成するための手段の適合性を、ほかのありうる目的手段系列を実行した場合の結果の予測と比較して秤量し、その所与の状況において最も合理的と思われる仕方で意思決定する方法であり、第2はそれらの確認された目的手段の系列を達成するために人びとの行動を組織し、現実に行為を遂行し、それらの結果を評価するという一連の持続的プロセスである。しかし、このようなプランニング・プロセスは必ずしも時間的な継起を意味しない。かつての伝統的プランニングのモデルでは、プランニング過程の最初に目的ないし目標が所与のものとして、あたかも固定化され容易に発見しうるものとして前提され、計画の過程はたんにその所与の目標実現のためのプログラムを帰納的に見出して、資源や障害を秤量することだけが問題とされていた。この意味では本質的に機械論的かつ静態論的なアプローチが支配的であったといえよう。

たしかに、フィジカル・プランニングやかつての経済計画においては、比較的可視的な具体的目標を設定することが容易であり、その目標達成のために最小のコストで最大の効果を挙げうるような手段の組み合わせを策定することに焦点づけられてきた。プランニングのこのような定式化においては「目標」は明確に確認され、コンセンサスを得ることが自明の前提とされ、手段の決定におけるいわば「技術的問題」のみが強調されてきたのである。

▶▶▶「社会計画」のモデル

しかし、このような経済計画と異なり、「社会計画」ではプランニングの目標が特定しがたく、状況や目標達成度をあらかじめ客観的に確定するのが困難である。しばしばプランニングのための状況は新しい価値規準の導入や資源・能力の開発にしたがって可変的である。とくにそこで掲げられる目標が「住民福祉」の増進とか、「豊かで幸福な暮らし」とか「社会的不正の除去」のような質的価値的次元のものは量化が困難であり、その判定の規準や指標のとり方自体が評価と論議の対象となり、プランニングの実施とその結果の評価に従って、しばしば再定義され変化していくであろう。

このような社会的プランニングの分野でも「生態学的システムモデル」（ecological system model）や「プログラム・プランニング」（program planning）といった観念が着目されつつある。そのモデルは，人間および社会体系を「自己組織的自己規制的であるが，たえず外界と相互作用しあい相互依存しあっている開放体系」としてとらえようとするものである。このようにプランニングを「開放的で適応的なシステム」とみなすモデルは，基本的には最近の生物学や行動科学などから抽出されたものであるが，さらにこの開放的適応的体系が「直面する問題や潜在的な機会を利用するために組織，情報，資源や資本，および操作的能力を蓄積する」という「発展」（developing）の概念を導入することによっていっそう具体化されている。

また最近では「プログラム・プランニング」のモデルによってプランニング過程を「たんに望まれた最終状態を描き出す」（portraying desired end state）よりは，むしろ「生態学的システムが，その環境における外的変化（external change）に適応しつつ，機能不調を克服しながら，望まれた方向へと将来の発展を導くことを可能にする過程」としてその概念を整備しつつある。

このように「プランニング」の過程は一つの発展的過程であり，静態的にはその論理的な継起を列挙できるとしても，これは必ずしも現実の過程が時系列的にその順序に従っているわけではない。むしろそれは螺旋状の発展過程（as a series of interlocked spirals and circles）として最もよく表現されるであろう。それは一つのシステムを構成し，一つの場面における変化は全体系に影響を与える。

▶▶▶ 3つの戦略

このようなプランニングのモデルでは，つねに「能率性」が至高の神とされている。しかし現実の「計画的変動」においては，「能率」的な「適応性・先見性」だけが問題ではなく，個人の主体性と民主的な参加を最大限に保障することが何よりも優先目標とされなければならないような「目的的変動」もあるし，能率を犠牲にしてもクライエントに対して，プロフェッションの規準から

する最善のサービスを与えることを目的として遂行されなければならない行為もある。また，ある組織に対しては効率的な任務遂行もさることながら，むしろ社会の一般市民がいかにその独走を抑制して民主的にコントロールするかが問題となる場合もある。

このことからやや抽象のレベルを下げ，価値関心の次元と変動エージェントの役割に焦点をあてて計画的社会変動における若干の「戦略」を検討してみよう。ウォーレンは「計画的社会変動」の変動戦略（change strategies）の主要タイプとして，次の3つを挙げている。

① **協力戦略**（collaborative strategies）

これは価値と関心の共通基盤があって，変動エージェント（change agent）によって提案された「変動目標」とそれを達成する方法に関して，基本的なコンセンサスが容易に確保されるような状況における戦略である。

「変動エージェント」のそこでの中枢的な役割は，「促進者」（enabler）あるいは「触媒者」（catalist）のそれである。彼は，自分自身があらかじめ考えていた「提案」を推進することにかかわるのではなく，人びとが当面のイッシューについてのコンセンサスに到達できるよう援助するだけである。意思の相違はあるとしても，それは誤解やコミュニケーション不足に基づくものであって，情報の周知と話し合いによってこれらの誤解をときあかし，事実を知らしめるために適切なアクションが要求されるのである。ここでの主な障害は「反対」ではなくてむしろ「無関心と何も行動しないこと」（apathy and inaction）である。

このような「協力戦略」は西欧文化のなかで，強い支持を受けてきた。それは，善と正義とは普遍的な価値あるいはイデーであって，一元的なものであり，いわば「不合意」（disagreement）は，関与者の一方のあるいは双方の無知によってのみ生じるのであるという哲学に支えられている。協力戦略を支えるもうひとつの観念は，直接民主制的な価値へのコミットメントである。さらに，ある問題についての主要な関与者の同意が，提案と関与者たちの一体感を増大

させ，その提案の成就に向かって適切な歩みを進めるという実際的な状況がこの戦略を支えているといえよう。このような理由から「協力戦略」は，それが適用できないような状況へもしばしば適用しようとする傾向が現われやすい。

② キャンペーン戦略 （campaign strategies）

「イッシュー差異」の状況に対応する戦略である。すなわち終局的にはイッシューへのコンセンサスを達成するという可能性は生き生きとして存在するのだが，目下のところ，ⅰ）変動エージェントの提案がイッシューを構成するかどうかということに関して主要な当事者の間に同意が存在しないか，ⅱ）提案それ自体の内容に関して同意がないような状況に適用される戦略である。

このような状況においては「話し合い」を奨励するだけで，相互に満足のいく提案が同意をえることができるわけはないのであって，むしろ，変動エージェントはまず特定の条件が重要であるという見解と価値関心を明示して，異なった心情をもっている他者に対して自分の提案が採用されるべきであることを説得することが必要である。もちろんここでは価値関心の差異は，このような説得行動の可能性を妨げるほどは大きくはないことが前提されている。

「変動エージェント」のアプローチは，本質的に次のいずれかである。「私はあなたにこの事柄があなたの重要な関心にどれだけ触れるかをおみせしましょう」。「提案についての私どもの意見の不一致は，表面的だけです。私はあなたに，あなたの現在の印象とは逆に，私の意見の提案があなたの真のあるいはより基礎的な価値関心に実際に相応することを示しましょう」。それゆえに「変動エージェント」の主なる役割は「説得者」（persuader）である。

イッシューや関与者の性質に従って，この説得的努力はマス・メディアの教育的キャンペーン，手紙，表彰状の使用，威信をもっている有名人による保証とか，個々のグループをイッシューの直接的関心に向けて組織したり，活動化したり，会話その他による個人的な説得などが行われる。したがって，これらの方向に向けられた戦略を「キャンペーン」と呼ぶことができるであろう。それらは説得によって他の関与者を誘って味方に引き入れ，それによって提案の

同意へと到達させる戦略である。

したがって，ときには「穏和な形での同意強制」（moderate coercing of consent）ともいうべき性格をもつ場合がある。要するにキャンペーン戦略は，「無関心」に対しては「関心」の創造を，「反対」からは「同意」を確保しようとする。かくしてキャンペーン戦略は，討論や投票，世論調査などコンセンサスを前提とした「協力戦略」とはまったく異なるのである。

最近注目すべきこととして，計画的社会変動の実践家たち，とくに保健や福祉の分野の実践家の間で，「協力戦略」だけでは，今日的要請に適合するのに必要な変動を生み出すことは不可能であるという理由で，むしろ「キャンペーン戦略」をより重視するようになっているということが指摘されている。

③ 抗争戦略（contest strategies）

当該状況への主要な関係者が，イッシューの認知を拒否するか，変動エージェントの提案に反対するという「イッシュー不合意」（issue dissensus）状況への対応戦略である。「イッシュー不合意」である状況では，一方の目標は他方の目標との対立のなかで追求されねばならない。抗争戦略は，少なくとも一時的にせよコンセンサス確保への努力を放棄し，一方の側が当のイッシューにとって重要な関係者とは対立しているにもかかわらず，自分自身のサイドからの目標を追求するといったことで特色づけられる。

変動エージェントの支配的な役割は，したがって，「抗争者」（contestant）である。もし「コンフリクト」の用語を熟考された敵対的行為が対立者に向けられるような過程をさすために用い，「コンテスト」という用語をコンフリクトだけでなく，イッシュー不合意の状況の下で生じる包括的な諸過程を表わすものとして用いるとすれば，「非暴力運動」はコンフリクト戦略であるよりは，コンテスト戦略というべきであろう。なぜなら，少なくともそれらの古典的な根本原則からすれば敵対者を傷つけたり抹殺しようとはしないからである。

価値-関心の相違の程度と，コンフリクトの程度との間に識別できるような

相関関係はないように思われる。むしろ，ある種の強いコンフリクトは，価値－関心の位置が比較的近似した党派の間で生じやすい。プロテスタントのセクト間の争い，社会主義者間の争いなどがこの例である。これゆえにコンフリクトとイッシュー不合意は関連はあるけれども，決して同一のものではない。

3. 社会計画の課題

▶▶▶ 社会計画における合理性の限界

しかし，このようなプランニングを唱道することは必ずしも完全に計画された社会を擁護し唱道することではない。またマンハイムのような包括的な社会計画の概念自体が，抽象的な論議の次元を離れて果たして現実的に可能であるかどうかも未確定の問題である。たとえば，迅速に対応しなければならない緊急事態に対しては，慎重な準備を必要とするプランニングでは対応不可能な場合もあるであろう。むしろ多くの歴史的事実が教えるように，社会や国家の中枢的な転換期においては，あらかじめ慎重に計画され企図された政策が予期せざる出来事の発生によってほとんど無効となり，むしろカリスマ的な政治的リーダーシップが顕在的な役割を果たす場合が多かったのである。

現実の社会においては人間の衝動や「直観」，ときには「無茶」なことといった非合理的なものに対しても，全体的な布置のなかでその場を許容せねばならないであろう。また人間存在にとって中核的なある種の価値を保全し，必要なプライバシーを保護することは，たとえそれが効率化を妨げ資源の浪費につながるものであれ，社会的プランニングの直接的な対象からはあらかじめ除外されるべきかもしれない。

また，プランニングは適切と思われる領域にあっても，それがことごとく実施可能なわけではない。ソーシャル・プランニングは論理的には一方において，社会的なニーズ・不満・危機・緊張・問題といった要素が，他方の十分な権利・資源・能力，人びとの間のコンセンサスと結びつけられ，公的なプランニング機関や特定の利益集団のプランニング装置が作用できるようになって成立することになる。

▶▶▶ 社会構造的諸要因による制約

それゆえに社会的プランニングの場合には，プランニング以前の局面において，明白にあるいは暗黙裡に政治的な力が作用し，プランニングの可能な範囲や方向が決定されるのである。プランニングは，取り上げるべき問題の可能な範囲や方向と，それへのサンクションの賦与によってのみ現実化される。その現実化のパラメーターをなすものは，これらの政治的な権力をも含んだ社会構造的要因の布置である。

しかし，高度に中央集権化された社会主義体制の国家においてすら，そのプランニングは不完全であり流動的である。現在においても社会的プランニングは決して社会変動の唯一の源泉でもないし，卓越した原因であるともいいきれない。たとえば，しばしば政治の現実がプランニングの範囲を限定し制約する。プランニングを欲しない権力や利害関係が錯綜し，それらが欺瞞的なプランニングを利用したり，合理的に樹立されたと思われるプランニングさえもこれらの力によって，中枢部分がはぎ取られて空洞化してしまうことがある。また，競争しあい対立しあっているさまざまの集団や組織は，既得権益の擁護と新たな権益を求めて錯綜しあい，その解決を主として集団的な圧力や交渉といった権力過程を通じて獲得しようとしている。現実のプランニングにおいては，計画さるべきセクターや，調整の程度，プランニングの内容や任務の決定もすべてたえず議論され解決していくべき課題なのである。

〈注〉
(1) 本章の第1節〜第3節は筆者の既出論文で，社会事象の記述内容には執筆年代の関係で新たに追補しなければならない点もあるが，本論の主張には修正点がないので字句修正以外はそのまま収録した。それらを含めた参考文献は以下の通りである。
田代不二男・齋藤吉雄編著，1971,『社会福祉と社会変動』誠信書房
齋藤吉雄，1972,「目的的社会変動の諸相——応用社会学の基礎的考察」『東北大学文学部研究年報』22巻
K. マンハイム著，池田秀男訳，1971,『自由・権力・民主的計画』未来社
R. L. Warren, 1969, Types of Purposive Social Change at the Community Level, in

R. M. Kramer & H. Specht ed., *Reading in Community Organization Practice*, Prentice-Hall.
(2) 「応用社会学」の対象領域には，「個人」（社会的存在としての個人）をターゲットとするミクロレベルにおける「政策」（「介入」）も含まれるが，応用社会学が伝統的に中心課題としてきたのはメゾレベルとマクロレベルにおける社会変革（目的的社会変動）なので，応用社会学のミクロレベルでのアプローチについては別途（第5章第3節）で論じることとしたい．
(3) M. G. Ross, 1969, Community Organization: Theory and Principles, in R. M. Kramer & H. Specht ed., *Reading in Community Organization Practice*.
(4) 以下では，主として次の文献を参照した．
内閣官房内閣調査室，1974，「住民運動の現状をめぐって」『内閣官房内閣調査室調査月報』第228号
篠原一，1973，「市民参加の制度と運動」『市民参加——岩波講座現代都市政策Ⅱ』岩波書店
(5) 松原治郎・似田貝香門編著，1976，『住民運動の理論——運動の展開過程・課題と展望』学陽書房
(6) N. J. スメルサー著，会田彰・木原孝訳，1973，『集合行動の理論』誠信書房
(7) 齋藤吉雄，1982，「コミュニテイ論の今日的課題」『社会学研究』第42・43合併号，1-18頁；斎藤吉雄編著，1979，「コミュニティの概念」『コミュニティ再編成の研究』御茶の水書房，第1章第1節，11-13頁
(8) Roland L. Warren, 1978, *The Community in America*, p. 9.
(9) Ibid., pp. 11-13.
(10) Ibid., p. 411.
(11) George A. Hillery Jr., 1968, *Communal Organization: A Study of Local Societies*.
(12) Jacqueline Scherer, 1972, *Contemporary Community; Sociological Illusion or Reality*.
(13) Harold F. Kaufman, 1959, Toward an Interactional Conception of Community, *Social Forces*, 38. No. 1, (October 1959), p. 13.
(14) Ibid., p. 13.
(15) R. L. Warren, op. cit., p. 432.
(16) Ibid., p. 432.
(17) Ibid., pp. 420-423.
(18) Ibid., pp. 433-436.
(19) 西尾勝，1975，「行政過程における対抗運動」日本政治学会編『政治参加の理念と現実』岩波書店，74-75頁
(20) 奥田道大・大森彌他，1982，『コミュニティの社会設計』有斐閣，33-34頁
(21) Alfred J. Kahn, 1969, *Theory and Practice of Social Planning*, p. 328.
(22) Rolland L. Warren, 1969, Types of Purposive Social Changes at the Community

Level, in R. M. Kramer & H. Specht ed., *Reading in Community Organization Practice*, p. 210.

第4章 応用社会学の諸類型と役割

　前述のように（第1章第3節），本書における「応用社会学」は広範囲の分野を包括する社会学の部門であり，それにはいくつかの類型を考えることができる。以下では，そうした諸類型を，応用社会学の社会学における位置と役割として考察することにしよう。

第1節　応用社会学の位置と役割

1．理論社会学と応用社会学の関係[1]

▶▶▶ 理論社会学と応用社会学

　社会学の応用とは何であり，また「応用社会学」とはそもそもいかなるものであるかに関しては，すでにそれらのカテゴリーに属する数多くの研究成果が蓄積され，実践的に利用されている現在においても[2]，なおかつ多くのあいまいさを残していることは否めない事実である。

　「応用」とは語義的には，抽象的な原理または理論を具体的な問題とくに効用的目標にかかわらしめて適用することである。したがって「応用社会学」もまず基礎学としての「純粋社会学」ないし「理論社会学」があって，そこで確立された諸命題や一般化された理論を，具体的かつ実際的な事例に適用することであるという見解が，ほぼ自明の事として受け取られているようである[3]。

　しかし，このような「理論」と「応用」という単純な二分法に立脚した応用

社会学の性格規定は，たとえ誤謬であるとはいえないにしても，社会学の現状とくに理論社会学と応用社会学の関係の実態についての認識を歪める危険がないわけではない。

まず，「理論」とその「応用」という二分法は，その系として，基礎学としての純粋ないし理論社会学の十分な成熟と発展なしには応用社会学の展開はあり得ないという観念を通用させてきた。換言すれば，応用社会学はその独自の問題や理論枠組は不要なのであって，基礎学としての理論社会学の成熟と発展によって，それはおのずから与えられ，可能となるという見解である。

かくして，応用社会学は客観的で価値自由であるべき社会科学の本来的性格からすれば，むしろそれからは何ほどか逸脱して，「技術学」に堕したもの，少なくとも技術的実践の次元を超えるものではないとして貶価されがちである。たしかに，これまでのいわゆる応用社会学的研究では，その関心は実際的な問題の解決だけに限定され，その調査研究の枠組みそのものが科学的理論的研究とは別個の次元で決定される場合が多かった。

とくに，後述するように，その研究の主題そのものが他律的に与えられ，たんにその主題において前提されている目標をいかに効率的に実現するかといった「社会工学的」(social engineering)次元にとどまっている応用社会学が優勢であることも事実である。そして，とくに最近のように科学的認識やその技術的成果をむしろ人間存在にとって否定的な契機とみなすような風潮がにわかに高まりつつあるとき，結局は人間を客体化し管理するための技術であるとみなされがちな「社会工学的」研究は，「人間の主体性と自由を喪失させ，疎外の拡大に貢献するものである」(4)といった非難すらもしばしば投げかけられているのである。

▶▶▶ 「応用社会学」における方法論議の不在

しかるに応用社会学に携わっている者の間では，応用社会学の本質や方法論について語ることを禁忌する傾向が依然として顕著である。あたかも応用社会学の「方法論」を語ることは「応用社会学」という用語そのものの矛盾である

かの如く思い込んでいるような傾向さえ見受けられる⁽⁵⁾。

　いずれにせよ「応用社会学」がその方法論をひどく欠いていることは事実であり，その結果として「応用社会学」の基本的性格をあいまいにしたままにして，理論社会学との乖離をきたし，時には無用な対立を惹起しているのである。たとえば応用社会学者の間では科学をその技術的な成果によってのみ認知しようとする傾向が強い。したがって彼等にとって社会学が科学であるとすれば，その事実は実際的問題への適用とその効果によって証明されねばならないことになる。かくて彼等はこれまでの理論社会学といわれているものが，どれほどの妥当性のある法則や普遍化的理論を達成しているかに関して，きわめて懐疑的なのである。

　たしかにマートンの指摘をまつまでもなく，いわゆる理論社会学といわれるもののなかには「経験的テストに直面して粉砕されてしまった巨大な概念の塊りとか，誤った出発点，陳腐な教義，過去の結実することのない誤謬」等々が混在しているであろうから，かりに「これまでの経験的調査のテストを経て選択され，あとに残ったわずかの部分のみが社会学理論である⁽⁶⁾」とすれば，応用社会学が理論社会学から利用できる命題や普遍化的理論はきわめて僅少なものでしかないであろう。

　しかるに，「応用社会学」の研究領域の拡大や発展には著しいものがある。この事実からすると事前に十分な理論の成熟と発展があって，そこで確立された命題や理論を実際的な事例に適用するものとしてのみ応用学が成立するという先述の一般的な見解は，今日的な応用社会学と理論社会学との関係にはあてはまらないことになる。

2．「応用社会学」の独自性

▶▶▶ 理論社会学と応用社会学の関係

　しかし，理論社会学と応用社会学の関係のあり方は，たんに語義的な解釈や従来の慣例的観念によって決められるべきでなく，むしろ経験的な事実の問題として両者の関係についてのより詳細は事例史の検討を通じて答えられるべき

ものである。しかし，これまでの両者のかかわりあい方から，ほぼ次のようなものを仮説的に提示することができよう(7)。

第1に，応用社会学が基礎学としての理論社会学から受け取るものは確立された命題や一般化であるよりは，社会的現実に志向するための基本的視角——マートンの言葉をかりるならば「一般化された志向」(generalized orientation)(8)——や「基本的概念」だけである場合が多かった。

第2に，しかも理論社会学のすべての概念や理論的モデルが，そのまま応用社会学に対しても同じような適切性と有効性をもっているわけではない。かつてデュンクマン（K. Dunkman）は，社会学そのものが実践性をもったものであるから社会学は全体として応用社会学でなければならないと主張しているが(9)，しかし理論社会学と応用社会学とは概念的根拠そのものがしばしば異なるものであることを知らねばならない。

第3に，応用社会学は広い意味で「社会や文化の変動の予測と産出にかかわっている(10)」。つとにウォード（L. F. Ward）はその著『応用社会学』において，応用社会学の任務は人間生活の目標ないし目的を設定して，そのような社会の理想をいかにして到達しうるかの問題を取り扱うものであり，「純粋社会学」（理論社会学）が過去と現在を問題とするのに対し，応用社会学は未来を問題とし，現実の社会が理想社会に向かって発展する自然の過程を促進するための諸技術の適用を明らかにするものであると説いている(11)。

▶▶▶「応用社会学」の独立性

要するに応用社会学の焦点が社会や文化の「意図的計画的社会変動」(purposive or planned social change)(12)に向けられていることは間違いない。応用社会学は，したがって基礎学としての理論（純粋）社会学からは社会変動を理解し，また変動をうみだすのに役立つかぎりでそれらの概念や理論的モデルを借用しようとするであろう。

しかし，理論社会学は，社会変動を対象とする場合でも，「社会行動や社会変動に関する確証された理論的内容を樹立することを意図し，直接的に変動を

ひきおこすことを目指してはいない」のに対して，応用社会学は同じように社会変動を理解することにも関心をもつけれども，「それを理解するだけよりは，変動をひきおこすことに基本的にかかわろうとする」。それ故に，もし基礎学としての理論社会学がこのような領域での有効な概念や理論モデルを供与できない場合には，応用社会学はしばしばそれらを独力で展開させてきたのである。

3．理論社会学と「応用社会学」の相互媒介

▶▶▶ パーソンズにおける「理論と応用」

　この点で応用社会学の要件と，純粋理論の現行モデルとの乖離を反映しているものとして，パーソンズの初期業績と彼の一般理論との関連の仕方がきわめて教訓的である。パーソンズの応用社会学の業績のひとつと目される比較的初期の論文「統制された制度変動の問題」(The Problems of Controled Institutional Change) の中で，彼は第二次世界大戦後の被占領地ドイツの社会変動のための戦略を展開しようと試みている。

　パーソンズは変動を生み出すための戦略的槓杆として，ドイツにおける「内的葛藤」(internal conflict) の重要性を強調しているが，彼の純粋理論における均衡モデルでは，「内的緊張」という要素はほとんど無視されていることに注目する必要がある。いわばドイツ社会を変化させるためのプランを準備するという実践的応用的課題が，パーソンズをしてこの「内的緊張」という概念を重要視させたといえよう。

　さらに，この同じ論文の中で「階級」という概念がしばしば用いられる。たとえばユンカーたちの脆弱な地位の評価や，ドイツの市民サービスの補充パタン修正のためのプランニングにおいて，「階級」という概念がしばしば正常に用いられている。しかし彼の純粋理論においては，「階級」概念はほとんど強調されていない。

　以上のことからも知られるように，パーソンズの場合ですら彼の応用社会学の概念が，彼の純粋理論のモデルから由来したものではないこと，少なくとも彼が彼の「社会的行為の構造」の中で，いち早く定式化していた純粋「主意主

義モデル」(voluntalistic model) からも逸脱していることは明らかである。

▶▶▶ 理論社会学との相互媒介

もちろん，だからといって，このことは応用社会学が基礎学としての純粋社会学の一般的原理や概念を用いるべきでないとか，用いてこなかったということを意味しているわけではない。しかし，以上の考察からは少なくとも次の2つの事柄を帰結として指摘できよう。

第1に，応用社会学は理論社会学からあまり先行すべきではなく，その発展は理論社会学の概念的成熟をまつべきであるという提言はもはや正しくない。

第2に，いまや応用社会学者は，その理論的な導きの糸を理論社会学者からのみ期待するのではなくして，自らの努力によってもその理論的なイノベーションを為しうるように訓練されていなければならない。とくに先に触れたように，理論社会学者が社会変動の理論を除外したり無視したりする傾向がある場合には，そのような自らの理論を独力で開拓しうる能力なしには応用社会学の発展そのものが阻止されてしまうからである。[15]

要するに理論社会学と応用社会学とは，単純な基礎学とその応用という関係ではなく，むしろ相互媒介的なものとみなさなければならない。応用社会学的研究は，たんに純粋理論によって提出された理論や仮説をテストし，概念の明確化に資するだけでない。それは，理論社会学に対して，何が分析に価する問題であるかという，そもそもの問題の所在と分析視角を具体的現実的意義をもって位置づけ，その理論的枠組みのバイタリティを保持せしめることができるからである。とくに応用社会学は純粋理論に対して，社会変動の分析のための概念と理論モデルの構築を要請し，必要な場合には独力でそのような概念や理論モデルを創出することによって，理論社会学に対して社会変動理論の定式化への刺戟を与えているのである。このようなことからすれば応用社会学は，理論社会学に対してはそれから受け取るもの以上の貢献を果たしているとさえいうことができよう。

▶▶▶「応用社会学」の対象としての「目的的社会変動」

　上述のように広い意味で応用社会学は，社会や文化の変動の予測と産出にかかわっている。しかし，このような「目的的社会変動」は，客観的な変動そのものではなく，それを評価的に認識し診断して主体的に適応し，あるいは積極的にその変化を先取りして，好ましい変化を作り出そうとする過程である。そこには，事実的な社会変動に対する認識とともに，目標選択と結果評価の規準となる価値観念が前提されている。応用社会学がこのような「目的的社会変動」を対象とするならば，事実的な社会変動のいかなる様相を誰がどのような視角からいかに認知しているか，またどのような価値観点からいかなる目標を選択して，どのような行為を遂行しているかといった全過程を総体的に分析していかなければならないであろう。

第2節　応用社会学的実践の諸類型とそれらの役割

　応用社会学は，何らかの実践的問題の処理・解決のために「役に立つ」ものでなければならないとしても，誰が，誰に対して，どのような役割を果たすことが期待されているのであろうか。まず応用社会学の実践を規制する条件と応用社会学および応用社会学者の類型を考えてみよう。

1．応用社会学の実態を規制する諸条件

▶▶▶ 社会学的パースペクティブと時間的空間的パースペクティブ

　具体的な応用社会学の内容は，まず第1に，その認識や診断の前提になっている価値的諸前提や社会学的パースペクティブの内容や質によって規定されることになる。認識や診断の前提となっている価値的規準は，たとえば「効率性」「人権擁護」「共同的連帯」「安全」「自律性」といった原理的なものから，関連学協会の倫理綱領や，個々の政策目標に密着しているものに至るまで多様であろう。

社会学的パースペクティブの内容と質も，統合重視の機能主義理論かシステム論あるいはコンフリクト理論であるかによって，またエスノメソドロジーや社会構築主義のようなミクロで質的次元のものを重視するか，あるいは必要に応じて折衷主義的立場をも容認するのかによって変わってくる。

次に，このような認識枠組みや診断を前提としてとられる調整や改変の時間的空間的パースペクティブの相違による分類である。事後的な修復・治療・調整と事前的な対応としての予防・計画・変革，及び対象領域としてのミクロ・メゾ・マクロ，全体と部分，公共領域と私的領域，といった区分である。

▶▶▶ 社会的文脈と関与者の地位と役割

さらに，これらの調整や改変が生起し実施される社会的文脈としての組織類型の差違，そこにおける関与者の地位と役割によっても規定される。とくに変革の主体や客体がどのような範疇の人びとであり，専門職とクライエント，行政担当者や政策形成者，構成員そしてコミュニテイの一般公衆が，それぞれどんな役割を果たすことが期待されているのかということ，また人びとを動員し組織化する際にどのようにしてコンセンサスを確保し，あるいはコンフリクトを調整していくのか，そこで用いられている「戦略」の違い（協力・説得・強制）にも留意しなければならない。

そして，これらの応用社会学的な診断や調査結果は，だれがいかなる権限と立場によってどのように利用しようとしているのか，そしてさらに，そのことが社会的にどのような影響をもつにいたるか——といった彼らの果たしている役割と機能の相違にも着目しなければならない。特に応用社会学者が，クライエントとの対応において，①観察者・分析者として，あくまで正確な情報を客観的に提示することだけに留まるのか，②プランナー，査定・評価担当者として，あるいは政策立案者の諮問に応じて，クライエントに関わる問題処理や解決に必要とされる情報の提供者となるのか，③あるいは悩めるクライエントに直接接触して彼らの自立と回復をサポートするために「必要とされる介入」を積極的に遂行するのか——その果たすべき，あるいは遂行している役割

の差異が重要であろう。このように応用社会学の実質的内容は，かなり多元的にならざるを得ない。

2．応用社会学の諸類型

▶▶▶ 応用社会学的実践の類型

このようにして，現在の応用社会学の具体的内容はその理論的価値的前提も多様であり，とられる戦略や方法もその担い手もさまざまであるため，事実上きわめて多種多様である。さし当たり現実に行われている応用社会学的実践を念頭に置きながら，上述したいくつかの基準を組み合わせて仮に類型化しておけば，表4－1のようになるであろう。

表4－1　応用社会学的実践の類型

類　　型	具　体　例	役　　　割
① 社会啓蒙型	実践社会学，批判社会学	時代診断，社会学的パースペクティブの浸透，イデオロギー批判と擁護など社会啓蒙家的役割，時には政策決定者的役割を果たす。
② 社会運動型	組織論，運動論	労働運動・住民運動・市民運動などにおけるキャンペーン・煽動・組織化など「煽動家」・活動家的役割
③ 政策対応型	社会政策・社会保障論，社会福祉論，コミュニティ論	社会政策・社会福祉事業，社会教育，公衆衛生，防災などの諸施策や事業における「プランナー的役割」「観察者」ないし「分析者的役割」
④ 社会計画型	社会計画論，政策科学，社会工学	都市計画，地域開発，総合開発計画，コミュニティ形成施策などにおける「プランナー的役割」「分析者的役割」「活動家的役割」
⑤ 社会病理型	社会病理学，社会解体論，臨床型アノミー論，逸脱行動論，レイベリング論	非行，犯罪，暴力，売春，アルコール依存症，麻薬，自殺などに対する矯正・保護，および精神衛生カウンセリング，診断，勧告，査定など専門職としての「観察者ないし分析者的役割」「診断者的役割」
⑥ 社会調査技法型	サンプリング，検定，多変量解析，計量・数理社会学	世論調査・消費者行動・投票行動調査の利用，面接・観察・事例調査法，ソーシャルワークにおけるケースワーク，グループワーク，コミュニティオーガニゼーションにおける「観察者ないし分析者的役割」

▶▶▶ 社会学的知見の利用形態による諸類型

社会学の知見の利用形態の伝統的な類型は，学術研究型と実践型の2類型である。

① **学術研究型（基礎・純粋研究）**：文献・学説研究，あるいはデータ収集（文献の検索と検討，聴き取りと面接・観察・実験などの社会調査）を実施し，それらの資料を集計・分析し，それらの研究成果を論文や報告書として公表する。このように精確で客観的な知識の獲得と蓄積，その発表と伝達によって，人類の知的資産の創造と普及という社会的貢献を果たすことがその役割であるとみなされている。

対応するクライエントは，直接的には大学や研究機関・学会などに所属する可視的な研究者同士であり，間接的にそれらの知見に関心をもつ専門誌の読者や，それらの知見の実用的な利用可能性を探索している現場の技術者たちである。しかし，それらの人びとは拡散しており，研究者とは直接的な接触がないのが通常である。最近しきりに唱道されている「産・官・学の連携」は，これらの接触を意図的に推進しようとするものと考えられよう。

② **実践社会学・啓蒙型**：理論と実践を統合する立場を唱道し，政策形成者（行政官僚・議員・司法），あるいはジャーナリズムの政策目標，その価値的前提（イデオロギー），政策枠組みや内容等について，批判的な検討を行い，より高次な視角（ミクロ・メゾからよりマクロへ，そして短期的・中期的なものに留まらずより長期的な）のもとに，情勢判断の見直しや政策目標や政策内容の改変を示唆し，必要ならばより妥当と思われる「代替政策」(alternatives)を提案する。

たとえば，望ましい社会像の提示として「疎外なき社会」とか「自由と共生のバランスの保たれている社会」「競争と連帯そして持続的な社会の発展」などを唱道したりする。より具体的に，「小さな政府」とか「高福祉・高負担の社会」「安全と危機管理の確保」といったことを掲げられる場合もあろうが，それらはそれぞれ特定のイデオロギーや政治的立場と無関係ではあり得ない。かつての社会運動におけるリーダー的活動や，労働運動におけるオルグ，アジ

テーター的活動もこのようなカテゴリーに含めることができよう。

しかしながら、社会学理論のこのような啓蒙的役割は、しばしば危惧の眼差しで眺められ、時には厳しい批判の対象とすらなりかねなかった。たしかに現実の社会現象を経験的に分析していくための理論的枠組みや現状分析の成果を用意しないままで、あまりにも安易に理論と実践の統一を説き、社会学理論の実践性を唱道することは、社会学の力量についての過度の期待による幻想か、自己欺瞞に過ぎなかったとみなすこともできるからである。

▶▶▶「社会的技術」としての類型

社会学的知見の「社会的技術」としての利用については、次のような5つの類型に分けることができよう。

① **現場対応型**：たとえば非行や犯罪、差別や暴力、災害時の情報パニック対策、防災キャンペーンなど、現実の社会過程の種々雑多なイッシューに関して即刻に参与観察や事例調査を実施して、そこでの何らかの記述や提言が総てそのまま社会学の応用であり実践であるとみなされている場合である（日本におけるかつての実践的な社会調査なるものは、この種のものが多かったと思われる）。

② **社会工学型**：政策立案者、行政や企業経営者など、現場の人間が主体となって政策の目標や実施の方針を決定し、応用社会学者は問題の確認・診断処置の方針に関しては、現場の政策立案者の判断や規定をそのまま受け入れ、その政策目標実現のための手段的・技術的方策の策定と実施を担当する。理論的原則と経験法則に裏打ちされた社会工学（engineering）の場合には、プランニングの定式化、コストの測定、潜在的問題の指摘など次の専門職的応用社会学とほとんど類似したものになるが、そのような政策立案者の価値前提や判断様式だけを積極的に肯定し、それに沿った政策を擁護しようとすれば、しばしばいわゆる「御用学者」として貶価されることになりやすい。

③ **専門職的応用社会学型**：社会学の専門職的知見と技術にしたがって診断

し処置する。クライエントの素朴な要求にそのまま対応して処置するのではなく，その訴えや症状の発生要因や過程を専門職的知識と技術にしたがって診断し，そのような問題状況をどのように処置すればクライエントの真の福祉に役立つかを誠実に勘案し，クライエントに告知して納得（インフォームド・コンセント）を得た上でその施策や方策を実施し，その結果を査定し評価する。診断や査定・評価に関しては，クライエントのみならず，中立的な第三者や批判者の意見をも斟酌するに吝かではない。しかし最終的な判断は，官僚制的な組織における上位者や世評に依存せず，専門職の識見と責任において自律的に行う。[16]

問題の確認→調査テーマへの変換→調査の企画と実施→知識の探求→勧告への道（乖離を埋める）→勧告の実施→評価にいたる「社会学的知見の利用過程」の全サイクル[17]において，観察・分析・勧告・プランニング・評価といった諸役割が，専門職としての「専門的熟達性」に裏打ちされ，クライエントの福祉のためという「公的・非営利的サービス志向」のもとに，「自律性」をもって遂行されるものである。

④ **臨床型応用社会学型**：社会学者自らが実務者になって，クライエントに直接接触し，問題状況について可能な限り「参与観察」を企画実施し臨床して，クライエントの歪んだ現実認識を理解しながら，所与の条件のもとでベストで実施可能な処置や処遇をクライエントに直接適用し――これを介入という――クライエントの自立と福祉に資する。[18]

⑤ **社会病理・診断型**：かつての社会問題研究会，犯罪社会学会，解放社会学会，家族問題研究会などとともに社会学的知見と調査の実施に基づき，非行・犯罪・暴力・差別，薬物・アルコール依存症など社会的な逸脱・異常・病理の発生，分布，展開，推移状況などを科学的に観察・分析・査定・評価（診断）し，必要に応じて矯正・保護・厚生などの方策などについて勧告を行い，可能ならばその実務にも参与する。[19]

社会問題研究，社会運動論，家族問題的アプローチなどもこの範疇に入れることができるかもしれない。研究者が現場の実務者に対して，社会問題や病理の発生要因や経過についての診断や，それらに対応するための措置や処方をす

るためのオリエンテーションを提示し，状況に応じて現場に参与しながら必要な情報の提供や指導を行う。

3．応用社会学者の役割

▶▶▶ 研究の主体と客体およびその機能による役割の諸類型

前述のような応用社会学の類型に対して，応用社会学者の役割としては次の6つの類型を挙げることができる。

① **学術研究型**：研究者が，他の同じ研究者に対して，学会発表や論文レポートなどを通じて，新しい知見を伝えることによって人類社会の知的資産増加に資するという役割を果たす。

② **社会病理診断型**：研究者が，現場の実務者に対して，社会問題や病理の発生要因や経過について，その診断やそれらに対応するための措置や処方をするためのオリエンテーションを提示し，状況に応じて現場に参与しながら，必要な情報の提供や指導を行う。

③ **専門職的応用社会学型**：研究者が，現場の問題を確認し，現場の政策形成者や福祉施設・機関のワーカー，企業の経営者などに対して，彼らのクライエントの処遇・措置の際に役に立つ情報や方策を，勧告・助言，諮問への回答といった形で，専門職的識見を伝達する。そのためには，その問題処理に必要な知識を得るための調査を企画し（現場の問題の調査テーマへの変換），それらの調査実施による診断および立案された政策や施策の実施可能性・必要性を，状況判断と関与者の権限・能力・意欲に照らして査定した上で――調査で得られた知見と実施の間の乖離を埋めて――提言する。さらに必要に応じてプランニングを行って，その実施に参与し，結果（潜在的機能を含む）を評価するという社会学的知見の利用過程の全サイクルに関わる役割に関与する。

④ **社会工学型**：政策立案者など現場の人が主体となって政策の目標や実施の方針を決定し，研究者としての応用社会学者は，問題の確認・診断・処置の方向に関しては現場の政策立案者の判断や規定をそのまま受け入れ，その政策目標実現のための手段的・技術的方策の策定と実施の役割だけを担当する。

⑤ **批判社会学的啓蒙型**：その価値前提や判断様式・解決策を根本的に検討し，より真実とみなされるものを提示しようとする役割を果たそうとする。

⑥ **臨床的応用社会学型**：研究者自らが実務家になってクライエントに直接接触し，問題状況について可能な限り参与観察を企画実施して，クライエントの歪んだ現実認識を理解しながら所与の条件のもとでベストで実施可能な措置や処遇をクライエントに対して直接適用（介入）し，クライエントの自立－厚生に資する役割に関与する。

▶▶▶ 応用社会調査者の果たす役割の諸相

視点を変えると，応用社会学者，特に応用社会調査者が公共政策形成に影響を与える役割としては，次の6つの類型を挙げることができよう[20]。

① **観察者**（observer）**すなわち問題探求者**（problem explorer）：基礎社会学者とほぼ同様だが，焦点が社会問題や政策イッシューとして定義されるような条件に向けられており，関連データの収集，概念規定，理論開発，社会指標の構築などに従事する役割である。

② **分析者**（analyst）**すなわち政策調査者**（policy researcher）：政策立案者（Policy maker）の役割とは区別され，提案された政策の分析，そのありうる含意や結果など，提案されたプログラムやプロジェクトの社会的インパクトの査定，あるいはプログラムの目標達成度の評価，政策の定式化，遂行過程や手続きの分析，目標達成度の評価などを行う。

③ **啓蒙者**（enlightener）：政策立案者や公衆に対して，社会学的パースペクティブに基づいた社会生活について新しい洗練された理解を与えようと努める。別様の認知地図，現実についての別様のイメージ，潜在的機能の析出と周知を通じて，政策の新しいニーズと手続き発見の基礎を与えようとする。要するに社会学の教師の役割である。従来，この役割は応用的ワークの残余物で，相対的に自動的に発生する副産物とみなされる傾向があった。しかし応用社会学者は，政策の分析，あるいは政策立案者の啓蒙に関わるだけでなく，政策とプログラムの実施における援助にも関わっているのである。

④ **計画者**(planner)**すなわち社会工学者**(social engineer):政策形成は行政や立法者に任せるが,ひとたびその政策が採用されると「社会計画者」(social planner)として,それを実施するための方法の探求を始める。それらは,「コミュニティあるいは組織のプラン」「行動計画(action program)の設計」「市民参加プログラムの指揮」「望ましからざる社会的インパクトを軽減するための手続きの開発」などに亘っている。しばしばこのような役割を担っているひとは,「実践する社会学者」と自称するが,非アカデミックな機関に雇用されている場合が多いので,「社会科学者」とは称されない場合が多い。

⑤ **活動家**(activist)**すなわち臨床社会学者**(clinical sociologist):多くの場合,調査研究よりは応用的活動に集中する。そして,イッシューや政策について明確な立場をとり,価値中立性を口実(pretense)とはせず,むしろその価値づけられた目標の行動プログラム(action program)の処置と促進に直接的に関わろうとする。

このタイプの役割を演じている社会学者は,その活動にしたがって,「プログラム管理者」(program director),「社会変革のエージェント」(social change agent),「臨床社会学者」(clinical sociologist),「紛争調停者」(conflict mediator),「政策唱道者」(policy advocator),「コミュニティオルガナイザー」(community organizer),「ロビイスト」(lobbyist)等と称され,これらの役割は多くの点で大きく異なっているが,共通に,「社会問題の解決(社会変動の促進),望まれた社会的目標の達成への努力」に直接的な関わり合いを持っている。

社会学者たちの中には,学者としての仕事に加えて,臨床社会学者としての活動を行っている人もいる。しかし,社会活動家の多くは学者としてではなく,アクション・プログラムの執行機関(social action agency)やボランティア団体・地域組織において活動したり,民間コンサルタント(private consulting)として活動している。

⑥ **政策遂行者**(effector):政策立案者や議員としての役割で,行政機関の長や議員になって公的意思決定や政策形成に対して公的な責任を持つことであるが,社会学者一般はそのような地位につくことに消極的である。この種の役

割は，社会学的パースペクティブを公共政策へと移し替えるための理想的な場（セッテング）を与えるかもしれないが，現在のところ大部分は応用社会学を遂行するための未開拓の道に留まっている。

▶▶▶ 応用社会学者の果たすべきコミュニケーション

応用社会学者のコミュニケーションについて，オルセン（M. E. Olsen）は次のように示唆している。[21]

応用社会学者のコミュニケーション技術としては，① 提案の文書化，② 調査研究の予測的な形（proactive）での設計，③ 政策のスポンサー（資金・予算の支出者）との折衝，④ 調査結果のレポートの文書化（他との対比において社会学的パースペクティブが優れていることを明らかにするような仕方で書く），⑤ 提案採用への勧告（recomending program actions：社会学的パースペクティブの適用で得られる利得の査定とそれに基づいた行動計画の勧告が含まれる），⑥ 政策会議への出席，⑦ 行政の委員会での説明，⑧ 一般公衆に向けた PR（雑誌・新聞コラムなどによって社会学的アプローチを支持する世論の雰囲気づくりに貢献する）などが必要である。

また，応用社会学者には，社会学的パースペクティブを政策形成者（policy maker）や公衆に伝えるとともに，他方では政策形成者の見方（perspective）を理解して一般公衆に伝えるという相互理解のためのコミュニケーション（「双方向への橋渡し：A Two-Way Bridge」）を図る必要もある。

そうしたコミュニケーションでは，① 全政策形成過程において， ⅰ）問題解決には漸増主義的にアプローチすること（incremental approach）， ⅱ）説明変数よりは操作可能な変数を重視すること， ⅲ）応用社会学者は対立している利益集団間では調停者として行動することを強調し，② 社会学以外（技術工学・経済学・法律学・心理学）に対する社会学的パースペクティブの補完性や優越性を説明する必要があり，それにはそれぞれのパースペクティブの長所・短所を理解していなければならない。

クライエントとコミュニケートして有効な相互関係を形成するのには，他者

との文脈におけるコミュニケーションに順応するという柔軟性だけでなく，コミュニケーション技術についての自覚と注意も必要なのである。

そして，こうした応用社会学者のコミュニケーションにおいて重要なのは，「明晰性と謙虚さ（clarity and humility）」であると，オルセンは強調している。

> 深い思想はつねに明晰な言葉で表現されるもので，理解出来ないような著作はしばしば混乱したアイデアをもっともらしくするための方法に過ぎないのである。社会学者はややもすると閉鎖的独善的で横柄に成りやすい。社会学的パースペクティブは他の多くの方法のひとつなのであり，応用社会学者として語るべきことは本当に謙虚に語らねばならない。[22]

第3節 「応用社会学」における価値判断の問題

「応用社会学」のように実践的に現実に関わる場合には，常に「価値判断」の問題に直面する。そこで「応用社会学」における「価値判断」をめぐる実際の関わり方について，いくつかの問題点を検討してみよう。

1．応用社会学者の役割遂行のタイプ

「目的的社会変動」の過程において「誰のために何をどのように遂行しようとしているか」という点で，応用社会学者は論理的には次の4つの役割を担うことができる。

① 「分析者」

第1は，所与の条件の下で計画や改変のために選びうる目的の範囲，環境や資源の状況，所与の目標実現のための多様な選択肢の秤量，結果の測定など実証的客観的な分析を遂行する場合である。とくに，ここで意味されている「目的的社会変動」の場合，目指されている目標はユートピアではなくて実現可能なものであることが前提されている。したがって，ここでは目指されている

「価値目標」の範囲も，実現可能な範囲という客観的実証的な分析によって与えられるものなのである。しかし終局的な価値目標の決定はこのような分析者としての応用社会学者ではなくて，そのクライエント（たとえば社会学者に調査を依頼した行政官僚や経営者）の手に握られている場合が多い。

② 「診断者」
　第2は，①での分析と価値規準を前提として，現状と将来の趨勢において維持すべき条件や，改善ないし除去すべき要素や条件を解明する場合である。

③ 「設計者・プランナー」
　第3は，診断にしたがって改革あるいは調整しようとする目標の優先順位を決め，その決められた目標を実現するための諸選択肢を論理的な一貫性と所与の価値前提（たとえば満足性・最適性・能率性など）にしたがって確定し，プログラムを作製する場合である。

④ 「管理者あるいは組織者」
　第4は，そのプログラムを実現すべく，人びとに権利や責任，資源を配分し調整を行い，「遂行」を監督，助言し，結果を評価してサンクションを課すといった役割を遂行する場合である。

2．「応用社会学者」が犯しがちな3つの「禁制」

　現在，相当数の社会学者や社会科学者が科学者としての地位を保持しながら，上述のような応用社会学者の実践的な役割のいくつかに関与し遂行している。しかし，彼らはしばしば次のような「禁制」を犯している。

① 「価値判断排除」を名目とする自己抑制
　「応用科学者」の多くは実践的関与の場において，しばしば「価値判断排除」の名目のもとに，依頼者の価値観点や目標をそのまま受け入れて，その目的実

現の技術的な有効性の診断や評価に終始している。

　たとえば「産業社会学者」が企業体経営者から依頼を受けて，「従業員のモラル調査」を引き受けた場合を想定してみよう。

　　　この種の委託調査では調査すべき問題や事項の大綱はあらかじめ委託者側によって決められている場合が多い。産業社会学者はこのような課題を引受けて，サンプリングや質問紙票の作製，面接調査などそれこそ科学的な調査技術を駆使して客観的に分析し，その結果を「報告書」にまとめて委託者に伝達するであろう。そして，この種の報告書には企業側の労務対策についての若干の改善策が盛り込まれているかも知れない。また，経営者はこれらの産業社会学者をコンサルタントとして招聘して，その調査内容についてより詳しい報告や討議を行う機会をも持つかもしれない。
　　　しかし，調査知見の活用はそれだけで終わり，「それからしばらくすると，その報告書は創造性の偉大な墓場である書類倉庫の中に静かに埋葬される」のである。[23]

　産業社会学者たちはこの種の調査では，その調査結果や勧告がどのように利用されるかには通常は立入ろうとしないし，立入ることもできない場合が多い。そして，主観的には「調査」と「政策立案者」との断絶について概歎することがあるとしても，彼らは実証主義的自己抑制にしたがうのである。

　したがって，企業経営者が何故にそのような調査を依頼し，またいかなる視点と価値観点に立って調査すべき課題を定式化したのかを自律的に解明することなく，文字通り依頼者の視点を受け取り，それにしたがって調査を実施し，完成して報告する。そして自らの役割を手段の適切性についての技術的提言だけに限定し，その診断や提案については上層部との接触にとどまり，その提案によって直接大きな影響を受ける人びととは接触しない場合が多い。

　グールドナー（A. W. Gouldner）によれば，産業社会学者のこの種の調査を促進するのは，経営者と従業員との間のインフォーマルなコミュニケーションが断絶していることである。そして，たとえこの種の調査によって従業員の態度に関する信頼しうるデータが確保されたとしても，この破壊されたインフォーマルなチャンネルを修復しようという試みはほとんど行われず，むしろ

調査結果の使用が「合理化」による従業員の労働や管理体制の強化になると危惧される場合は，かえって緊張は増大する。(24)

　この種の産業社会学者は「価値自由」や客観性を標榜するけれども，このような調査において，調査を委託する側の抱いている価値観念と，その調査の実施と結果によって直接大きな影響を受ける人びとの価値観念が根本的に対立しているような場合，委託を受けて委託者の価値観点を前提している産業社会学者の「価値自由」の強調は，いかなる機能を果たすかはもはや自明であろう。

② 「科学」の名による問題解決の回避

　はなはだ逆説的であるが，応用社会学的調査それ自体が問題を解決するためではなくて，むしろ解決を回避するために着手され利用される場合がある。すなわち厄介な決定をさける手段として，その決定のために必要な事柄を科学的に調査する必要性を強調することによって調査に着手し実施するだけなのである。(25)

　このような処理の仕方は合理性を重んじる社会で育てられた人びとの意識にとっては格別に心地よい儀式となるであろう。またそれは問題解決への真摯な関心と合理的なものへの信頼を示すものとして公衆の承認も得やすい。しかし，このような調査行為自体がある種の「防衛機制」として利用されているのである。すなわち，このような調査では調査を実施することは，調査の結論や提案への実質的なコミットメントを伴うものではなく，むしろ調査を続行することによって決定そのものを延期し回避するためなのである。

③ 矛盾や不合理性を鋭く指摘するような調査結果の回避

　また，応用社会学はその調査研究の成果がむしろ妥当性をもっているがゆえに利用されない場合がある。

　かつてフロイトは，クライエントはその障害からある種の満足を引き出している場合があるので，その障害を除去するような治療にはむしろ抵抗すると言っているが，これはたんに心理学的次元だけの問題ではない。応用社会学的研究でも，その調査研究が調査依頼者（クライエント）の問題の神経中枢に接

近し真実を明らかにすればするほど，かえってクライエントからの抵抗が強くなる場合すらあるであろう。調査のクライエントが現状において有利な地位を占めている場合，その現状の矛盾や不合理性を客観的に鋭く指摘するような調査は，かえって敬遠されることもあるからである。

3．応用社会学の実践的な立場

▶▶▶「応用社会学」の可能性

応用社会学は，決して単純な意味での実用化や効用だけを目指しているわけではない。応用社会学の役割はしたがって上述の産業社会学者のような「技術者的役割」，管理的目的に奉仕するだけの研究ではない。応用社会学にはより基本的に重要な実践的な立場があることを忘れてはならない。

それは同じような「目的的社会変動」を対象として調査を実施する場合でも，調査依頼人（クライエント）の価値観点やその問題の定式化を文字通りには受け入れず，むしろそれら自体をも診断するための徴候として取り扱う。ここでは応用社会学者は，自律性をもった専門科学としての独自の視点から，何故にそのような調査をクライエントが依頼したかまでを，さかのぼって検討する。またその調査のクライエントだけでなく，当該調査の実施や診断によって影響を受けるすべての人びととの接触をも試みるであろう。

また，彼の診断や調査結果や提言が，クライエントから抵抗を受け，拒否され利用されなくても，それは必ずしも自らの「調査方法」や「調査技術」の欠陥だけに帰因するとは考えない。たとえ完全な調査技術による調査結果や発見であっても，しばしば「抵抗」に出会う場合があることを知っているからである。むしろ，この種の「抵抗」こそが時にはクライエントのもつ本質的な問題の表現である場合もあるから，そのような抵抗を予測し，それを克服することができるような新しい技術を展開しようと試みるであろう。このようなタイプの応用社会学を，さしあたりチャーチにならって「臨床社会学」（Clinical Sociology）と呼んでおこう（第5章第3節参照）。

「臨床社会学」がこれまでの微視的断片的領域から飛躍して，社会構造レベ

ルの「目的的社会変動」の過程をも処理しうるようになるかどうかは，むしろ今後の課題であろう．しかし，決してそれは見込みのない方向ではない．(26)

▶▶▶ 応用社会学における実践的な「価値判断」

以上のように，応用社会学の実践は，公共政策に関わろうとするものに限ってみても，技術的次元の問題——それらの政策や施策の実施の際の効率的な運用，そのコストと成果のバランスといった技術的次元の問題——だけでなく，価値的規範的次元——たとえば，インフォームド・コンセントの確保や公衆の人権や選択の自由の尊重といったことなど——に照らしてもさまざまな課題に関連する．すなわち，それらの「政策目標」へのコンセンサス（同意）が「専門職としての応用社会学者の倫理」と矛盾しないかどうかという問題，さらにはリスク防止と安全の確保や環境保全による生態学的バランスの維持などの——究極的には人類社会の持続的な存続の確保といった次元の——課題とも関わるであろう．だからといって，これらの現実から再び逃避して，純粋理論の次元に立ち戻ろうとしたり，主にマクロな場面での高踏的な論議に終始しがちな実践社会学の啓蒙的役割だけで自足するようなことは，もはやわれわれの取るべき立場ではない．

先に検討して来た社会学的パースペクティブのエッセンスとしての，ミクロ・メゾ・マクロのアプローチの相互媒介，政策遂行の潜在的機能の析出と検証やシミュレーションによる別様の施策（alternatives）の提出によって，またあくまでも経験的実証的データに基づく中範囲理論を重視しつつもマクロ理論やメタ理論——批判的なものも含めた——への目配りをももつことによって，当座の政策依頼に社会工学的レベルだけでの対応を超え，自律的な専門職的知見に支えられた真性の応用社会学的課題——かつてグルドナーが唱道した——(27)に対応できる成果を果たしうるであろう．

しかし，現実的具体的には，応用社会学の仕事はきわめて地味なものである．すなわち目前の社会病理現象や社会問題的状況に直面しながら——クライエントとしての要援護者に対する公共的社会政策者の地位・役割およびその権限と

制約，コンテキストを十分に考慮しつつ——その処理や解決のために役割を可能な限り遂行していくことに尽きる。

したがって，当面の取りうるスタンスとしては，専門職的応用社会学者としての役割と節度を堅持しながらクライエントとの緊密な接触と相互作用を保つ「戦略的共同決定型」を採用し，たとえ不成功に遭遇した場合でも一歩退いて再検討し，新たな戦略を実施しながら漸進的に進行していくという漸進主義 (incrementalism) の立場[28]を堅持していくことであろう。

〈注〉
(1) 本節と第3節は，斎藤吉雄，1973,「『目的的社会変動』の諸相——応用社会学の基礎的考察」(『東北大学文学部研究年報』第22号) を踏まえたものである。
(2) たとえば，かりに「日本社会学会」での社会学文献目録で用いられている分類方法に従って特に［応用社会学］的部門と思われるものを列挙すれば，次のようになる。「社会病理・社会問題」「社会福祉」「社会開発」「経営・産業・労働」「社会運動・運動論」「組織論」「地域研究（エリア・スタディ）」など。さらに「調査法・測定法」「人口」などもつけ加えることができるかもしれない。

　大藪寿一はかつて社会学の応用を，(1)社会科学としての応用と，(2)技術学の応用とに分け，前者(1)には社会改革や社会再建をめぐる諸問題への応用を，後者(2)には「離婚・家庭不和等の病理学的診断および治療」「都市計画・建築計画」「宣伝・広告・販売・市場の調査」をあげ，予測・計画という実際問題への応用を指摘している（大藪寿一，1960,「社会学の応用——人間関係の改革の問題」『社会学評論』第10巻3・4号，76頁）。

　同じように米林富男も教育，生活相談，カウンセリング，および「矯正保護・職業指導・労務管理・マスコミなど直接間接に人間関係を取り扱う職場において職場技術の指導に役立つ実践理論」が応用社会学の領域であり，そうした職場がとくに矯正保護事業とか社会福祉事業のような社会病理現象を取扱う場合「臨床社会学」となり，さらに「理想社会実現のための組織論・戦術論」も応用社会学の領域となりうると言っている（米林富男，1960,「社会学の応用と社会学」前掲誌，54頁参照）。
(3) たとえば「理論社会学に対して，その理論を応用し，社会生活の改善のための実際的な手段・方策を研究する社会学の一部門であって，実践社会学もそれが理論社会学への応用とみられる場合には同一のものとみることができる」という見解などがその例である（福武直・日高六郎・高橋徹編，1953,『社会学辞典』有斐閣，64頁参照）。
(4) Ralf Dahrendorf, 1964, *Homo Sociologicuss Vierte*, erweiterte Auflage, s. 69.

(5) たとえば「『社会学の応用とは何か』『応用社会学とは何か』という議論がたいして建設的でないことは、われわれが社会学の歴史をふりかえってみればすぐわかる。……それは一般の人びとにとっては時間の浪費と結果としての失望以外の何物をももたらさない。『社会学の効用』や『応用社会学とは何か』に関して万人の納得のいく説明が見出されたとしても、そのことは何ら『社会学の応用』を意味しない。社会学の応用とは、社会学的研究成果が他の社会諸科学の研究の発展に対して、あるいは社会生活のさまざまな実際的問題の解決に対して真に貢献したときはじめて可能となるわけで、この点百の観念理論より一の実行が効力をもつのではないか。社会学的研究成果の貢献が、次々と実証されることによって『社会学の応用』や『応用社会学』の定義づけが可能となるのである」といった見解がその好例である。野田一夫, 1960,「社会学の応用」『社会学評論』第10巻 3・4号, 78頁参照。

(6) R. K. Merton, 1968, *Social Theory and Social Structure*, p. 5

(7) Alvin W. Gouldner, 1965, An Exploration to Applied Social Science, in A. W. Gouldner & S. M. Miller eds., *Applied Sociology,* The Free Press, pp. 7-9.

(8) cf., R. K. Merton, op. cit., pp. 141-143.

(9) K. Dunkman, 1929, *Angewandt Soziologie*. 今日でも社会学そのものが本来実践性をもったものであるから、専門分化した社会学研究部門のそれぞれに応用社会学的研究が成立し遂行されているとみなす見解が通用していることも事実である。

(10) Alvin W. Gouldner and S. M. Miller eds., op. cit., p. 8.

(11) Lester F. Ward, 1906, *Applied Sociology: a treatise on the conscious improvement of society by society.*

(12) Roland L. Warren, 1969, Types of Purposive Social Change at the Community Level, in R. M. Kramer & H. Specht ed., *Reading in Community Organization Practice,* p. 205.

(13) Ibid., p. 205.

(14) Talcott Parsons, 1949, *Essays in Sociological Theory Purc and Applied,* ch. 14, pp. 310-345. and See, Alvin W. Gouldner and S. M. Miller eds., op. cit., p. 8.

(15) この点で応用心理学の最も成功したものと目されている精神分析学の場合が好例といえよう。精神分析学は純粋アカデミズムの心理学において樹立された諸派理を臨禾的問題に移行するというような仕方で発展したものではないことは明らかである。もちろん精神分析学はそれ自身の理論的モデルを樹立しているが、フロイト自身が強調しているように、それらのものの大部分は臨床的実際的な関心と経験から由来し抽出されたものである。また産業社会学や組織論におけるインフォーマル・グループの概念をみよ。もちろんインフォーマル・グループの概念がジンメル以来の第一次集団概念の再発見としてみなされていることも事実である。しかしこのような連続性を過度に強調することは、遂に両概念間の差異、とくに応用社会学の文脈において有意義であるような差異を見失う危険がある。cf.

Alvin W. Gouldner and S. M. Miller eds., op. cit., pp. 9-10.
(16) 齋藤吉雄, 1999, 「専門職の危機」『東北学院大学人間情報学研究』第4巻, pp. 45-54
(17) 第6章第1節, 158頁を参照。
(18) 大村英昭・野口祐二編, 2000, 『臨床社会学のすすめ』有斐閣アルマ
  大村英昭編, 2000, 『臨床社会学を学ぶ人のために』世界思想社
(19) 宝月誠, 2004, 「社会病理学の対象と方法」松下武志・米川茂信・宝月誠編『社会病理学講座第1巻——社会病理学の基礎理論』学文社；松下武志, 2004, 「社会病理への対応」上掲書
(20) Marvin E. Olsen, 1981, Epilogue: The Future of Applied Sociology, in M. Olsen & M. M. Miclin eds., *Handbook of Applied Sociology*, Prager Publishers, pp. 577-78.
(21) Ibid., pp. 576-79.
(22) Ibid., p. 579.
(23) Alvin W. Gouldner and S. M. Miller eds., op. cit., p. 11.
(24) Ibid., p. 12.
(25) このように行為の準備そのものが行為を延期する工夫へと転換されるという抵抗のパターンをグールドナーはケネス・バーク（Kenneth Burk）にならって「ハムレット戦略」(Hamletic Strategy) と称している。Ibid., p. 17.
(26) われわれが行った「過疎地域のコミュニティ再編成過程」調査は, ささやかであるがそうした方向での試みの一端である。齋藤吉雄他, 1972, 「『集落再編成』と住民の対応——岩手県沢内村の事例研究」『社会学研究』31・32号；齋藤吉雄編, 1979, 『コミュニティ再編成の研究——村落移転の実証的研究』御茶の水書房, 参照。
(27) A. W. Gouldner, op. cit.
(28) Paul F. Lazarsfeld and Jeffrey G. Reitz with the collaboration of Ann K. Pasanella, 1975, *An Introduction to Applied Sociology*, Elsevier, pp. 80-83.（齋藤吉雄監訳, 1989, 『応用社会学——調査研究と政策実践』恒星社厚生閣, 144頁）

第5章 応用社会学者の倫理問題

　実践的に政策や社会問題に取り組む応用社会学者は，その活動において関係する人びとに対して「専門職」（「社会学的実務家」）としての役割を期待されている。そして，応用社会学がさまざまな形で社会問題に対してさまざまな分野で実践されるようになると，専門職における倫理問題が大きな課題となり，専門職として守るべき倫理規準についての議論や提言が展開されている。本章においては，応用社会学者の役割にともなう倫理および倫理問題が浮上した背景と，倫理問題の内容，関係学会の倫理規準などについて検討する。

第1節　「専門職」

1．現代社会における「専門職化」[1]

▶▶▶　「専門職」の概念

　「職業生活における専門職的形態と，組織原理の官僚制的形態は，現代社会を象徴する2つの制度的形態である[2]」といわれる。確かにますます進展する社会的分業と技術の高度化は，ますます多様な専門職ないしは専門人を要請する状況を生みだしている。

　ここで意味する専門人（professional）とは，単なる「専門家」（specialist）ではなく，社会的に「専門職」としての地位が認知された職業に従事し，しかもその専門職としての諸属性をなにほどか「内面化」している人間を意味する。

しかし，専門職の基本的属性がいかなるものであり，またいかなる職業がどの程度専門職として社会的に認知され確立されているかは，歴史的にも社会的にも多様であり，とくに専門職としての諸属性をどの程度内面化しているかは，文化的伝統によって大きく制約されているとみなければならない。

周知のように専門職は，語義的には「天職」(Beruf, vocation) である。それは単なる生業 (occupation) や事業 (business) とは異なり，特別な才能と訓練による専門的な知識と技能を有し，しかも神の召命による職分として精励恪勤する労働を意味している。その古典的な例としては，牧師や医師・法律家・学者といった非営利的奉仕的な職業に限られていた。この意味で純粋の「専門職」は，西欧におけるある種の職業観念のなかから抽象できる「理念型的モデル概念」であるといえよう。

▶▶▶ 専門職化への動き

しかし，今日の専門職は，もはや前掲した職業だけに限定されているわけではない。さまざまな科学者や技術者，公認会計士や計理士，そしてソーシャルワーカー，図書館司書，看護師・保健師，等もろもろの職業が「何ほどかの専門的訓練と技能を保有し，職域間の移動にかかわりなく，自己の『経歴』(career) の連続性と同職としての連帯性を自覚する」につれて，専門職に憧れ，専門職としての地位の承認を社会的に要求しようとしている。[3]このような専門職化 (professinalization) への動きに伴って，自律性や熟練性を強調する専門職主義 (professionalism) とも称すべきイデオロギーが次第に多くの職業人の心を捉えつつある。

現代の専門職の諸相を，非専門職でありながらしばしば専門職と自称しているものから，準専門職，そして新興の専門職，最後に古典的に確立され専門職を理念型として，「専門職化」の段階として描きだせば，次のようになるであろう。[4]

```
非専門職
  │   自称「専門職」          ：企業・病院・官庁の管理職，事務や観光のエキス
  │                            パート，販売・現場のマネージャーなど
  │   準（セミ）プロフェッション：看護師，ソーシャルワーカー，司書，初等学校教師，
  │                            薬剤師，保育士，など
  │   新興のプロフェッション   ：（工学・数学・化学の）専門的・応用的技術者，建
  │                            築士，公認会計士，不動産鑑定士など
  ▼   確立されたプロフェッション：弁護士，医師，聖職者など
理念型としての専門職
```

図5-1　専門職化（professinalization）の諸段階

2．専門職の役割構造の理念型的モデル[(5)]

今日ではいかなる職業であれ，長期の訓練を通じて獲得された特殊な専門的知識や技術を保有し，その経歴の連続性と同職としての連帯性を意識するにつれて，自己の職業を「専門職」として主張しようとする傾向が強まっている。これらの専門職化への動きや，専門職主義のイデオロギーの目標とされる専門職そのものとは，どのような属性をもつものであろうか。もちろん，これらの専門職化の傾向も専門職イデオロギーも，それらを産みだし支えている全体社会的な諸条件の差異にしたがって，具体的にはきわめて複雑多様であり，特殊個別的ですらある。しかし，そこには何ほどか公分母的な基本的属性を抽出することも可能であろう。以下，やや大胆に，専門職的役割構造の理念型的モデルを官僚制と対比しながら列挙してみよう。[(6)]

① 権威の根拠としての専門的熟達性

専門職の権威は，一定の科学的な学問体系に基礎づけられた「専門的な知識と高度な技能」に基づいている。このような知識と技能はいわゆる名人芸のように実務に長く携わるなかで自ずから体得される勘や経験知のみを頼りにするのではなく，定型化された高等教育機関である大学や大学院で学習される「普遍的基準」（universalistic standard）によって支配されている知識や技術である。

しかも，それらの必要な知識や技能の習得度が一定の水準を超えていること

を認定する試験,免許資格証の交付,所定機関への登録などが制度化されている。このように入職窓口を厳しく制約することによって,有資格者以外を排除する「業務の独占性」すら保障されている。その知識は,たんに実務面に応用されるだけでなく,創造的な研究・開発能力を涵養しておくことが要求されるので,絶えざる研鑽が不可欠である。

このような専門的な知識や高度の技能を保有したり行使するが故に,クライエントや一般社会人の目には,「代替不可能性」や「秘儀性」（esoteric）をもつものと受け取られ,職業的威信を大きくしている。いわば専門職の権威はクライエント側からの「自発的な合意」（voluntary consent）によっても支えられているのである。

② 非営利的サービス指向

専門職の実務は,クライエントの福祉のためのサービスの提供とともに,社会・公共にも奉仕するという理念に裏打ちされている。一般のビジネスの世界では,当事者が相互に自己の利害関心に基づいて行為することが当然のこととして認容されているが,専門職とそれに接するクライエントの場合には,専門職のもつ専門性・秘儀性・独占性のゆえに,クライエントは傷つけられ,搾取されやすい存在であり,いわば人権侵害の恐れとつねに紙一重で接しているのである。このような根拠から,専門職は非営利的な志向をもつことを,その役割属性のひとつとして社会的に期待され,それからの逸脱が専門職の威信を妨げるものとして,制度的なサンクションの対象となっているのである。このような価値志向は,充分に確立した専門職の場合は,明文化された「倫理綱領」（code of ethics）として広報されている。

③ 「自律性」の保障

専門職は,職務遂行のあらゆる場面で「自律性」（autonomy）が最大限に保障されている。このような専門職の自律性を支える論理的な根拠としては,まず第1に,専門職によって経験される長期の訓練の結果として,熟達した専門

的知識と職業倫理を内面化しているものと期待されていることである。さらに後述するような同僚専門職とのフォーマル・インフォーマルな関係に支えられて，専門職の社会的責任や役割期待への同調とその内面化が，ほぼ達成されているとみなされていることである。このような専門職的役割の内面化は，他方において，専門職的業務に付与されている社会的威信によって，すなわち仕事そのものから得られる高度な内的な満足感によって支えられているのである。

　第2に，専門職業務は，慣例化された職務の繰り返しではなくて，自由な創意の発揮によってこそ充分に果たし得るものであるから，外的な圧力や拘束が及ぶことは避けられるべきである。したがって営業形態としては，独立自営の原則が貫徹されるべきである。

④ 同僚統制（peer control）

　官僚制組織では，官僚の意思決定や行為に疑義が生じた場合は，たとえ技術的な専門分野をまったく異にしていても，原則として，その最終審判者は所属する組織の頂点にある管理者であるとされているのに対し，専門職の決定や行為が問題になった際は，その正当性の有無を検証し判定する能力と権利を保持しているのは，同じような専門的知識と技術を保有している同僚である。すなわち専門職においては，組織の上位者といえども，専門職の業務の遂行を技術的に評価し判断する能力を欠くかぎり，専門人の業務の遂行は，その専門分野の同僚によってのみ有効かつ適切にコントロールされるとみなされている。

　このような同僚統制の論理は，次のような根拠に支えられている。第1に，専門人の業務遂行やその業績の評価は，同じ専門分野に従事して，その業務の遂行状況を常に観察することが可能な位置にある同僚専門人のみであること。第2は，それらの当該専門分野に属する専門人同僚は，その専門職に付着している社会的威信や信望に直接的な利害関係をもっているが故に，同僚の逸脱にたいしては，必要なサンクションを施行すべく充分に動機づけられているからである。

　このように専門職では，原則として地位の平等な専門職同士の「同僚集団」

(colleague group) を形成し、その集団のメンバーのみが相互に専門的な業績の判定を下す資格をもち、そのメンバー以外は何人といえども、そのような資格はもてないものとするのである。かくして専門人の職務遂行に対する外部の素人の批判が、たとえある程度の妥当性があると気遣われる場合ですら、専門職の威信維持のために、その承認を拒否することすらあるのである。このようなことは、後述するように、むしろ専門職の権威の礎石を揺るがす危険を招く恐れもあるが、専門職の職務遂行を個別的な圧力から護り、必要なリスクを冒す能力を保障するための条件として、しばしば正当化されているのである。

⑤「専門職能団体」の保有

専門職は、専門職集団としての凝集性が強く、「専門職能団体」を保有している。専門職の役割構造とくにその特徴的な統制機能を担うものは、専門職同士によって形成される「専門人の結社」である。言い替えるならば、所与の職業が専門職として社会的に充分に確立されているか否かは、その職業分野において、そのような自律的な専門職能団体が、どの程度有効に機能しているかにかかっているといえよう。

したがって、このような専門職能団体に期待されている機能は、専門職的役割の諸属性のほとんどすべてに何らかの形で結び付いている。たとえば専門職としての「職業目標」や職務遂行の「標準」の設定、いわゆる「倫理綱領」の定式化、それらに基づく候補者の訓練と審査、同僚専門職の業績の評価、さらに情報の交換、クライエントや社会一般にたいする広報活動、また適切な「報酬体系」の設定、そしてこれらを通じての専門職としての一体感と連帯感の醸成等などである。

▶▶▶ 専門職の倫理規準[7]

専門職には、**諮問的専門職**（consulting profession：法曹、医療、保健、心理学、応用・臨床社会学）のようにクライエントへの専門職的サービスの提供と報酬の受領という基盤で実践されるものと、**学究的専門職**（scholarly profession：大学教師，科学的調査研究者）のような2つのタイプの専門職があるが，両者に共通する次のような倫理原則が存在する。

　① **適格性**（compentence）：専門職は，そのワークを遂行しうる資格や能力を高等教育や経験によって十分に保有していること。

　② **誠実性**（integrity）：専門職は，そのワークや自我の表現において，正直で，まじめで信頼と公明正大さを鼓舞するような仕方で行為すること。

　③ **専門職的・科学的責任**（professional and scientific responsibility）：専門職は，科学のレベルを上げ客観性を維持する。また公共の信頼を獲得し，同僚の誤った行動にたいしても責任をもつこと。

　④ **他者に対する尊敬**（respect for others）：専門職は，他者の権利・価値を尊重する。とくに個人のプライバシー・秘密保持・自己決定・自律性の権利を尊重すること。

　⑤ **社会的責任**（social responsibility）：専門職は，自らのワークが社会に与えるインパクトと惹起される問題を考慮すべきであり，そのワークが究極的には公共の善に奉仕するものであることを認知すること。

3．社会変動と専門職の危機

▶▶▶ 官僚制と専門職の揺らぎ

　社会変動の過程においては，変動の「原因」と「結果」，変革や調整の「目的」と「手段」が，直接的・間接的に影響しあい関連しあっているために，全体としての社会変動の要因や変化のパターンを一義的に描きだすことは容易ではない[8]。

　しかし，これらの社会変動の諸相は，日本のこれまでの社会構造・社会システムの根幹の改変が迫られていることを挙示していると受け取ってしかるべきだと思われる。そして，従来の日本の社会システムを支えてきたのが官僚制と専門職であるとすれば，それらの権威の喪失とぐらつきのなかに，現代日本社会の諸々の危機の位相を読み取ることもできるであろう。とくに官僚制にたいする不信が著しい。それは汚職や収賄といった表層的な現象だけでなく，変化

する事態への対応能力の喪失や，自由な市場メカニズムへの委託，規制緩和（「小さな政府」）への移行などの構造的変革をも志向されている。

　しかし，専門的知識と法や規則といった普遍的基準に則った業務遂行，社会的公正を確保するための規制と調整といった官僚制のもつ合理性は，たてまえとしては，しきりに「政治主導」が唱えられながらも，依然として政治家不信が根強いわが国の政治的風土のもとでは，合理的な官僚制に換わりうるものは，簡単には見いだし難いのが実情であろう。

　同様に，専門的知見と高度な技能に基づいてクライエントにサービスすることで高い職業的威信を保持してきた専門職も，その権威の揺らぎが著しい。

　科学技術の発展・普及・適用が，そのまま果たして人間の真の福祉に貢献できるのかが疑問視されるようになり，新たに生命倫理や環境倫理の問題が発生している。そして個人の自律性と自己決定権の尊重という社会的風潮が強まるにつれて，専門職の権威の根拠としての専門的熟達性や秘儀性にたいする信頼も失われつつある。

　このように官僚制と専門職のもつ問題性は多くの共通性をもっているが，両者の共通性よりは，とくに専門職の独自性に焦点を絞った考察をすすめていくことにする。

▶▶▶ 組織の中の役割葛藤と自律性の喪失

　まず注意すべきことは，多くの専門職が，もはや独立の実務家（practitioner）であることを止めて，ますます組織の中に組みこまれ，サラリーを受ける被庸者へと移行する傾向が支配的となっていることである。現代の専門職の多くは，技術の高度化に伴ってその専門職遂行のための装置をもはや単独ではまかないきれないために，また同じ管理構造の中での多様な専門人の協力から得られる利点を求めて，官僚制的組織のなかに含まれていく傾向が支配的になりつつある。

　多くの医師は病院に所属し，弁護士は大規模な法律事務所や企業体に入り込んでいる。また科学者や技術者の大部分は大学や研究所，政府機関あるいは民

間企業に雇用されている。新たに専門職たろうとしている社会福祉事業のワーカーや看護師などは，最初から組織の中で雇用されている存在である。

　さきに触れたように，専門職は本来，クライエントへのサービスや科学の発展のようなインパーソナルな価値を目指して，自己の専門技術と職業倫理に高度に帰依しながら自律性を尊重し，自己の所属する組織を超える平等な同僚専門職からの支持と同調を保持しようとする。そして業務遂行の最終判定者をこれらの同僚専門職集団に求める。一方，官僚制組織では，その組織自体の目標を効率的に達成することが最大の眼目であり，そのために権威のハイアラーキーを通じての，上位者からの命令への紀律づけられた服従が要求される。そこでの最終判定者は，もちろん所属組織の頂点に位置する管理者である。

　このような役割構造の差異は，専門職がますます組織のなかに組みこまれサラリーを受ける被傭者となるとき，そこには何らかの役割葛藤状況が発生する。それは主に，義務遂行の際の専門的基準の固執と管理的処置への紀律づけられた服従との間の葛藤である。

　もちろん，このようなコンフリクトが生起する要因やその現象形態は，組織そのものの目的や構造，そこにおける専門職の役割に応じて多様である。たとえば民間の営利的な企業組織と公的な行政機構では異なるであろうし，とくに研究所や大学のように，組織の目標自体が専門職的志向と合致し，組織の管理運営の方針もその組織の主要メンバーである専門職によって決定さるべきものとされている場合は，管理上の考慮が専門職的目標に優先するようなことはないのが原則とされている。

　しかし，大学や研究所のように典型的な専門職的組織においてすら，組織運営の責任者となれば，その役割遂行には普遍人的パーソナリティの属性を保有することが期待されるし，また個々の専門職自身が専門職としての将来の役割展開への見透しを喪失すれば，専門への帰依を次第に放棄して，むしろ所属組織への志向を強化して官僚化するといった現象がみられるかもしれない。このように専門職の官僚制組織への包摂によって，専門職的な自律性が形骸化あるいは喪失し，また専門職組織が圧力集団化するなど，専門職に対する社会的信

頼の低下をもたらしかねないのである。

▶▶▶ 専門職知見と科学的技術的熟達性に対する信頼性の揺らぎ

　専門職の権威は，その社会的に承認された専門的熟達性とともに，当該社会の寄せる信頼感に支えられたクライエントの側からの自発的合意に基づいているといえる。しかし，科学技術の進展はそのまま人類の真の福祉に結び付くのかが，疑問視されるようになってきた。とくに原子力や核融合の研究開発などの先端科学の発展がもたらす生態系や環境破壊に及ぼす影響に対する深刻な懸念が露わになり，また医学や生命科学の発展は，たとえば，計画出産や遺伝子診断，さらに遺伝子操作やクローン技術，臓器移植や延命処置など，人間の誕生や死亡の領域を神の手から人間の手に奪うことになった。人間は神ではないし，もし神に属すべき事柄を人間が引き受けたら，その負担は余りにも重すぎよう。しかも人間の精神の混乱と退廃につながらないという保証はない。このように，現代科学技術の発展は，人間の倫理との関係に深刻な問題を産みだしている。

　また過度に専門分化した専門職的サービスは，専門職とクライエントの人間関係を損ない，人間を部分品化し人格的な社会関係を喪失させている。イリッチ（I. Illich）は，専門家が医療をコントロールすることの破壊的影響を指摘し，有機体の闘う能力が他律的な管理に置き換えられる「臨床的医原病」，個人・家族・隣人に自らの内部の状態に対する影響力を与えていた条件が環境によって奪われてしまう「社会的医原病」，健康についての独自のゲシュタルト，痛み・損傷・死についての独自かつ適切な態度を形成してきた文化を破壊する「文化的医原病」について論述している。イリッチによれば，「健康水準は，科学主義の立場にたつ医療専門職の独占を排除して，環境が自律的な個人の対処能力を発揮させるときに最高に高まる」という。

　他方，人権思想の浸透，高学歴化の進展にともなって，人間の自律性と自己決定権の尊重が社会的な通念となっている。たとえば，進学・結婚・就職・転職など生活上のすべての問題は，自分で確認して自分で決定するのが現代人の

ルールである。かくして専門職とクライエントという本来別途に区別されるべき社会関係に対しても，同じような通念が適用されようとしている。それは，典型的には，医師のパターナリズムに対する批判として現われているといえよう。

第2節　専門職倫理のモデルとしての インフォームド・コンセント

　もともと医師と患者の関係は，すべてをお任せして何とか助けてもらいたいという患者の気持ちと，医師の方でそういう患者の思いを十分に汲んで，最善を尽くすという関係として永く続いてきたものである。このように医療は，専門家である医師の判断で決めて実施するものであるという，ヒポクラテス以来の伝統的な考え方を，医師の権威主義と独断に基づく「温情的干渉主義」として批判し，さらにより積極的なかたちで展開された観念が，インフォームド・コンセントである。

　いまや医療の場面ではインフォームド・コンセントすなわち「知らされた上での同意」「説明と同意」といったことが強調されるようなってきている。それは患者が医師から治療を受けるに当たっては，その内容・目的・効果などについて，十分説明を受け，患者が納得できる形で治療を受けるという一連のプロセスを含んでおり，医療の場面でも患者の自己決定権こそ尊重されなければならないというコンセプトに他ならない。

　こうした医療におけるインフォームド・コンセントこそ，応用社会学における倫理問題のモデルとなるものであり，応用社会学の倫理を考えるために，はじめにその基礎としてインフォームド・コンセントについてみておきたい。

1．インフォームド・コンセントの由来

　このようなインフォームド・コンセントの由来は，そもそもは，ニュルンベルグ倫理綱領からヘルシンキ宣言へと，人間における生物医学的（biomedical）研究を行う医師の手引のための勧告が出発点となっているといわれている。そして，1960年代から70年代にかけてのアメリカにおける反核・反戦，人種差別反対，ウーマンリブ，消費者運動の高まりとともに，患者の人権運動も盛んになり，1973年にアメリカ病院協会による「患者の権利章典」（A Patient' Bill of Rights）として明確化され，さらに1978年11月に設置された「医療・生命科学的研究ならびに行動科学的研究における倫理問題検討のための大統領委員会」の1983年3月に出された報告書『医療における意思決定』のなかで，より詳細に体系化されている。[11] 以下に，〈患者の権利章典〉と〈医療における意思決定〉の論点を抜粋，紹介しておく。

〈患者の権利章典（抄）〉[12]
1）患者は，思いやりがあり，礼儀正しいケアを受ける権利がある。
2）患者は，患者が理解できると医師が常識的に判断するような言葉遣いで，医師から，自分の病名，治療法や予後についての最も最新の報告を告げられる権利をもっている。
3）患者は，いかなる医療技術や治療でも，それらが始められる前に，インフォームド・コンセントを与えるのに必要な情報を担当医から受ける権利がある。患者のケアや治療法に選択肢がある場合には，また患者が医療上の選択肢についての情報を希求した場合には，患者は，それらの情報を得る権利がある。
4）患者は，自分の診察にまつわるすべてのプライバシーに関して万全の配慮を受ける権利がある。
5）患者は，病院が自分のケアや治療に影響を与えるような人体実験を実施しようとしているかどうか，通知される権利がある。

これらのすべての活動は，患者への関心を第一として——なかでも人間としての患者の尊厳を認識したうえで——実施さるべきである。

〈医療における意思決定〉（抜粋）
1）インフォームド・コンセントは，本来，倫理的な性格をもつ法的概念である。
2）倫理的に有効な同意は，相互の尊重と参加による意思決定を行う過程である。
3）成人患者は自分の価値観と目標に達するために医学的侵襲を受け入れるか拒否するかを自己決定する権利を，次の条件付きでもっている。[13]

患者と医療従事者との相互信頼に基づく共同意思決定が重要であるので，すべての医療行為による医学的侵襲は，患者との適切な討議の上で行われるべきで，患者との医療上の意思決定のために多大の時間的拘束を医療従事者にもたらすので，患者との討議に費やされた時間を含む医療従事者に対する診療報酬を考慮にいれるべきである。

2．インフォームド・コンセントの論理構造

インフォームド・コンセントの論理構造を要約的に図示すれば，次のように示すことができよう。

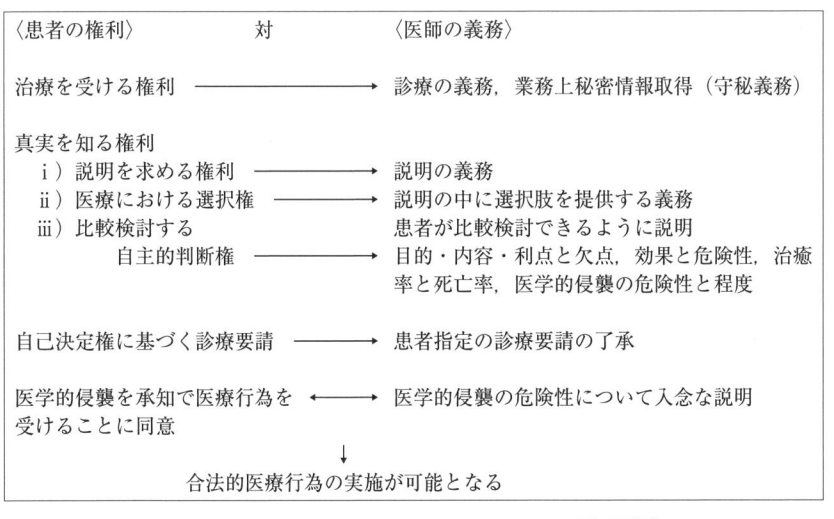

```
〈患者の権利〉           対      〈医師の義務〉

治療を受ける権利 ─────────→ 診療の義務，業務上秘密情報取得（守秘義務）

真実を知る権利
  ⅰ）説明を求める権利 ─────→ 説明の義務
  ⅱ）医療における選択権 ────→ 説明の中に選択肢を提供する義務
  ⅲ）比較検討する             患者が比較検討できるように説明
        自主的判断権 ────────→ 目的・内容・利点と欠点，効果と危険性，治癒
                                率と死亡率，医学的侵襲の危険性と程度

自己決定権に基づく診療要請 ──→ 患者指定の診療要請の了承

医学的侵襲を承知で医療行為を ←─→ 医学的侵襲の危険性について入念な説明
受けることに同意
                          ↓
              合法的医療行為の実施が可能となる
```

図5－2　インフォームド・コンセントの論理構造

3．アメリカにおけるインフォームド・コンセントをめぐる問題

▶▶▶ 診療過誤対策の側面

アメリカにおけるインフォームド・コンセントは，「実際には，診療過誤裁判のディフェンス診療の一部である」という認識があり，少なくとも大半の医師はそう思っているといわれている。多くの医師たちは，「診療過誤が弁護士

の餌食になっている」という。もちろん弁護士は反論し，これまでのアメリカの医師が独善的で横暴だったので，それに対して人権に目覚めたアメリカ国民が勝ちとった権利だという。それはともかく，現実にアメリカの医療現場での誤診をめぐる問題はすさまじい。医師にはストレスを与え，弁護士には生きがいのようなものを与えている[14]。

　余りにも患者の訴訟問題が多くなってくると，医師は医療行為において萎縮し，防衛の構えをただ強めるということが起こり得る。病名告知や治療方針に関する説明の問題などが確かにあるが，結局，最後のところで医師はその治療方針を決定・実施して，その結果に対して責任をとらざるを得ない。それが法的責任か倫理的責任かは別として，医師がこの問題を恐れて，その治療において逃避的，責任回避的になることは，ただ医師の側にとどまらず，患者自身の利益・福祉にもとることになる[15]。

▶▶▶ インフォームド・コンセントへの反対論

　しかしながら，インフォームド・コンセントが常識になっているアメリカにおいても反対論がある。そうした反対の論点は，次のような5つにまとめることができる[16]。

① 患者は治療上の危険は知りたくはないのではないか。
② 説明しても情報を理解できない患者がいる。
③ 患者に自己決定権を与えても，患者は医師のいうがままに治療をうけるので，無意味だ。
④ 患者に与える情報によっては，患者がショックを受けて不利益な結果をもたらす。
⑤ インフォームド・コンセントをしていると時間がかかり過ぎる。

　以上のように，モデルとなる「インフォームド・コンセント」にもさまざまな問題があり，応用社会学の倫理問題についても同様になお多くの検討課題がある。

第3節　社会学的実務家の倫理規準

　科学的・専門職的組織は，共通の目標・価値・訓練によってともに結びつけられた諸個人のために存在する。専門職団体のメンバーは，目標を達成するための適切な方法や，専門職メンバーの間に存在すべき関係性に関しての——グループとしての，個々の専門職としての，また社会としての——「理念」を分有している。[17] 応用社会学は，果たして専門職的属性と倫理問題をどの程度まで保持し，関わらざるを得ないのか。

　応用社会学における倫理問題は複雑である。現実として，専門職としての中核的原則——適格性・誠実性・専門職的科学的責任，他者への尊敬，社会的責任——とともに，社会学的実務家として多数の倫理コードに直面し倫理的ジレンマに直面しているにもかかわらず絶えず何らかの倫理的選択は為さねばならないのである。そこでは正しいことをするのが困難なのではなくて，何が正しいことなのかを知ることこそが問題なのである。

　進行する対話と倫理規準についての討論，いかにそれらを特定の分野に適用するか。専門職が直面する試練をいかにして解決するか，そして時の経過につれてコードがいかに変化するか，これらすべてが重要な問題である。以下においては，専門職としての応用社会学者，すなわち「社会学的実務家」の「倫理」の問題を考えてみよう。

1．社会学的実務家が則るべき倫理規準 [18]

▶▶▶ アメリカの社会学実践学会の倫理規準

　アメリカの社会学実践学会（The Sociological Practice Association : SPA, 1987）は，適格性・客観性，クライエント・同僚・社会一般の最善の関心へのかかわりなどを要求する倫理規準を公表した。[19] そこでは，次のような「基礎的な倫理的要件」とともに，7項目の規準が挙げられている。

すべての援助関係におけるもっとも基礎的な倫理的要件は，"傷つけるな"（Do no harm）である。これは，倫理的イッシューがわれわれの前に現れた場合の意思決定のための第一規準であるべきであり，それによってすべての行為が判断されてその後からでのみ，われわれは，行為がポジティブな価値を持つかどうかを判断できるのである。

SPA の「社会学的実務家の倫理規準」（Ethical Standards for Sociological Practitioners, 1987）

「臨床的実務家－クライアントの関係」として，以下の項目が示されている。
① 責任（サービスの高い水準の維持，結果への責任，差別荷担の回避）
② 能力（competency）と高い能力の維持
③ 道徳・法律的規準（職業上の責任の遂行の怠慢と信用を失墜させることを除いて一般市民と同じ）
④ 情報公開
⑤ 守秘義務（秘密保持）
⑥ 学生・クライエント・調査協力者のインテグリティの尊重と福祉の保護
⑦ 同僚・他の専門職者や制度・組織に顧慮して行動すること

▶▶▶「社会学的実務家の倫理規準[20]」

アメリカの社会学実践学会の倫理規準をより具体的にみてみよう。それぞれの項目は，いわば「心構え」に当たることを基礎に，きわめて具体的な——応用社会学的な社会的実践に関わる者が踏まえなければならない——指針を提示している。

① 専門職的能力適格性の維持

原則のひとつの重要なセットは，専門職的知識と説明責任に関係することで，専門職的能力適格性（professional competence）を維持すること，すなわち，能力範囲を超えた事例ケースを引き受けないこと，必要なら他の専門職との協力的取り決めを開発しておくことである。

社会学的実務家は，説明責任（accountability）を負っている。すなわち，自己の行為に対して法的にも道徳的にも責任を引き受け，ワークの質を査定する

ための介入の過程において,注意深く過程とその結果の程度を説明しなければならない。

② クライエントの自律性と自己決定権の尊重

第2は,クライエントの「自律性と自己決定権」(autonomy and their right of self-determination) を尊重することである。臨床家は,彼らの価値をクライエントに「押しつけること」を控えるべきであり,クライエントの尊厳と,意思決定と選択の権利を是認することである。臨床家とクライエントの関係は,対等な者同士のパートナーシップ (partnership among equals) という特殊なタイプなのである。

「パートナーシップ」は,介入のすべての段階でクライエントがすべての関連ある情報にアクセスして意思決定に参加し,必要な情報を理解しているということである。

「パートナーシップ」は,また,「調査研究の場における公平性・公正性・対等性 (Workplace Fairness, Equity, and Collegial Relationship)」の尊重であり,差別・搾取・ハラスメント(仲間との相互作用の仕方についての期待に反すること)の禁止である。

臨床家は,学生やクライエント,調査対象者の福祉を尊重しなければならないし,信頼を損なうように思われるいかなる行為も避けなければならない。クライエントとの間で性関係をもつこと (incidents of sex) は——しばしば見受けられるが——,これもこのような搾取のひとつである。そもそも臨床家がクライエントを自己目的のために利用することが搾取であり,クライエントの法的市民権は常に尊重されなければならない。

③ 情報公開 (public statements)

情報公開には,広告・パンフレット・住所録・レジュメ・履歴書・面接のコメント・法的処置における陳述・講義・公聴会における口述発表・発刊物等が含まれる。これらの情報公開やコミュニケーションの多様な形態を検討する際

に，広告的・販売促進的性質のものと，専門職的ワークの文脈で為されたものとの区別が重要である。

　専門職は，いかなるタイプの自己宣伝ないし承認を得るための政治的ゲームも避け，熟慮性をもって良いワークをすることで十分である。歴史的には，専門職的サービスを広告し促進するという観念はタブーであった。マートンによれば，そのような立場の変化は徐々に展開してきた。アメリカ医学会・歯学会の倫理規定の変化やAPA（アメリカ心理学会）の倫理綱領における変化は漸進的なものであった。

④ **秘密保持**（confidentiality）

　「秘密保持」とは，他者への尊敬の原則に基づいている。また，プライバシー保全の権利とは，個人生活のパーソナルな側面を他者に見せることのできる範囲・時点・環境についてコントロールする個人の権利である。秘密保持の維持は，情報化の進展に伴って次第に複雑になっている。

　クライエントの秘密保持には最大限の努力をすべきである。クライエントの身元確認（identities），そして彼らがクライエントであるという事実すらも保留することも秘密保持である。専門職にとって，他の専門職や組織と情報を分有することが有用で必要であることもあるが，そのような情報はクライエントのインフォームド・コンセントを伴う場合だけに許される。

　ただし，秘密保持は，きわめて重要であるが絶対的なものではない。クライエントが自分自身に対してあるいは他者に対して危険であるかもしれない場合は，機密保持違反を含めて予防措置をとるのが臨床家の義務である。したがって，秘密保持の限界を明確にしておく必要がある。

⑤ **謝金と他の専門職への紹介などの告知**

　クライエントに対して，費用総額とその支払いの予定，なされるサービス（仕事）の概算の時間とコストが告知されなければならない。このような話し合いが最初になされていると，クライエントがコストが掛かりすぎるという理

由で中止するような事態は少なくなるであろう。

　もしクライエントがそのサービスの中止を申し出た場合は，臨床家はクライエントを他の有能な助けとなる専門職に紹介するつもりでいなければならない。臨床家は自分たちの限界やバイアスについて十分に自覚し，このことについてはクライエントの期待に反した結果になったらいつでも質疑に応じることをクライエントに告げておき，そのつもりでいなければならない。

　助けとなるのは他の臨床家との相談である。ややもすると臨床家は，同僚仲間と相談することをそれが専門職的知識の欠落の告白であるかのように見られるという恐れから躊躇しがちである。しかし，依頼された問題はしばしば複雑でいくつかの学問（学際的）能力に亘っているかもしれないのであるから，他の専門家の意見を必要としているということを率直にクライエントに伝える方が，専門家だと信じ込ませて誤りに導くよりも，クライエントからより以上の尊敬と信頼を引き出すに違いない。

⑥ 出版・刊行（publication issues）の倫理規準

　調査結果だけでなく，機関誌の論説・著書の章・報告書・助成金申請書などについても，出版・刊行の倫理規準に違反することがあり，その主なものは次の３つである。

　(i) 剽窃（plagiarism）：その意図性の有無によって，連続する一方の端には起源を想起するのが困難なもの——会議やセミナー・会話などで現われたアイデア——があり，他方の端には公刊された他者の業績から適切なクレジットなしにテキストの長い文章や一節を盗用することがある。剽窃は発見が困難であるが，しかし見つかった場合は剽窃のコストは高い。

　(ii) データの偽造・不当表示（falsification or misrepresentation of data）：調査データの捏造だけでなく，社会調査における無作為抽出法の破壊，あるいは仮説をサポートするように調査対象者の割り振りを変更すること，あるいは記録や統計的計算における不注意による誤謬などもデータの偽造・不当表示であり，また調査済みなのに報告しないデータが多ければ情報の浪費となる。

(iii) 著作権・著作者クレジット (authorship credit):共同研究の傾向が高まるにつれ,著作者クレジットに関する論争が増えている。アメリカ社会学会 (ASA) の倫理規定では,地位に関わりなく科学的専門職的貢献に基づいて,実際に遂行したワークに与えられるべきであるとしている。著作者クレジットと順位について為される意思決定についての勧告は,基本的に教授-学生の協力のケースに関してのものであるが,最も重要なことは,協力過程の初期に,出版クレジットの順位・業績に対する責任などについて率直で開放的な話し合いが為されていることである。

〈倫理綱領をもっている学協会〉

　少数の社会・行動科学関連の学会だけが,20世紀半ば以前に倫理規定 (code of ethics) を公表しているだけである。社会学的実務家を支配する唯一の倫理規準は存在しない。アメリカにおいてすら以下のようないくつかの社会学関係学会と提携しているのが普通である。

　ASA (American Sociological Association) アメリカ社会学会
　SAS (Society for Applied Sociology) アメリカ応用社会学会
　SPA (Sociological Practice Association) 社会学実践学会

　その他に,AEA (American Evalution Association),AAPOR (American Association for Public Opinion Research),MRA (Marketting Research Association),AAPA (American Association of Public Administration),AAMFT (American Association of Marriage and Family Theory) などがある。

　ASA (アメリカ社会学会) の最初の倫理綱領 code of ethics は,1960年代半ばに起草され,1971年発効,最新の改訂は1993年に始められ,1997年に採用されている。そして現在でも,それらのことについての反対論も存在する。

　SPA (社会学実践学会:以前は臨床社会学会) は,1999年改訂―社会学的パースペクティブと「介入」が強調された。SAS (アメリカ応用社会学会) は,1987年まで,倫理委員会を設置していなかった。1995年に最初の倫理規準を承認した。ASA,SPA,SAS,及び APA (アメリカ心理学会) のコードは,それぞれ異なった原則を強調しているけれども,矛盾するようなものはない。

2．社会学的実務家が直面する倫理的問題[22]

▶▶▶ 倫理規定と実践指針との区別

　倫理規定・原則・規準には，非常に一般的なものから特殊なものにわたる陳述がみられるので，倫理違反や「問題のある実行」とか「倫理規準に達しない行動」などを考える際には倫理原則や規準の明細化の程度を考慮する必要がある。非常に一般的な規準をもつことは，それらを具体的な行動へと適用するという挑戦が提示されることになる。あまりにも多くの特殊性が存在する場合には，「最善の実施と考えられるもの」と倫理的指令とを区別するという問題がありうる。

　専門職は自律性をもっているので，同じようなワークであっても違うアプローチで異なった結果を出すことがある。自律性と多様性に高い価値が与えられているので，倫理規準を特定の実践に適用する際にはっきりとした判断が難しい場合も生ずる。特定の実践に対して専門職のメンバーによって一定程度合意されると，それは一般的な倫理規準のひとつとなる。

▶▶▶ 倫理規準間の対立への対処

　異なる倫理規準間の対立に直面したり，ワークの運用処置の規準が専門職の倫理規準と異なるなどの問題が生じることがある。社会学的実務家はいくつかの専門職集団とのネットワークに組み込まれているが，その一つの組織の規準が他の組織の規準と葛藤するような状況に直面する場合である（たとえば公務員の場合）。クライエントがデータの所有権を主張する場合，研究者間でのデータの分有というアメリカ応用社会学会（SAS）の倫理規定と対立することになる。こうした問題もありうるので，調査研究の開始に先立ってプロジェクトの詳細について交渉し契約しておく必要がある。同様に周知・助長・促進の方法についても，あらかじめ意思決定をしておく必要があるのである。

▶▶▶ 利害の葛藤（conflict of interest）の処理

　パーソナルな関心が専門職的あるいは公的義務を歪みのない仕方で遂行することを妨げる場合に，利害葛藤が生じる。専門職と科学の責任の不可欠の教義のひとつである客観性の喪失がこのような葛藤の結果生ずることに対して，特別に警戒し防衛することが必要である。そうした対立が生じるのは，境界が曖昧になる面倒な二重関係——友人・身内の関係——における贈収賄への対処，また知的好みによる利害葛藤への対処である。

▶▶▶ 偏りのない「勧告」の困難さの認識

　さらに，社会学的実務家は，彼らの専門職の責任を妥協することなく中立的で偏りなく調査結果を勧告する（advocacy）役割を引き受けることができるか，また社会学的実務家が誰に対して忠誠心を負っているかを考えると，偏りのない「勧告」の困難さということも問題となる。多くの社会学的実務家は，狭く焦点づけられて抽象的な理論化や単調な教育慣行よりは，実際に何か影響を与えているという感覚をもち，しばしば彼らの活動に有頂天になり，それが生き甲斐になっている。したがって，中立的で偏りのない専門職的熟達性と勧告との間に一線を画することは困難である。たとえばコミュニティ・オーガニゼーションに内部評価者として加わる場合は，それらの境界が曖昧となるのである。

▶▶▶ 「倫理」に関する利害関係者との対話

　「倫理」に関する利害関係者との対話も問題である。すなわち，評価者と応用調査者は，インフォームド・コンセント，秘密保持，偏見のない報告，結果の公表やデータの分有についての科学的責任——などの倫理規準についてクライエントが理解を欠いている場合には何を為すべきかという問題である。

　それには，クライエントや他の利害関係者に対し，評価情報を用いることに関して教育することが重要である。倫理についてのそうした教育過程におけるクライエント・消費者および評価者間での対話には，調査課題の秘密保持・情報の管理・報告書の所有権などの問題が含まれる。

このような参加型の評価や権限委譲や分有された意思決定ということが規範となりつつある。「評価」ということの性質を考慮すると，このような対話は評価実践の倫理に重要なインパクトを与えるといえる。

▶▶▶ インフォームド・コンセントの確保

調査協力者が理解できており協力の決定が自発的である場合に，調査の性質，協力者に求められること，それに伴って生じる合理的に予知できる危険と利益，秘密保持の範囲，調査に対して疑問をもった場合に呼び出すことのできる人物などについて保証することも必要である。

社会学者が同調すべきコンセント過程は，医療モデルであるとされている。しかしアメリカの連邦規定でも，コンセントが控えられる場合があることを許容している。たとえば，脆弱な人（子ども・精神障害者など）は必要とされる情報を理解できないだろうし，受刑者や福祉に依存している人はそのような位置故に彼らの随意性は疑問である。さらに秘密調査や潜伏調査の場合にはいっそう複雑なコンセント問題が生じることになる。

3．応用社会学者の取り組むべき課題

▶▶▶ 研究者としての地位と役割による制約

応用社会学者の取り組みは，調査研究の成果として追求される知見の客観性・普遍性・妥当性の確保という要請と，クライエント側からの期待と要請によって制約される。特にクライエント側では，①実施可能性（feasibility）が何より重視されること，②依頼者の権限が，担当者の地位によって限定されたり，担当者の移動によるプロジェクトの休止あるいは断絶があること，また③政治的な理由で施策の優先順位が変更されること，④公衆や世論の反応などによって制約されることなどが制約となる[23]。

このように，応用社会学の実践は，公共政策に関わろうとするものに限ってみても，それらの政策や施策の実施の際の効率的な運用，そのコストと成果のバランスといった技術的次元の問題があり，その上，インフォームド・コンセ

ントの確保，公衆の人権や選択の自由の尊重などの価値的規範的次元にも問題がある。たとえば，それらの「政策目標」へのコンセンサス（同意）が「専門職としての応用社会学の倫理」と矛盾しないか，さらには，リスク防止と安全の確保や環境保全による生態学的バランスの維持など，究極的には人類社会の持続的な存続の確保といった次元の課題とも関連するのである。

だからといって，これらの現実から再び逃避して，純粋理論の次元に立ち戻ろうとしたり，主にマクロな場面での高踏的な論議に終始しがちな実践社会学の啓蒙的役割だけで自足する訳にはゆかない。

もちろん，今日でも応用社会学者の役割の理想的なスタイルは，政策形成者の方から応用社会学者に擦り寄ってくるような専門性——専門職的知見とエンジニアリングな技能——をもっていることであり，それに加えて基礎研究に支えられた経験科学的客観的な法則的知識と，啓蒙的批判社会学的な視野にたった適切なオリエンテーションをもっていればベストであるといえるかもしれない。

▶▶▶ 専門職的権威の再構築

専門職の権威は，その社会的に承認された専門的熟達性とともに，当該社会から寄せられる信頼感に支えられたクライエントの側からの自発的合意に基づいていた。他方，人権意識の高まりによる自己決定権の主張により，専門職のカリスマ性は喪失しつつある。

このような専門職の危機を克服する方策は，基本的には，いかに困難であろうとも，専門職の権威の礎石を据え直すことに求める他は見あたらないであろう。そのために必要なこととして次のようなことが考えられる。

① **専門的知見と技術の一層の充実**：絶えざる自己研修によるより高度な専門的知見と技術の一層の充実をはかるとともに，生命倫理や環境倫理問題への目配りをも含めた学際的・総合的知見の獲得にも努力する必要がある。

② **専門職とクライエントの全人的人格的人間関係の再構築**：技術の高度化・専門分化は，かえって専門職とクライエントとの人間関係を希薄化する傾

向がある。しかし専門職の側は，科学的知見や技術やとられる処置の妥当性について，カルテの公開や情報公開など，誠実性に裏打ちされた仕方で，クライエントの納得のいくまで説明し，手続きの「原民主的プロセス（proto-democratic process）」[24]を確保することによって，クライエントの信頼性を獲得できるであろう。医者の存在そのものが患者を救うべく義務づけられているように，最終責任は専門職が引き受けるという構えが不可欠であろう。

③ **諸専門職の合議制による解決策の探究**：すでに先端的医療技術の適応の可否について，医師以外の専門職を含めた「倫理委員会」に諮ることが通例になりつつあるが，生命倫理問題やジェンダー・高齢化への対応などの諸問題は，単に一専門領域の専門職担当者だけでなく，法律学者・神学者・倫理学者・社会学者などの諸専門職の合議制による解決策の探究が，積極的に推進されるべきであろう。

④ **専門職的権威に対する社会的コンセンサスの復活のための戦略の探求**：専門職の提供するサービスの目的や価値の適合性，および処置・手続きに対する社会的な信頼性を確保するためには，従来の専門職的倫理綱領の再吟味や実行性の検討だけでなく，先に触れたように，生命倫理や環境倫理問題へのコミットメントも不可欠であろう。[25]

応用社会学における倫理問題は，専門職としての中核的原則——適格性，誠実性，専門職的・科学的責任，他者への尊敬，社会的責任——とともに，社会学的実務家として多数の倫理綱領を踏まえることを要請され，それ故にまた倫理的ジレンマにも直面し，絶えず何らかの倫理的選択を為さねばならないのである。そこでは正しいことをするのが困難なのではなくて，何が正しいことなのかを知ることこそが問題なのである。

このことは進行する対話と倫理規準についての討論，いかにそれらを特定の分野に適用するか。専門職が直面する挑戦をいかにして解決するか，そして時の経過につれて綱領がいかに変化するか，これらすべてが重要な問題なのである。[26]

〈大学教育の場合〉

　文脈がまったく変わるが，典型的な専門職的組織としての大学の場合でも，従来の象牙の塔という言葉で象徴されるように，高度な学術研究を目標として自律的な研究・教育の自由を謳歌してきたものから，今日のように大量かつ大衆化した大学では，文字通り「専門職とみなされるべき教授（Professor）」の地位と役割も変質を余儀なくされつつあるといわねばならない。

　たとえば，かつては「何をどんな順序でどのように教授するかという」カリキュラムの決定などは，もっぱら教授自身の責任と権限において決定するのが当然とみなされていたが，今日では，学生の自主性と自己決定権を尊重してか，必須科目をできるだけ少なくして，自由な選択科目を数多く配置して，学生の自由な選択に任せようとしている。いわばデパートの陳列棚の商品のように，何をどのように選択するかは，顧客である学生の自由な判断と自己決定に任せておけば良いというのであろうか。

　また学生による「教師の授業評価」なども，徐々に制度化される傾向もみられるが，専門職に対するクライエントの関係は，通常の市民社会におけるような自立した諸個人間のゲゼルシャフト的な関係とは質的に異なり，「専門職側の，クライエントに対する誠意に裏打ちされた専門的なサービスの提供と，クライエント側の，それらに対する納得と信頼によって成り立つ」という特殊な関係であるから，表層的・一時的な次元での評価には，馴染みそうにないように思われてならない。

　また大学の組織として整備の進行とともに，同僚統制としての，教授会自治の形骸化の傾向も無視できない。

〈附〉　日本社会学会の倫理綱領および倫理綱領に基づく研究指針

　日本社会学会では2005年に9条から成る倫理綱領を定め。次いで7項から成る「研究指針」を定めた。策定の趣旨と目的および内容は以下の通りである。

〈日本社会学会倫理綱領〉（2005）

　［策定の趣旨と目的］「日本社会学会は，社会学の研究・教育および学会運営にあたって依拠すべき基本原則と理念を定め，〈日本社会学会倫理綱領〉として発表する。

　本綱領は，日本社会学会会員が心がけるべき倫理綱領であり，会員は，社会学研究の進展および社会の信頼に応えるために，本綱領を十分に認識し，遵守しなければならない（以下，略）。」

第 1 条〔公正と信頼の確保〕社会学の研究・教育を行うに際して，また学会運営にあたって，会員は，公正を維持し，社会の信頼を損なわないよう努めなければならない。

第 2 条〔目的と研究手法の倫理的妥当性〕会員は，社会的影響を配慮して，研究目的と研究手法の倫理的妥当性を考慮しなければならない。

第 3 条〔プライバシーの保護と人権の尊重〕社会調査を実施するにあたって，また社会調査に関する教育を行うにあたって，会員は，調査対象者のプライバシーの保護と人権の尊重に最大限留意しなければならない。

第 4 条〔差別の禁止〕会員は，思想信条・性別・性的指向・年齢・出自・宗教・民族的背景・障害の有無・家族状況などに関して差別的な取り扱いをしてはならない。

第 5 条〔ハラスメントの禁止〕会員は，セクシャル・ハラスメントやアカデミック・ハラスメントなど，ハラスメントにあたる行為をしてはならない。

第 6 条〔研究資金の適正な取扱い〕会員は，研究資金を適正に取り扱わなければならない。

第 7 条〔著作権侵害の禁止〕会員は，研究のオリジナリティを尊重し，著作権などを侵害してはならない。剽窃・盗用や二重投稿をしてはならない。

第 8 条〔研究成果の公表〕会員は，研究の公益性と社会的責任を自覚し，研究成果の公表に努め，社会的還元に留意しなければならない。

第 9 条〔相互批判・相互検証の場の確保〕会員は，開かれた態度を保持し，相互批判・相互検証の場の確保に努めなければならない。

〈日本社会学会倫理綱領に基づく研究指針〉

　さらに，この「綱領」に基づいて，「会員が普段の研究・教育・学会活動および社会活動に際して尊重すべき基本的姿勢，心がけることを具体的に例示したもの」として，7 項から成る「研究指針」を提示している。特に研究活動等に参加したばかりの大学院生を念頭においたと思われる懇切な指針であり，ほぼ「指針」に対応させる形でかなり具体的な内容が取り上げられているが，ここでは項目だけを紹介しておく。

1．研究と調査における基本的配慮事項
2．統計的量的調査における配慮事項
3．記述的質的調査における配慮事項
4．論文執筆など研究結果の公表にあたって
5．研究資金の取扱いと委託研究への対応

6. 教育—研究におけるセクシュアル・ハラスメント，アカデミック・ハラスメント等の問題
7. 学会活動

〈注〉
(1) 齋藤吉雄，1999，「専門職の危機」『人間情報学研究』第4巻，45-54頁
(2) P. M. Blau and W. R. Scott, 1962, *Formal Organization*, p. 60.
(3) H. M. Vollmer and D. L. Mills, eds., 1966, *Professionalization*, p. 2.
(4) 伊藤順啓，1991，「看護職のプロフェッション性」『短期大学の社会学』国際書院，117-141頁，参照。
(5) 本稿では，あくまでも典型として「専門職」を出発点として，まずその役割構造の諸特性を同じく論理的に理念型としてモデル的に構成することが主であって，現実の過程に含まれる多様性と個別性にはほとんど断片的にしか触れることはできないことをお断りしておきたい。
(6) 以下の，専門的熟達性，非営利的サービス指向，自立性，同僚統制，専門職能団体については，齋藤吉雄，1966，「組織と専門人」『文化』第30巻第3号，62-69頁を参照。
(7) Joyce Miller Iutcovich and Sue Hoppe, 2001, Ethics and Sociological Practice, in Howard M. Rebech and John G. Bruhn eds., *Handbook of Clinical Sociology*, 2nd ed. ch. 4, pp. 58-67.
(8) 齋藤吉雄，1985，「目的的社会変動」齋藤吉雄・五十嵐之雄編『社会学—理論と応用』福村出版，184頁
(9) 吉松和哉，1987，『医者と患者（精神の科学－15）』岩波叢書，46-47頁
(10) Ivan Illich, 1976, *Limits to Medicine: Medical Nemesis —The Expropriation of Health*. （イヴァン・イリッチ，金子嗣郎訳，1979，『脱病院化社会—医療の限界』晶文社，19-162頁）
(11) John G. Bruhn, 1991, Ethics in Clinical Sociology, in H. M. Rebach and John G. Bruhn eds., *Handbook of Clinical Sociology*, 1st ed. ch. 7 Appendix, pp. 119-120.
(12) 〈患者の権利章典〉（抄）A Patient' Bill of Rights: The American Hospital Association Delegates February 6, 1973.
(13) 水野肇，1990，『インフォームド・コンセント—医療現場における説明と同意』中公新書，117-120頁
(14) 水野肇，上掲書，66頁
(15) 吉松和哉，上掲書，200頁
(16) 吉松和哉，前掲書，200頁
(17) R. K. Merton, 1982, Functions of the professional association, in *Social Research and the Practicing Proffessions*, Abt Books ch7, pp. 199-210.

(18) Joyce Miller Iutcovich and Sue Hoppe, 2001, op. cit., pp. 53-73.
(19) John G. Bruhn, 1991, Ethics in Clinical Sociology, in Howard M. Rebech & John G. Bruhn eds., *Handbook of Clinical Sociology,* 1st ed. ch. 7, Appendix A:SPA: Ethical Standards of Sociological Practioners, pp. 113-118.
(20) Joyce Miller Iutcovich and Sue Hoppe, 2001, op. cit., pp. 58-67.
(21) 1986年に会員基盤拡張のために，Society for Clinical Sociology から The Sociological Practice Association : A Professional Organization of Clinical and Applied Sociologist に名称が変更された。(Vaughn, J. C. & Krause, J., 1996, *Directory of Programs in Applied Sociology and Practice,* 2nd ed., American Sociological Association.)
(22) Iutcovich and Hoppe, 2001, op. cit., pp. 68-72.
(23) P. H. Rossi, J. D. Wrighit and S. R. Wright, 1978, The Theory and Practice of Applied Social Research. *Evaluation Quartery,* Vol. 2, No. 2, p. 188.
(24) A. W. Gouldner, 1954, *Pattern of Industrial Bureaucracy,* pp. 252-53.
(25) 加藤尚武，1991, 『環境倫理学のすすめ』丸善ライブラリー
(26) しかし，このような社会的なコンセンサス確保は，専門職の今後の努力の実績と社会的な風潮によって，案外早く確保されるに違いないと思われるのだが，それらのことについての本格的な考察は，まったく別の機会に譲ることにしたい。
(27) 日本社会学会倫理委員会，2007, 『日本社会学会倫理綱領／倫理綱領にもとづく指針（第1版)』

第6章 現代応用社会学における3つの立場

　現代応用社会学が最も展開されているのはアメリカであるが、主に3つの立場を区別することができると思われる。まず、社会政策的分野に対する社会学的知見の利用に関して最も体系的分析を先駆的に展開したのはラザースフェルドである。それに続いたのが応用社会学的な社会調査の種類型や分析図式を展開した「応用社会調査派」であり、別な立場から社会学的知見の応用をはかったのが「臨床社会学派」である。本章ではこれら3つの立場について紹介することによって、「応用社会学」の典型的な内容と方法を記述することにしよう。

第1節　ラザースフェルドの「社会学的知見の利用過程」の場合

　応用社会学の「社会学の知見を実践的に利用するプロセス」をきわめて具体的に取り上げ、種々の問題を論じたのがラザースフェルドである。社会学と社会的現実とをめぐる論議の焦点は、ラザースフェルドの場合、いまや理論と実践の関係や理論社会学と応用社会学との関係を一般的抽象的に論ずるのではなく、また雑多なイッシューについての非体系的な記述や提言を積み重ねるだけではなくて、これらの社会学認識や調査技法が、政策立案をふくむ実践的な事柄の処理に際して演じる役割、すなわち社会学的知見の利用過程そのものについての体系的分析に向けられている。

　以下においては、彼の主著であり「応用社会学」の古典でもある『応用社会

学』における彼のフレームワーク（理論枠組み）に基づいて，「応用社会学のフレームワーク」を記述的に紹介しておこう。[1]

1．社会学的知見の利用過程についての体系的分析

▶▶▶「社会学的知見の利用過程分析の枠組」[2]

ラザースフェルドの「社会学的知見の利用過程分析の枠組」は，次のような事項と過程として構成されており，全体は「見取り図」（図6－1）のようになっている。

〈ラザースフェルドの「社会学的知見の利用過程」〉

① 関わり合う人びと
　ⅰ 専門社会学者とクライエントとしての政策立案者
　　その利用過程における「認識的サイクル」と「社会的相互作用」の側面
　ⅱ クライエントの諸類型
② 調査の企画
　ⅰ 実践的問題の調査テーマへの変換
　　標的集団と変数の選択，実行可能性という基準
　ⅱ 調査チームの編成，調査技法の選択，観察（含む参与観察），面接，データベースの検索
③ 調査の実施
　ⅰ 既存資料の収集と分析，面接，観察
　ⅱ 集計・分析，報告書の作成（調査知見の獲得）
　　（調査の企画，実施の際の管理，分業，コンフリクトの調整）
④ 勧告への道——乖離の存在とそれを埋めるための創造的思考，飛躍と案出
⑤ 勧告の実施とその評価
　ⅰ クライエントとのコミュニケーション
　ⅱ 勧告の受け入れと拒否のメカニズム
　ⅲ 第三者からの反応

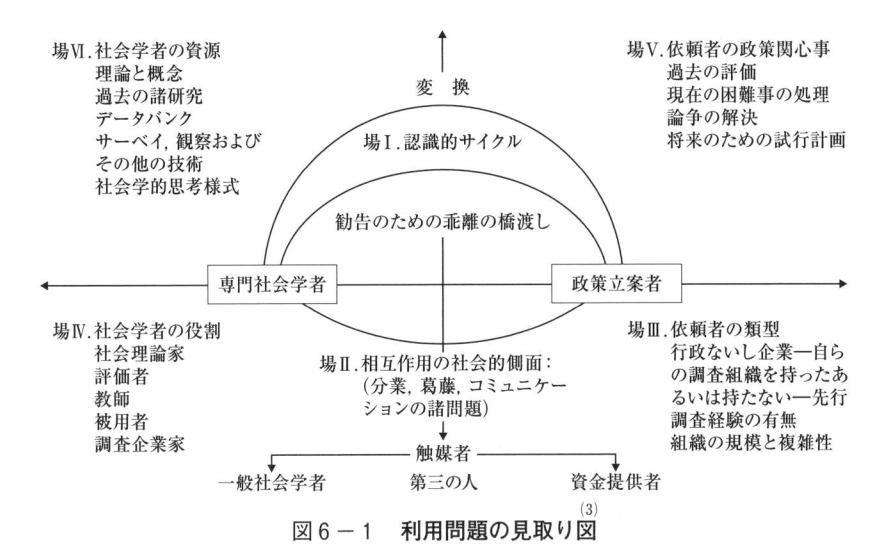

第6章 現代応用社会学における3つの立場

```
場Ⅵ.社会学者の資源              変　換              場Ⅴ.依頼者の政策関心事
    理論と概念                                        過去の評価
    過去の諸研究                                      現在の困難事の処理
    データバンク              場Ⅰ.認識的サイクル        論争の解決
    サーベイ,観察および                                将来のための試行計画
    その他の技術
    社会学的思考様式         勧告のための乖離の橋渡し

←──────────  専門社会学者          政策立案者  ──────────→

場Ⅳ.社会学者の役割                                  場Ⅲ.依頼者の類型
    社会理論家                                        行政ないし企業─自ら
    評価者              場Ⅱ.相互作用の社会的側面：       の調査組織を持ったあ
    教師                    (分業,葛藤,コミュニケー      るいは持たない─先行
    被用者                  ションの諸問題)              調査経験の有無
    調査企業家                                        組織の規模と複雑性
                            ──触媒者──
                   一般社会学者  第三の人  資金提供者
```

図6−1　利用問題の見取り図 (3)

　この見取図の中核をなすのは，専門社会学者とクライエントとしての政策立案者の相互作用である。そして依頼者の政策関心事を「問題として確認する」ことから始まって，それらを調査企画へと「変換し」，その調査研究によって得られた知見に基づいて実践のための「勧告」を導出する。

　しかし，調査によって得られる知識と勧告との間には，つねになんらかの乖離が存在するので，その「乖離を埋める」ための飛躍を必要とする。さらにそれらの勧告の「実施」とその実施経過や結果についての評価や「査定」が行われるであろう。利用過程におけるこのような問題の確認から査定にいたる「認識的サイクル」をもっとも重視し，とくに「変換」と「乖離」の問題がハイライトとなっているのである。

　しかし，「利用過程」の相互作用におけるこのような「認識的サイクル」が，社会的真空のなかで生起するものでないことはいうまでもないであろう。たとえば，誰が実際問題を確認し，誰が調査手続きを企画し，誰が勧告を策定するかによって，利用過程の具体的展開は大きな差異をもたらすはずである。

　たとえば，社会学者と現場の政策立案者とでは，立場の違いや価値観点の差異によって，調査の力点の置き所や管理のあり方をめぐって，さまざまな葛藤

や対立が生じ，妥協や分業も必要となる．なによりも両者の間のコミュニケーションのあり方が問題である．これらの現場の政策立案者と社会科学者との関係が，利用過程の相互作用の社会的側面として位置づけられ，後半で実例を取り上げながら論述されている．

▶▶▶ 認識的サイクルの6つのステップ（場I）[(4)]

まず，①「**問題の確認**」であるが，そもそも問題の存在することが，どのようにして発見され，解決を要する問題として確認されるかが検討される．次いで第2のステップとして，そのような問題状況に関して適切な社会科学からの情報を収集するため，②「**スタッフの編成**」が行われる．

第3と第4のステップは，③「**知識の探究**」と④「**勧告への道**」であり，実際的問題をどのようにして適切な調査企画へと「変換」し，それらの調査を実施してそこで得られた知識と勧告との「乖離」をいかにして埋めるかが問題となる．この変換と乖離の問題が，議論の中心になるので，それぞれあらためて検討されている．

第5のステップは，これらの勧告がどのように⑤「**実施**」されたかであり，その際の中央と地方のズレ，決定的時点の差異といった問題点などが指摘されている．

最後のステップは⑥「**査定と評価**」である．そこでは，それぞれのステップでの評価と全体としての遂行の結果が査定され，不足や欠陥が見出された時は，新たな問題として，再びこのサイクルに組み込まれることになるという．

▶▶▶ 実際的な問題の「調査テーマへの変換」の検討 [(5)]

社会学者に解決を依頼するような実際的問題は，その内容や発生場所，時期と持続時間，かかわり合う聴衆などにわたって極めて多様であるが，ここで取り上げられているのは中範囲の問題——すなわち社会調査への「変換」がほとんど必要なく事実に関する正確な情報だけのような問題ではないが，さりとて「変換」ということがその意味を失うほどには複雑でもないような程度の問題

――に限定すべきであるという。そしてすべての変換の問題に共通するトピックスとして，次の5つの問題に焦点をあてている。

① 調査プログラムの遂行によって，影響され，援助され，政策決定で重みをもつような集団として，いずれの集団に焦点を向けるかという「標的となる集団の選択」の問題，
② そのような標的集団の特性を明確にする変数として，どのようなものを選択するかという「変数の選択についてのいくつかの提案」，さらに，
③ 将来の予測にもかかわる変換の局面としての「プランニングのための調査」や，
④ 前例や既存の知識などの「経験からの借用」，そしてそこにおける「変換可能性」の問題について検討したうえで，
⑤ 最後に，カリフォルニア州の小学校区統合化施策におけるコミュニティ尺度の作成や，マッカーシー政策による大学の研究・教育の自律性への影響調査における「誤った方向への変換」の事例を分析している。

▶▶▶ 勧告への道――乖離の克服（飛躍の必要性）[6]

「調査テーマへの変換」に続くのは，「企画された調査の実施」である。データバンクの探索，観察・面接などの現地調査の実施による関連データの解析による調査知見の獲得と，そのようにして獲得された知識から，いかにして実際的な行動を指示するような勧告を導き出すことができるかというもっとも中枢的な問題が検討される。

まず知識と勧告との間に不可避的になんらかの乖離が存在すること，その乖離はなんらかの飛躍を伴う創造的思考によってのみ埋めることができるものであることが強調される。なんとなれば，知識だけでは，たとえごく特定化された問題であってすら，いずれの政策がその問題の解決にとって最も妥当で有効適切でありうるかについては，ほとんど指示はできない場合が多いからである。

しかし，調査者は往々にしてこのような乖離状況に無自覚であるため，一方では調査知見がもつことのできる政策への含意を誇張していきなり実践的な価

値判断を含む政策的陳述までしてしまう場合と，他方では逆に，実施される調査が厳密であろうとすればするほどそこで得られる調査結果はつねに限定的でかつ暫定的なものとなるからその結果，政策上の提言はいっさい不可能であるとしてしまう場合がみられる。

ラザースフェルドは，それらを両極端の考え方としてともに否定し，そしてどんな広範な知識に基づいたとしても，政策決定が完璧な確信のうえでなされるというようなことはほとんどあり得ないが，政策はしばしば勧告なしで立案されねばならない場合もあるので，問題の焦点は，政策上の勧告においてどのような典型的な仮定がなされて，それらがどのようにして正当化されているかを明らかにすることであるという。

その上で，彼は「乖離状況」として次のような2つの類型を挙げる。①調査は政策問題に関連の深いデータを提示してはくれるが，状況を変えるための特定化された行動のコースまでは示してくれないので，効果的な諸戦略を新たに「案出」しなければならない場合と，②調査による分析がいくつかの可能な行動コース間の選択というところまで煮詰められる場合である。

この2番目の乖離類型で必要なことは，実施の容易さや相対的な見込みにしたがって，可能な選択肢間をどのように比較するかということであり，ある種の「質的な費用－便益分析」である。効果的な戦略の案出には，問題の原因が単純な技術上の障害であれば「既存のニーズに新しいサービスの企画」という形になるが，さらに「制度上の修正と結びついた新規の役割の創出」とか，調査を通じて「新たに発見されたニーズに対する新しいサービスの案出」といったタイプもあるであろう。

▶▶▶ 潜在的効果の探究[7]

また調査による知識の段階では及ぶことができず，したがって処理することもできないが，政策上の案出にとってはきわめて重要な「潜在的効果」といったものも考慮されなければならない。それらは，企図された効果以外にもたらされる「副次的効果」や，当初の施策の効果を無にしてしまうような「フィー

ドバック効果」,政策立案者の問題と関連した連鎖的要因による「交互作用効果」などであり,さらには政策立案者のコントロールをはるかに越えた原因から生じる変化によって提案された施策が効果のないものになってしまうような「将来の不確かさ」も存在する。

ラザースフェルドは,このような潜在的な諸効果に対してどのように対処すべきかに関する一義的な方策は与えられていないので,せいぜい計画の遂行が当初の意図からずれはじめたら,いつでも修正できるように小さなペースで進むべきである——といった漸進主義(incrementalism)的アプローチの賢明さを学ぶべきだという。

▶▶▶ 代替的戦略の選択[(8)]

2番目の乖離状況は,行動のためどの選択肢を重視すべきかを導出する経験的調査における乖離状況であるが,勧告のためには次のようないくつかの代替的戦略の間の選択をして,その乖離を埋めなければならない。たとえばある組織において,その組織の配置と人員との不適合が調査を通じて明らかになった場合,「人を変えるか,それとも組織を変えるか」の選択をしなければならない。

調査によって提案された戦略も,対象とされる集団が異なった形で影響するであろうから,提案された選択肢の実行可能性を考慮した「代替的な標的集団の選択」がなされなければならない。目標それ自体は議論の余地もないが,さまざまな処理方式の将来的な有効性を秤量するために「類似した案出(similar inventions)間での選択」がなされなければならない場合もある。

また,調査によって企画のなかに含まれている2つの目標が互いに両立できないことが明らかになった場合,逆に「優先すべき目標や価値の選択」を強いられることになるであろう。いわゆる「費用−便益分析」は,合理的な意思決定の相対的なコストと便益を包括的に分析し測定することによって,このような個々の選択に伴う潜在的効果を明るみにだそうとする試みであることが指摘されている。

要するに，ここでは知識と勧告との間の不可避的な乖離とそれを埋める際に必要とされる考え方や仮説に着目されてきたのであるが，このことは究極的には，そのような乖離が最小となるよう応用的調査企画の改善に資することにあるといえよう。しかし，いかにして乖離を最小限にするかに関して，信頼性をもった一般化をつくりだすことは難しいという。

　だがひとつだけ留意しなければならないことがある。それは応用的調査研究の諸変数の選択の際には，操作可能なものに焦点をむけるべきであるといった助言がしばしばなされているが，そのような助言は，政策的問題の調査企画への変換という問題を，過度に単純化してしまうということである。なぜならば，ある変数が操作可能か否かはしばしば不確かであり，また操作可能な要因であってもそれを操作することが有効であるとはかぎらないし，逆に操作できない情報であっても有効である場合があるであろう。

　ラザースフェルドによれば，操作可能な要因を追求することは確かに有用であろうが，特定要因のいかなる操作可能性もつねに疑うことができるし，また操作可能な要因の確認は，実際的な問題に対する解決策を発見するのに必要で不可欠なことでもないのである。

2．「利用過程」の社会的文脈の検討（場Ⅱ）[9]

　周知のように従来の社会学のこの種の社会的枠組みの分析では，「知識社会学」や「社会学の社会学」として，知識や認識の存在拘束性とかイデオロギー性の暴露といったアプローチがむしろ支配的であった。たしかに社会学の利用は単なる知的な議論ではなく，それが行われる社会的条件によって大きな影響を受けるという事実を無視することはできない。しかし，ここでは，原理的な一般論としてではなく，いままで述べてきたような認識的サイクルの各段階でどのような社会的条件が作用して社会学的知見の利用のあり方を制約し，またある段階での社会的条件と知的条件が次の段階にどのような影響をあたえているのかが，具体的な事例を踏まえながら検討される。

▶▶▶ 発議者と利用者

　問題の確認や調査スタッフの編成の段階では，まず，そもそも誰が，どんな理由で，応用的な調査研究を開始し，利用しようとするのであろうか。

　最初に社会学者について考えてみよう。社会学者のなんらかの実践的問題や政策への関心が，いろいろな形でその研究課題や調査テーマの選択に影響をおよぼしていることは，周知の事実であろう。それらの関心はたとえば，あるイデオロギー上の論争点を明らかにするためとか，改革や改善を必要とすると思われる社会的条件の探究であったり，社会批判への動機であるかもしれない。また社会指標の構築とか社会計画の事前テストとか，政策科学運動への共鳴といったように，現場の専門家や実務者に役立つような情報を提供したいという意欲の表われであることもあろう。このようにして，社会学者自身が，応用社会調査の発起人としての役割を担う場合もあるのである。

　しかし，社会学者が調査を発議（research initiation）して自律的に調査研究した成果に対する理解や支持を，当の実務者や政策立案者から直接的に得られるような機会は稀であり，通常はその領域での意思決定に直接責任をもたない第三者としての政府機関や財団のようなスポンサーに頼ることになる。そしてこのことが，調査企画と結果の公表の両面で，社会学者の発案した調査の利用が限定されるという問題も生じさせるのである。

　したがって社会学者とクライエントとしての政策立案者との直接的な相互関係が始まるのは，ほとんどの場合社会学者からではなくて政策立案者の要請によってである。それでは，政策立案者が応用社会調査を慫慂したり利用しようとするのは，どのような条件や理由なのであろうか。

▶▶▶ 社会調査利用の要因

　ラザースフェルドは，政策立案者が特定の政策問題に社会調査を利用しようとするに至る要因として，次の4つのサブテーマを掲げて検討している。

　① **促進条件**：社会調査の利用を促進させる条件は，なんらかの長期にわたる問題を調査することの重要性が新たに発見されたためというよりは，政策立

案者が目前の状況の大きな変化ないしなんらかの危機に気づかされた場合が多い。それでこうした状況においては，累積的な調査企画の展開は制約されるであろう。

② **既存の調査プログラムの保持と普及**：政策立案者が一度でも社会科学について好ましい経験をもつと，将来社会科学からの助言を期待する可能性が増えるであろう。言い換えれば，社会学者が政策立案者にこれまで有用な情報や勧告を提供してきた場合には，両者のあいだの継続的関係の基礎が据えられることになる。しかし役に立つということが，好意的な関係だけでなく敵意をひきおこすこともある。というのは社会学的な助言にはそれが役に立つものであっても，痛みを伴うこともあるからである。また社会科学を利用しようとする傾向の普及と広がりは，エリート同士の交流によっても促進される。

③ **調査開始にたいする第三者からの反応**：社会調査を企画し実施することは，知的な行動であるばかりでなく，ある種の政治活動でもある。というのはあるイッシューについての調査が企画され実施されているということは，その課題についての新たな決定がじっくり検討されていることを人びとに気づかせることによって，外部の第三者にも影響を与えることになるからである。このことが社会調査の利用にとってプラスに働くかマイナスに働くかは，生み出された結果次第であるが，反対や否定的反応を回避する手段として，前もって被調査者と話し合い了承を得ることも考えられる。

しかし調査の内容や目標を事前に洩らすことは，被調査者に予断をあたえ，調査結果の客観性を損なう危険なしとしない。それで逆に，対象者から信頼性のある回答を得る唯一の方法は，調査の実施をできるだけ秘密にしておくことであるといった提言もなされている。このように調査によって影響をうける層の利害や調査対象者のプライバシー保全の問題は，応用社会学の政治的・倫理的問題としてそれ自体別個に取り上げるべき課題である。

④ **専門家の助言の非活用のケース**：多くの経験をつんだ現場の政策立案者は，合理的な科学的調査研究に過度に頼り過ぎると，実際上むしろ障害になると感じる傾向があることが指摘されている。不明瞭な状況への直観的な洞察力

とか，大きな危険や不確かさがからむ決定を素早く行う能力は，政治や外交政策あるいは戦闘状況においてしばしば要請されるものであるが，そのような資質は，合理的な側面にあまりにも注意を向けすぎるとかえって損なわれるのである。

3．調査研究者と政策立案者の間の分業と管理

応用社会調査の利用過程において，調査研究者と政策立案者とはどのような役割を担い合っているのであろうか。一方の極は，政策立案者自身が問題を確認し，個々の決定に必要な情報が何であるかを決めた上で調査研究者にその特定の情報の提供をもとめる場合であり，他方の極は，社会学者が自律的に調査研究を遂行して，何らかの結論をひきだし，しかる後に政策立案者に勧告する場合である。ラザースフェルドは，この「利用過程における分業と管理」の問題を，「調査企画の策定における分業と勧告」にまとめ，その促進する段階における分業とを区別しながら検討している。

▶▶▶ 実際的問題を調査企画に変換する段階[10]

まず，実際的問題を調査企画に変換する段階における分業であるが，社会学者はクライエントの指示だけに忠実に従うのではなく，むしろ提示された問題の規定の仕方までも批判的に検討し，しかる後にそのリサーチの性格を決めるといった立場を保持すべきであると，しばしばいわれてきた。

しかし，現場の政策立案者の方が，社会学者の見過ごしたり見落としがちであるような，極めて重要な情報やアイディアをもっている場合が多いから，調査企画の段階で政策立案者からの広範な参加を求めることが必要であり有効であるといった点が指摘されている。少なくとも社会調査がより現実的に利用されやすくするためには，政策立案者がどんな情報を必要としているかを，はっきりと把握する必要があるであろう。

調査研究者たちは，調査企画の段階での政策立案者の参加を忌避したがる傾向が強い。その主な理由として挙げられているのは，調査の実施において調査

研究者の独立が制限されたり，真に批判的な研究が社会科学的素養をもたない素人によって妨げられるといった懸念であろう。しかし，ラザースフェルドによれば，応用社会調査ではむしろ調査研究者と政策立案者との間に強い相互交流があるとき，たとえそれが対立や緊張であっても，より成功している事例が多いという。

しかし，両者の間には，ある種の政治的ないし規範的考慮にまで遡らねばならないような相互不信や思惑の違いによる制約も存在する。たとえば，政策立案者が政治的な反響を心配して，調査票や質問紙票のなかの調査項目や質問内容に規制を加えようとする場合がある。こうした規制は明らかに社会調査の認識的価値を制約することになるので，社会調査者はそのような規制が必要だという政策立案者の意見には同意しないであろう。

他方，依頼者としての政策立案者の観点からすれば，その主な関心事は研究者の自律性の程度はどうであれ，どんな調査をしてくれるかにある。それで，調査研究に完全な自由を与えられた調査者は依頼されたことではなくて見当外れなことをする自由をももつことになるのではないか，といった懸念すらもったりするのである。

▶▶▶ 勧告の策定と実施の段階[11]

次に，勧告の策定と実施の段階における調査研究者と政策立案者との分業と管理の問題に移ると，勧告の策定の段階で2人の当事者の間で何が適切な分業であり，知識と決定とのあいだの乖離を埋めるのにはどのような能力が必要とされるのであろうか。

ラザースフェルドによれば，政策立案者は現場で作用しているさまざまな力や利害，起こりうる危険や副作用等について鋭い洞察力をもっているであろうし，社会学者もたんに調査事実を提示するだけでなく，調査の知見を実際の決定に役立てることができるよう訓練されていなければならない。それで，このような勧告の策定の段階での過度の分業は知識と決定行動との効果的な結合をむしろ妨げるという。しかし，この段階でのしかるべき分業のあり方は，依然

として明確化されていない。

　多くの社会学者は現在でも，社会学的勧告は受け入れられるよりも拒否される方が多いと思っている。そして勧告に対するこのような政策立案者や依頼者の拒否や抵抗の要因は，これまでもっぱら政治的・イデオロギー的立場の相違に帰せられてきた。

　しかし，ラザースフェルドは，政策立案者が社会科学者の勧告を拒否するのは，必ずしも彼らが社会学者の目的に同意しないとか社会学者の能力を信頼しないといったことではなく，第3の可能性もあるという。すなわち政策立案者は，社会学者の目的には同意し，社会学者の知識に敬意を表しながらも，社会学者がその勧告にいたる際に用いた乖離仮説と合致しないがゆえに拒否する場合もある。その例として，アメリカにおける人種問題への対応策としてのバス通学の勧告が挙げられているが，このような施策の潜在的効果については対照的な評価がありうるので，勧告拒否がはたして乖離仮説の不一致にかかわっているかどうかを決めるためには，こうした事例についての詳しい検討が必要である。

　はじめのうちは政策立案者の強いイデオロギー的偏向によって拒否された勧告が，調査を通じてその勧告に対するありうる反対を徹底的に処理することによって政策立案者も最終的にはその勧告を受け入れるに至った事例として，ラザースフェルドは，アメリカ陸軍における人種差別廃止政策の経緯を詳細に分析している。こうした事例は，たとえ政策立案者が反対の傾向をもっている場合でも，応用社会学的な調査研究が政策に影響を与えうる条件を示すことになるであろう。

　勧告が受け入れられる場合はどうであろうか。政治的な圧力やイデオロギーによる歪みは，どんな役割を果たすのであろうか。その手口はきわめて簡単で，知見が政治的な必要に合致すれば，取るに足りない研究でも厳密なものとして受け入れられ，政治的な必要に合致しなければ，厳密な研究でも要領を得ないものとして謗られる。そしてラザースフェルドは，政策立案者が社会学者の勧告をあまりによく受け入れるように見える場合には社会学者はむしろ警戒すべ

きであると言い，その例として労務管理の万能薬のようにみなされた「人間関係アプローチ」を挙げている。

▶▶▶ 勧告の実施と査定の段階(12)

最後に，ラザースフェルドは，勧告の実施と査定の段階における社会学者と政策立案者の間の役割対応について検討している。

しばしば勧告が履行されないのは，両者の間のコミュニケーションが欠けているからだといわれている。たしかに調査結果のコミュニケーションに関する関心や態度には，両者の間に対照的な差異がある。たとえば，調査結果をしかるべき政策立案者に知らせるべきだという義務感は，社会学者の場合，人により大きな違いがあるし，政策立案者の側は調査結果が利用できる時でさえ，多忙を理由に長文の報告書は読もうとしないであろう。というのは，切実な質問をする政策立案者は簡明直截な回答を期待するが，社会学者は細部まで厳密に調べて理論的な限定を付し，細かく説明する訓練をうけているからである。しかし勧告が円滑に受け入れられ広く浸透していくためには，専門知識を持たない聴衆に向けて説得力のある報告書を書く技術を修得すべきである。

コミュニケーションのもうひとつの問題は，勧告の文書化の体裁と公表の仕方にかかわっている。報告書が特定のスポンサーだけでなく，広範な読者に伝えられた場合，その報告書が素人の読者を考慮していないと，厄介な問題を引き起こすことがままあるからである。というのは，勧告の報告書では調査研究の内容と勧告とが一体のものとして受け取られ，人びとがその勧告に賛成しない場合には，調査内容から役立つものを引き出すといったことはほとんどなく，むしろ調査全体が拒否や反発の対象となるからである。特に文書表現が曖昧で，因果分析の記述と倫理的・道徳的主張の区別が十分になされていないと，しばしば要らぬ誤解や深刻な対立を惹起する。

確かに多くの社会調査の報告書は，社会学者がコントロールできないようなチャンネルを介して要約されたり，伝達されたりすることは避けがたいであろう。したがって社会学者による勧告書がどれほど洗練されたものであっても，

誤って読まれたり誤解されたりするのは致し方のないことかもしれない。

〈補論：ラザースフェルドの発想の背景〉[13]
　社会学的認識の利用過程に関するラザースフェルドのこのような発想の素地ないし背景をなすものは，おそらく彼のウィーン時代での消費者研究から始まり，コミュニケーション調査，職業選択の調査など，その生涯にわたってコミットしてきた数々の応用的調査研究での体験であろう。しかしながら応用社会学の方法論として展開されるような利用過程にたいする特別な発想は，1941年のコロンビア大学ラジオ調査室（1944年に応用社会調査局に名称変更されている）以来のマートンとの密接な研究協力のなかから触発されたものであるように思われる。とくに，ラザースフェルドが1960年アメリカ社会学会会長に選出され，その年次大会や部会の設定において彼が社会学の応用ないし行動の社会学を唱導した折に，初めて具体的になった。
　その経緯を簡単にたどってみると，次のようになる。ラザースフェルドは年次大会の部会議長に対し，報告では抽象的一般的な論議ではなく，応用された経験的研究の内容や，政策助言者としてサービスしてきた社会学者としての証言，あるいは社会学の社会的利用の増大傾向にたいする批判的評価などを，可能なかぎり具体的に述べるよう，正式に指示している。そして1962年大会では「社会学の使用」という主要テーマで特別部会が開催される運びになったが，しかしながらそこでの報告者の大部分は，その研究内容についての評価や認知に関しては，実際的な政策形成者からよりは仲間の研究者からの認知を求める傾向が支配的であったため，ラザースフェルドによるこのような提案はかならずしも彼の意図どおりにはならなかった。
　アメリカ社会学会は，大会の後でさらにその報告内容を基礎にした大冊の論文集を刊行するため編集委員会を設置したが，ラザースフェルドは特定の専門分野に偏ることなく，しかも社会学理論やパースペクティブの応用あるいは経験的調査結果や調査技術の利用に関する具体的な事例を含む論文であることを執筆要綱という形で要請した。しかし予定された寄稿者の論文はなかなか集まらず，最終的に寄せられた41編の論文は，内容はかなり豊かではあるが，必ずしもラザースフェルドの意図したような「利用過程」の体系的分析に沿うものではなかったようである。
　それでラザースフェルドはかなり長い序文を書き，この論文集成立の背景と主な内容の概要とともに，社会学の利用の問題は，日々決定行動に従事しあるいは政策形成に従事しながら有用な情報の提供を期待している政策立案者や機関とし

てのクライエントと，そのような情報や知識あるいは調査技術を所有しているとみなされている社会学者との，協力あるいは協力の欠如が焦点となることを強調した。この論文集（*The Uses of Sociology*）は，ようやく1967年に公刊されている。そして，この本の序文のなかで，専門社会学者とクライエントとしての政策立案者との相互作用を軸とした「社会学的知見の利用過程に関する分析図式」が，ひとまずはっきりした形で開陳されたのである。

ラザースフェルドは，その後のこのような政策立案者と社会学者との相互作用に関し，特に政策立案者の関心事や実際的問題がどのようにして社会学的な調査プログラムへと変換され，また調査結果から得られた知見と政策決定や実践のための勧告との間の乖離をいかにして埋めるかに関する事例研究をパサネラなどの協力をえて企画した。この研究プロジェクトはその研究対象のひとつとなったアメリカ海軍調査局からの資金援助をうけてコロンビア大学応用社会調査局で開始されている。

ここで，ひとつのエピソードに触れておこう。折しもその時期はコロンビア大学でも学生紛争の昂揚期であり，当然のこととして海軍当局によって資金援助されたそのような研究プロジェクトに対し，学生側からの激しい批判や抗議を蒙った。しかしラザースフェルドはこれらの学生たちに対しては，ほとんどフォーマルには対応することなく，ひたすらクライエントとしての政策形成者と調査研究者の双方を対象とした事例研究と資料の収集に集中したという。

彼のこのような態度は，彼のマージナルマンとしての生活史に根ざしているとも考えられるが，量的研究と質的研究との統合，方法論と実質的な研究内容とのバランス，異なる諸現象間での類似した潜在構造の確認など，彼の研究や生き方と共通するものがあるが，特にアカデミックな基礎研究と政策実践の世界との連結を，原理的抽象的な一般論や声高なイデオロギー的次元の論議としてではなく，地味に，あくまでも事実に即して解明しようとする彼の基本的姿勢が反映されているとみなすこともできよう。

事実，彼は社会科学の現在の段階では政策形成者が要求するものと社会科学ができることとの間に正しいバランスを見つけることが肝要であると主張し，次のようなマートンの言葉を引用している。

「過度に大きな問題を扱えば，現在のところ報告できるのは，失敗だけである。逆に，過度に限定された問題を扱えば，結果はしばしば陳腐でしかない。戦略的で中範囲の諸問題すなわち一般化された理論的および実践的意義はもってはいるが，しかし学問的調査研究に服させるためには，あまり大き過ぎることのない範囲の問題を確認することが重要である。」[14]

要するに，ラザースフェルドは，その生涯をかけた調査体験と30年以上にわたるマートンとの密接な研究協力を背景としながら，社会学という学問は基礎的理論的研究とともに政策決定を含む実際的問題の調査研究にかかわることによって着実な発展が期待できるという前提に立っていた。そして特に直接的には，彼がアメリカ社会学会の会長として「社会学の使用」をテーマにした特別部会を組織し，それらの報告に基づいた論文集の編集の過程で，社会学的知見の利用過程の分析枠組の基本が形成され，さらにその後の事例研究のデータを踏まえて，より洗練された「利用過程」についての分析枠組が提示されたのである。

第2節　応用社会調査の場合
——応用社会調査の諸タイプ

　ラザースフェルド以降，前述（第1章第1節2）のように，アメリカ社会学では応用社会学——とくに応用社会調査——が発展し，数多くの社会調査と研究が蓄積された。そうした社会科学調査活動の広大な範囲が「応用社会調査」という題目の下で包括されている。こうした「応用社会調査」に属するものは表面的にはさまざまであるが，そうした表面上の異質性の下にある形態上の傾向が顕著であり，これらの傾向は応用調査活動の予備的類型論を示唆している。
　応用社会調査派では，応用社会調査の類型を，① **パラメータの推計とモニタリング**，② **社会現象のモデル構築**，③ **進行中の政策の評価**，④ **社会実験**の4つに分けている。

1．パラメータの推計・モニタリングとモデル構築 [15]

▶▶▶ パラメータの推計とモニタリング

　パラメータ（parameter estimation）［母集団の特性を示す母数］とは，ある正当な関心分野での何らかの政策に関連する現象についての分布的特性を推計することである。政策立案者にとってはキーとなる変数の平均や偏差のような一見通俗的な情報の断片でさえも，政策形成過程にとっては決定的に重要であ

り，かくして応用調査のひとつの基礎的形態なのである。

　パラメータの推計の論理的な拡大は，パラメータの時間的経過のなかでの「趨勢」を追究することである。かくして第2のタイプは，政策関連現象のモニタリング（monitoring）である。たとえば，人口動向（the Current Population Survey），失業の時点ごとの判定，入学者登録，世帯所得の変動などである。ごく最近まで，国政レベルでの大概のモニタリングが，基本的に経済学的（そして標準的な人口学的）変数に向けられていた。しかしながら現在の社会指標運動は，モニタリングのアイディアを，社会的・政治的変数にまで同様に拡大しようとする試みなのである。

　しかし，パラメータの推計もモニタリングも，大学の内部よりは外部で企図されているようである。おそらく大学における調査組織は，モニタリングに必要な定期的なデータ収集や処理が装備されていないからである。もちろん大学に基礎を置いた社会指標運動において著名な2つの組織──シカゴ大学における国立世論調査センター（NORC）およびミシガン大学における社会調査研究所（ISR）──もある。しかし，注目すべきは両者ともそれぞれの大学で多かれ少なかれ独立的に運営されていることである。

▶▶▶ 社会現象のモデル構築

　「モデル構築」（modeling）とは，政策関連のパラメータやトレンドを産み出す因果的な過程を明らかにするような，相対的に抽象的だが経験的に基礎づけられたモデルの構築に関わる。例としては，家計の意思決定についての経済学モデルや「生活の質（QOL）」の研究などが挙げられよう。

　実験が欠如しているとき，モデル構築は，パラメータやトレンドが政策介入に如何に対応しているかについての「唯一の根拠のある推定」（the only reasonable guesstimate）を与えてくれるものである。したがって，正確で経験的に基礎づけられたモデリングは，政策形成にとって決定的に重要であり，それ故に応用社会調査の第3の主要分野を構成するのである。

　因果モデル構築は基礎的社会調査の核であり，このことに関しては基礎と応

用の活動を区別するものは相対的に少ない。だだし，応用調査者は，政策にとって操作可能な変数により多くの注意を払うので，モデルにおいて強調される変数の種類に差違がみられる。

2．進行中の政策の評価とその障害

　問題の政策が意図された効果を産み出したかどうかという，「社会政策の評価」(evaluation of ongoing policies) は，応用社会調査における成長部門である。評価調査のエッセンシャルな特徴は，プログラムあるいは政策が達成しようとしたものを実際に達成しているかどうかを識別しようと試みることである。このことは表面上簡単に響くが現実はそうではなく，評価調査を実施する際には種々の障害に直面する。ロッシとライトは「評価調査」に関わる「障害」を5つ挙げている。[16]

　① プログラム目標の修辞上の陳述と，政策立案者がそのプログラムが為すことを期待しているものとを区別することが通常極めて困難であること。たとえば，新しい食料スタンププログラムで宣言された目標は「アメリカにおける飢えを根絶すること」であるが，「貧困家族の一日当たり蛋白質消費の平均15％の増加」ではない。しかし後者の目標に向けての進展は評価できるが，前者に向けての進展は評価できない。

　② 行政機関において企画されたものとしてのプログラムと現場で手渡されたものとしてのプログラムとの間には，しばしば相当のズレが存在すること。たとえば，1965年の Title 1 of Elementary and Secondary School Education Act（初等中等教育法タイトル1［補償教育条項：小学校入学以前の教育格差を補償するために入学前教育費用を公的に負担することを定めた法律］）の歴史は，地方機関がワシントンから送られてきた資金を，目的とは無関係に――当のプログラムとほとんど類似していないものにすら手渡さずに――費消することさえあることも示唆している。

　これらのことは，評価調査の従属変数と独立変数の両方とも，曖昧にあるいは不十分にしか特定化されていないことを含意している。

③ 現実の世界では，プログラムや政策を正当とするのに十分に重要などんな現象でも，当の政策に加えて，他の多くの事柄によって影響されるであろう。したがって世界の中で同時に進行している他のあらゆる事柄から独立した——無関係の——政策の効果だけを取り出すことは，しばしば極めて困難である。

たとえば，ここ15年間に制定されたアメリカ女性の出生率縮減のためのほとんどのプログラムは，この時期の一般的な世俗的トレンド（女性の教育と労働力への参加の増加）がそれ自体出生率縮減の原因であったが故に，単純に有効であった。この点を表現する別の方法は，評価調査においては「多重共線性」(multicollinearity) が単に統計学的問題の難問であるだけでなく，それは関心のある世界の根本的特徴であるということである。

④ 社会政策やプログラムは，通常は研究することが困難な人びとに向けられている。郊外の中間階級の家族や大学生に対して実施された評価調査は極めて少なく，むしろ合成麻酔剤処置センターのクライエントや出獄者，都市の貧民のような人びとについて実施されている。これらの人びとは，見つけだすのがしばしば困難であり，時には，時間を超えて追跡することはほとんど不可能であり，多くの場合われわれの伝統的な測定手続きを適用することが困難なような読み書き能力（リテラシー）や話す能力，そして一般的な素養 (general sophistication) のレベルしかもっていない。

⑤ 最後に，政策の変更が後に続く評価にほとんど関わりなく実施されていること。とりわけ施策の変更が評価調査コミュニティの方法論的関心事に目配りして実施されることは，ほとんどない。

ロッシとライトが挙げているように以上のような障害があるので，政策効果を発生させるためのより強力な調査デザイン（たとえば無作為にコントロールされた実験デザイン）を政策全体を対象として採用することは通常困難であり，しばしば不可能である。そのため，政策効果を評価するためには，コントロールされていない観察の「事後的多変量解析」(post facts multivariate analysis)——その分析に情報を与えるところの基礎にあるモデルとしてのみ正当である

ような限定的な分析——に頼ることを余儀なくされているのである。

3．「社会実験」

▶▶▶ 社会実験のリスクと陥穽

　「社会実験」（social experimentation）の基本的スキームは，きわめて単純である。企図された政策セットないし政策オプションのセットが，ひとつの実験設計に変換される。プログラム・サービスの潜在的受け手である標的となる母集団が選択され，母集団の要素がランダムに処置グループとコントロールグループに割り当てられる。そして，焦点となる結果変数が時間の経過を経て対照グループとコントロールグループの間でどの程度変化するかが，政策効果の程度を表わすとされるのである。このような一般的な類の社会実験は，以下のような「試行的政策」（Prospective Policies）[17]として，これまでも行われてきたし現在も行われている。

　政策的状況における実験の利点は十分に知られている。よく設計されよりよく処置された実験は，他の競合する調査デザインよりも，政策見直しへのインパクトについてのより良い評価を与えるのである。

　しかし，社会実験には次のようなリスクと陥穽がある[18]。第1に，実験プログラムは，現実世界のプログラムよりは通常遙かに良く処理される。したがって，実験においては，企図されているそのプログラムのある理想化されたバージョンの効果についてテストしているのであって，そのプログラムが現場（フィールド）で遂行される場合に実際に見えるものではない。

　第2に，とくにコントロールグループの厳しい死亡や摩滅なしに，実験デザインを時間を超えて維持することは，しばしば極めて困難である。実験からの摩滅は，順に結果変数としばしば強く相関関係しているであろう。かくして実験の効果についての歪められた評価を産み出している。

　第3に，実験環境における政策効果に関連したパラメーターは，テストされているそのプログラムが国家政策として実施される際に，有意に変化するかもしれない。たとえば，ライト（N. Wright：1977）は，「ニュージャージー（州）

負の所得税」（New Jersey NIT : Negative Income Tax）実験におけるプログラム規則についての知識が，実験家族の労働力反応を部分的に規定したと論じている。彼らはさらに，プログラム規則についての知識が，実験環境における場合よりも，国の NIT（負の所得税）プログラムのもとで，実質的に高度であろうと論じている。もし両方の議論が正しいとすれば，実験から導き出された NIT 政策評価はさらに歪められるであろう。

　第4に，実験には費用と時間がかかる。「ニュージャージー負の所得税実験」は約800万ドル，現行の「シアトル・デンバー負の所得税（Seatle Denver NIT）」実験は約2,500万ドル，「支援ワーク（the supported work experiment）」実験が約400万ドル，現行の「住宅手当」実験（Abt Association と Rand Corporation によって実施された）は約2,000万ドルである。[19]

▶▶▶ 社会実験の魅力

　多大な費用とその他の困難にもかかわらず，「試行的政策」についての社会実験は，今後も存続することは疑いない。それは相対的に魅力的な調査活動なので，社会科学者に過大な関心をもたれているからである。

　さらに重要なのは，実験リサーチの「優れた推測能力」（super inferential power）である。実際ここ数年間に「政策実験のためのセンター」が創設されているが，それは将来の政策の選択肢の違いを明確にし，政策立案者が政策を選択することを支援するようコントロールされた社会実験をデザインする目的で作られたものである。

　キャンベル（D. I. Campbell : 1971）の「実験する社会」（experimental society）に到達できるかどうかは確かではないが，われわれがこの方向へ動き始めていることはまったく明らかなことである。[20]

第3節　臨床社会学的アプローチの場合

　政策立案など目的的社会変動に関与する実践指向の社会学は，ラザースフェルドたちによって基礎づけられた社会調査を用いたアプローチに続いて，応用社会調査派によって社会調査をより多角的に組み込んだアプローチが展開されたが，「応用社会学」の第3の立場として，臨床社会学派がある。

　本節においては，リバック（H. M. Rebach）およびブルーン（J. G. Bruhn）などの所説に基づきながら臨床社会学としての「臨床的アプローチ」の過程と「介入」の技術について取り上げ，次いで，それとは違った立場――「ミクロ～マクロの相互浸透」をパースペクティブとする「社会学の臨床的介入」――から臨床社会学の意義を強調するチャーチ（N. Church）の所論に基づいて，そのアプローチの特質を考察しよう。

1.「臨床的アプローチ」の基礎 [21]

▶▶▶「応用」と「臨床」の違い

　はじめに，「応用」と「臨床」の意味を区別しておくと，「応用」は，なんらかの社会政策的問題を抱えるケースに対して，行政関係者（agent）・ワーカー（ソーシャルワーカー）あるいは政策形成者が問題解決のために取り組むことである。そのために役立つような社会学的知見と，現場での調査実施によって獲得された知識・情報・技能を，勧告・査定・評価として提供する。したがってミクロな個別的なケースよりは，より適用範囲が広いメゾ～マクロな場面に通用するものである場合が多い。

　これに対して「臨床」は，それぞれのクライエントのケースに直接接触して，クライエントの恢復や自立を促進するよう積極的に援助・介入する。それはその個別的でしばしばユニークなケースについて参与観察しながら行われるので，多くの場合ミクロな場面に限定されざるをえない。

　ただし，論者によっては「臨床」を学問的知見を実際の問題解決に役立てる

という広い意味で用いることもあり，後で紹介するチャーチの「臨床」はその意味であり，彼の「臨床社会学」はミクロレベル（個人）からマクロレベル（全体社会・国際関係など）までも対象とするもので，力点は異なるが本書の「応用社会学」と重なる概念である。[22]

▶▶▶ 臨床的アプローチのパースペクティブ[23]

臨床的アプローチの基礎となるのは，ミクロ（個人）とメゾ（集団）およびマクロ（社会）の諸要因の影響についての以下のような見方である。

①「行動」には，生物学的遺伝的な要因や出生前の出来事など，あらゆることが影響している。たとえば，遺伝の他に，妊娠中の母親の薬物使用や，飲酒癖や産前のケア・栄養・健康・ストレスなどである。これらの要因を通して，社会構造が生物学的発達に変換されるのである。貧困家庭の女性は豊かな家庭の女性に比べて，出生前のケア入手や栄養情報などが不足し妊娠中のストレスが多い。こうした諸々のことがどのように影響するかは社会的なダイナミズムによって決まる。

② 個人は，「精神・自我」といったこともすべてミードがいうように社会化の結果である。飲酒・喫煙など日常生活の中で維持され反復される悪習慣（maladaptive strategies）は社会化の結果である。

③ 個人の行動は自発的なもので，いくつかの利用可能な選択肢からの選択（意思決定）の結果である。

④ 行動は学習され，とくにその結果から学ばれる。行動には認知的活動も含まれ，意味・価値・信念・知識・態度は学習され獲得されたものである。

⑤ 学習された行動は行為者の文脈理解と文脈の中の自己理解に基づいて行われる。これらの理解は他者との相互行為の交渉の中で獲得されるもので，その行動の選択に影響を与えるのは状況の要求と行為者の選好する結果の両方である。人間は現実（リアリティ）を内面的に再構築する。

⑥ 以上のように，行動のすべてに基本的な影響を与えるのは，個人が所属あるいは準拠するマクロ－メゾ－ミクロの集団である。行為者の集団所属は以

上のようなすべての制約と形成因子として働く。

⑦ 個人は社会的秩序の中に産み落とされ，その社会的秩序の内部では善悪や適切とされることについての広く分有された規範や価値が存在する。個人に対してどのように適切に行動すべきかを教えてくれる背景となっているのは，家族や仲間や各種の集団である。

⑧ ミクロ－マクロの相互浸透としてミクロ－メゾ－マクロの相互作用を認知しておくことは，臨床ワークにとって決定的に重要である。クライエント・システムは，マクロレベルでの広汎な社会変動，メゾレベルでの多様な文化や下位文化の成員性，またミクロレベルでの仲間ネットワークや第一次集団の成員性，そして個人に特有の社会化や状況定義などによって，影響されているのである。

▶▶▶「介入」の過程[24]

リバックとブルーンによれば，「介入」はダイナミックな社会過程で，介入のプランはクライエントと臨床社会学者との社会関係において交渉の結果として生じるものであり，臨床家とクライエントの社会関係は対等なのが望ましい。

ケースにおける臨床的介入は科学的方法の適用である。データは収集されて理論構築と仮説形成へと導き，それらは実際の結果と対照してテストされる。すべての理論と同様にケースの定式化は暫定的なものとして取り扱われる。つまり，データは仮説を支持するか支持しないかであって，結果は仮説通りアプローチの妥当性を示すか，または新しい仮説に導くかのいずれかである。

「介入」過程には，① 査定（assessment），② プログラム立案（program planning），③ プログラム実行（program implementation），④ プログラム評価（program evaluation）の 4 つの段階がある。リバックに従って[25]，「介入の過程」の段階とその技術的留意点についてみておこう。

① **「査定」**（assessment）

査定の初期段階では，まず，「提起されている問題とは何か」を理解する必

要がある。クライエントの言明に注意を払い，どこが間違っているかを理解した上で受け入れること，そして，自分が注目され理解されているとクライエントが信じることが大事である。クライエントは誰か，クライエントが何故援助を求めているのか，なぜ今なのか，何がこの時点で援助をもとめることを促進しているのかを理解しなければならない。

次に，そのケースを引き受けるべきか否かを決める。それには，自分の力量，ワークの成功する可能性，自分では引き受けたくない理由の有無などについて考えておく必要がある。

最初の段階を終えた後でケースについての理解を発展させるために詳細なデータを収集するが，査定は事例研究であり，ケースの性質とクライエントシステムの性質に応じて資料収集を行う。構造化面接あるいは非構造化面接によって教育記録・公文書記録・医療データなどが収集され，それには，該当ケースにおける中心役割の担い手を確認することも含まれる。

査定のゴールは，定式の構築とケースの理論と変更されるべきものは何かの操作定義である。定式化が準備された時は，さらなる点検・討論・批判・修正のためにクライエントに提示され，定式化の目標についての実質的な同意ができた場合は介入過程の次の段階に進むことになる。

② 「プログラム立案」(program planning)

「査定」が目標に到達するためにとられる多様なステップのプランニングであるのに対して，「プログラム立案」はクライエントとの交渉・ネゴシエーションの過程でもある。プランは，誰が・何を・何時・行うかについてかなり詳しく明記された上で，クライエントと契約する。

プログラム・プランは目標についての陳述を含み，目標は観察可能で測定可能なタームで述べられていなければならない。通常，2つのタイプの目標があり，一つは「過程目標（process objectivs）」で，考えられたプログラム運用操作やサービスについての陳述，すなわち望まれた結果へと導くであろうと前提されている事柄（誰が・誰に・何を・何時行うか）についての陳述である。二つめは「結果目標（outcome objectives）」で，介入の即時および長期の結果に

ついての陳述である。

③「プログラムの実行」(program implementation)

「プログラムの実行」においては，プランにしたがって同意された段階（ステップ）が遂行される。

④「プログラム評価」(program evaluation)

「評価」は，過程と結果の両方の陳述された目標の遂行が測定される。すなわち，プランが規定されたように遂行されたかどうか，それが作動しているように現われているかどうか，の測定である。プログラム評価と効果測定がプログラムプランに組み込まれていることが大事である。プログラムがプランにしたがって進行しているように見えるかどうか，そして，それが目標に向かって動いているように見えるかどうかが持続的にモニターされねばならない。各ステージは議論のために別々のステップとして提示されているが，アセスメントもプランニングも同時進行中なのである。評価データは付加的な査定が必要なことを明らかにするであろうし，あるいはまたプログラムの変更修正が必要なことを明らかにするであろう。プロセスのすべてのステップ同様，プログラム評価は臨床家とクライエントによって一緒に行われる。

▶▶▶「援助関係」としての臨床的関係[26]

リバックによれば，「臨床」においてクライエントとの積極的（positive）な関係を形成することは，ある意味では科学であるよりは「術」（art）というべきである。それは，ある心のセット，少数の技術，人びとを読む能力，他者の行動への反応において相互に順応するための柔軟性といったものとの出会いが含まれている。リバックは，臨床ワーカーとクライエントの間のコミュニケーションと関係の進展を——主にミクロレベルの過程を——考察する。

ミクロレベルでの社会関係は，ルールに支配されているだけでなく創発的（emergent）である。創発的な関係とそのルールは，相互作用する人びととの間での特殊な種類の「交渉」（negotiation）の結果であるから，自我対他者の印象操作，フィードバックやメッセージの読み取り，クライエントの状況定義

(definition of situation) を解釈する能力と訓練などを必要とする。要するにミクロレベルで持続される相互作用は，持続しようとする相互の結合意思の産物であり，それは持続することから発生する報酬次第なのである。

これに対して，とくに臨床的関係は，「援助関係」(helping relationship) という特殊な関係であり，キーとなるのは「相互のコミュニケーション」をいかように順応させるかである。すなわちクライエントの彼らのパースペクティブからの現実モデル (reality model) を理解するとともに，自らの専門職としての分析的パースペクティブを保持することである。

▶▶▶ 援助関係における臨床的アプローチの過程

臨床的アプローチの過程は，リバックによれば，以下のような段階を経る。

① **条件の提示**：クライエント−臨床家の関係は，問題解決に相互に従事している対等な関係であるが，クライエントと親密でありながら，専門的でもある援助関係をいかにして構築するかが大きな課題となる。

そのためには，まずクライエントの描き出す現実を理解することが必要であり，クライエントの固有の認知世界，および思考様式を理解することがまず求められる。クライエントの自己決定権を尊重し，援助者の役割はクライエントに問題解決の具体的方法を提示することではなく，クライエントが自分自身で問題を解決できるように援助することである。

② **コミュニケーション**：他者の存在つまり観察者が存在していること自体が，すでにコミュニケーションである。メッセージが送り手の意図と無関係に解釈されることもあり，言語シンボルが重要だが，言葉以外のキュー（手がかり）も解釈に影響する。メッセージは内容と関係の両側面の情報を運ぶのであり，非言語的メッセージ（会話での声の調子，話す速度，イントネーション，使用する語彙，視線・手真似・顔つき・身体の動き）も，送り手が無意識に発したメッセージなのである。

③ **効果的なコミュニケーションのための準備**：自分自身をきちんと顧みて，自分自身の態度・偏見・盲点，あるいは権威・階級構造についての意識を確認

する必要があり，クライエントが組織体である場合は，その目標・地位構造・特有の用語などを理解する必要がある。またクライエントのニーズ（話す言語が異なる人や聴覚障害のある人などに必要なこと）をあらかじめ理解しておかなければならない。

④ **打ち合わせ期間**：打ち合わせの際には，クライエントや場面について鋭敏であることこと，構造を予測すること，秘密保持の再保証，仲間関係の必要性の明確化などが必要であり，介入に伴うこと（option）について討議し，問題がより明確に理解され，目標とその目標に達するためのステップが示される。それにプログラムの策定と契約が続く。

⑤ **クライエントへの接近**：クライエントは，問題についての理解と現実認識（reality model）をもっている。臨床家の任務はクライエントのモデルの中に入り込むことによって，この概念構造について学ぶことである。

▶▶▶ 援助関係におけるコミュニケーション技術の重要性

クライエントとのコミュニケーションを有効なものにするには，クライエントの言葉を注意深く聴き取り，丁寧に応答することである。そのためには，他者とコミュニケーションすることに慣れるだけでなく，自己のコミュニケーション技術にも注意し自覚していなければならない。コミュニケーションについてのルールや指針というものはそれほど多くはなく，クライエントとのコミュニケーションをうまくやり臨床的介入実践に成功するには，何よりもクライエントと適切な社会関係をもてなければならない。とくに臨床的関係は，「援助関係」という特殊な関係であり，キーとなるのは「相互のコミュニケーション」をいかように上手く行うかである。それには，クライエントのもつ現実認識を理解するとともに，専門職としての分析的な見方をしっかり保持することが重要である[27]。

専門職とクライエントは，同じ用語を用いている場合でも，両者の意味論的内容は異っている。リバックは，クライエントが使っている用語の誤用や不正確さを理解し専門用語としての意味を理解してもらうこと，クライエントの言

葉を注意深く聴き取り丁寧に応答にすることは専門職の務めであり，そのためには他者とコミュニケーションすることに慣れるだけでなく，自己のコミュニケーション技術についても注意し自覚していなければならない，とコミュニケーション技術の重要性を強調している。

2．「臨床社会学」的アプローチの特質

▶▶▶ 臨床社会学の必要性

　リバックは，科学として生物学や化学が実践的専門職——医師・薬剤師・公衆衛生士など——によって社会的に関与するのと同じく，社会学も「健全で可視的な臨床社会学」によって「社会全体の利益やニーズに触れる」ことができ実践的に貢献できるとして，社会学的パースペクティブを踏まえたミクロレベルでの「臨床的アプローチ」が重要であり必要であることを強調している。[28]

　同様に，チャーチも社会学的パースペクティブに基づくことの重要性——従って「実践」における社会学の貢献可能性——は，「どんな問題の分析でもミクロ－メゾ－マクロの複数レベルでの分析で処理する」点にあると主張する。「複数レベルの分析の必要性をつねに深く認識した上でコミットすることが特に重要」であり，そうでなければ，臨床社会学的な分析は「他の単なる精神衛生の専門職と同じものになって」しまうと彼は強調している。[29]

　しかし，チャーチがリバックと違う点は，チャーチのいう「臨床」には，ミクロレベルで「個人」を対象とする「介入」だけでなく，メゾレベルとマクロレベルにおける「介入」——それぞれのレベルにおける目的的社会変動を目指す「行動」や「政策」に他ならない——も含まれていることである。つまり，社会学（社会学的知見）の実践への応用（「応用社会学」）が彼のいう「臨床社会学」なのである。

　社会的介入における「ミクロレベルの社会学的実務家」は，「個人の行動や感情が究極的にそのなかで発生するところのマクロ・メゾレベルの構造」を理解しなければならない。こうした社会学的ダイナミックス［ミクロ－マクロ－メゾレベルの構造の関連］を主張しないならば，臨床社会学的実務家は「心理

学的実務家たちとは区別できない」だけでなく，問題の解決や生活の質の改善にとっての効果的な介入にもならない。臨床社会学こそが「個人の行動と感情に関するユニークな社会学的洞察」を行って社会問題の解決に貢献できるとチャーチは主張した。(30)

▶▶▶ 社会的文脈の規定性を踏まえた分析の事例

それでは，社会的文脈の規定性（contexual determination）を踏まえた分析とはどのようなものか。臨床社会学者は，社会変動や社会的文脈の分析を，介入計画の検討に組み込んでいくことが重要なのである。そうしなければ，同じ臨床領域の精神衛生専門家・コンサルタント・政策エキスパートとなんら変わらないことになるからである。チャーチは，彼らとは違う「社会学的実務家」によるミクロ・メゾ・マクロのそれぞれの分析事例を挙げている。

ミクロレベルの事例としては，クライエントが薬物中毒の若者の想定事例を挙げている。
　まず最初に，その状況を規定するために用いられている用語の査定から始まる。そもそも「若者 adolescent」とは何か。1900年までは，その用語は文献には存在してないし，「年齢的地位 age status」では不十分である。その用語を産みだした社会変動——マクロレベルにおける産業化・都市化，メゾレベルにおける児童労働法，少年裁判システムの出現など——こそが若者の経済的役割を奪ってしまい，若者の存在意義の喪失につながったのである。
　このような視点が従来の臨床専門職では看過されている。彼らは治療学的に集団過程や積極的仲間圧力によって，若者たちが自己の存在意義を感じるようになるように試みているが，社会構造のマクロ・メゾレベル内での若者の位置の変化を踏まえていないので，そのようなアプローチは全体として失敗する。従来のセラピストはそうした失敗を認識せず単に"治療に対する抵抗"というレッテルを貼ったりしている。(31)

メゾレベルの事例としては，高等教育機関から依頼されたマイノリティの学生を募集するための効果的なプログラムの立案を「想定事例」としている。
　介入を始める以前に「マイノリティ」という用語を生み出した社会変動やその

用語に対する彼らの定義に注目しなければいけない。この用語はマジョリティに主導された社会学が問題の枠組みの設定を行う際に用いてきたもので，その由来自体が人種差別，民族差別の一因であったことを銘記すべきである。

メゾレベルにおいては，介入すべき状況を作り出した組織内部の変動を，そして介入が成功したときには，組織内の教育的サポート，学生に対するサーヴィスなどに生じる変化も考察することが必要である。ミクロレベルでは，入学するマイノリティ生徒の個人的生活の変化（生活の質・ストレス・疎外の経験など）にも注目しなければならない。

以上のような事例からも，臨床社会学者が介入を企画するような問題の文脈を決定するために，あらゆるレベルの社会構造を査定することがいかに重要かが理解されるであろう。[32]

マクロレベルの事例とされているのは，「アメリカとイランの外交関係の修復戦略」の設定である。

マクロレベルの事例として，アメリカとイランの外交関係の修復のための戦略の定式化を想定すると，マクロレベルでは，両国のこの問題に関するさまざまな時系列的な変化だけでなく，国際連合，ロシア，OPECの国々，イスラム教文化などにその視点を広げねばならない。メゾレベルでは，両国の国際関係組織やビジネスや経済組織における位置役割の変化を考察する必要があり，ミクロレベルでは，両国間関係のドラマのなかのさまざまな関与者や役割の変化も検討する必要がある。さらにこの計画が成功した場合，両国にどのような変化が生じるかを予測しなければならない。[33]

以上のような想定事例では，チャーチ自身が「問題の解決よりは問題の提起に留まっている」と臨床社会学のみで介入計画を策定するには限界があることを認めている。しかし，その点は「他の精神衛生の専門家と同じ」であって，単独で取り組めるような「別の専門家」は考えられない。必要なのは，諸学問の協働であり，臨床社会学は分析のすべてのレベルで「問題に含まれる複雑性」を認知しているので「独自で価値のある貢献」ができる。

これらの社会学的イッシューが適切に取り組まれるならば，十分に根拠をもって概念化され，他の臨床家からきわめて容易に受け入れられる有効な介入

が期待できるのであるから、われわれの文化の中で有意味な心理学的問題に取り組む学際的協力を求めて、われわれの洞察を使用すべきであると、チャーチは述べている[34]。

▶▶▶「社会変動の基本的な要因のセット」

　以上のように、臨床社会学的分析では、対象となる問題の「社会的文脈」として3つの次元で種々の規定要因を想定して分析するので、「臨床実践に決定的な影響を与える社会変動の諸要素」、すなわち「社会変動の基本的な要因のセット」を考える必要がある。

　まず、**マクロレベルの変動に影響する要因**としては、① 人口統計学的変動（たとえば、高齢化、移民人口の増大、家族の解体、過密問題、メガポリス、ビジネス移動パターンの変化、女性の地位と役割の変化など）、② 匿名化・非個人化による裂け目の増大、政治的アパシー、薬物乱用の増加、③ IT革命、④ 社会調査技術の洗練、⑤ グローバリゼーション、⑥ 宗教の変化（たとえば、イスラム原理主義の台頭のような世俗化の逆転現象）が挙げられているが、必ずしも理論的に追究されたものではない。たとえば、④ は臨床社会学者らしい、いささかユニークな「要因」で、彼は「社会技術の導入に関連した文化遅滞の例となるもので、コンピュータによる予測技術の発達はマーケットリサーチや投票行動の予測などに重大な影響を与えるであろう」と述べている[35]。

　メゾレベルの変動に影響する要因も、「組織体・行政機関・政府機関・企業などにおける官僚制的機構の改善、生産性・効率性と人間的価値と尊厳とを両立できる新しいメゾレベルの機構の創出」、また「科学的マネージメント・リストラによる企業体の構造改革……、従業員訓練プログラム（ブレーンストーミング・フォーカスグループ・専門横断的チーム・生産改善や問題解決グループなどの新しい集団技術）」など、応用社会学が関わる「政策立案」に関連しそうな要因が挙げられている[36]。

3.「臨床社会学者」の責務

　以上のように，チャーチの「臨床社会学」論は，実践における社会問題への取り組み（「介入」）において社会学的パースペクティブを基礎とすべきこと，それが応用的諸社会科学との協働における臨床社会学の貢献であることを主張したものであるが，それではチャーチの「臨床社会学者」――すなわち応用社会学者――の任務とはどのようなものであろうか。

▶▶▶ ミクロレベルに留まる認識からの脱却

　臨床社会学者の任務としてチャーチが挙げることの一つは，ミクロレベルの出来事を他のレベルの社会構造のダイナミックな相互作用のなかに位置づけ，それによってあくまでミクロレベルの文脈にだけ位置づけられてしまっている認識から脱却させることである。彼は，問題への取り組みが，「あくまでミクロレベルの文脈に留まっているものでしかない」例として次のような「実例」を紹介している。

> ミクロレベルの文脈に留まっている介入についての実例
> 　現実に精神不調に悩まされている人びとの立場から眺めれば，精神薬物学による治療は，電気ショック療法よりはより人間的なものへの変換とみなされるかも知れない。またトランキライザー・気分高揚剤・抗不安剤・催眠剤などの広汎な使用は心理活性化薬物治療の処方に他ならないが，そうした治療では，そもそも問題が起こった背景にある行動面や情緒面の問題を単なる一般的な認識に留めてしまっている。
> 　精神薬物学に類似したものに行動矯正技術（behavior modification techniques）の使用があるが，それはとくに精神遅滞者や子ども，矯正施設やリハビリ施設における若者 adolescent を対象としているものであり，個人の自己確認や選択の個人の自由についての見方を全面的に再解釈したものである。そうした見方から1970年代後半から80年代初期にかけて食欲不振症と過食症という概念が広まり，心理治療専門家の世界における独占的な論議の一部となった。またアルコール依存症と「アダルトチャイルド」［アルコール依存症の親の下で育ったた

めに問題を抱えている子ども］を援助するための技術やグループも広くアメリカ国内で見られるようになったのである。

　また，1970年代後期には，思春期前期や年長の子ども達の自殺の増加，薬物耽溺・暴力・火器使用の増加が見られたが，1970年半ば頃にはストレスと心身障害とくに心臓疾患との直接的な結びつきが指摘されるようになり，人びとはストレスから自分自身を隔離するためにさまざまな方法を見つけようとするようになった。ジョギング・エアロビクス・瞑想・ヨガ・誘導イメージなどが試みられるようになり，さらに最近では，漢方薬・キノコ類・ロイヤルゼリー・アロマ，さらに鍼・灸・按摩・カイロプラクティック・マッサージなど，さまざまなサプリメントや東洋医学がもて囃されている。

「非社会学的実務家」のパースペクティブがミクロレベルにのみに限定されるのは，それぞれのアプローチの独自性としての方法論的限定という意味もあるはずであるが，こうした「実例」にもみられるような「介入」に対する批判として，「非社会学的実務家はミクロレベルの現象を反省なしに取り扱うことを当然と考えている」と，チャーチは臨床社会学の貢献可能性を主張した。

▶▶▶ ミクローマクロ・アプローチの相互媒介の必要性

　そして，「ミクロ」を脱却して「メゾ，マクロ」につなげるとしても，「ミクロ→メゾ→マクロ」というアプローチは社会学の立場では逆方向であり，社会学ではマクロとメゾのレベルでの変動を確認して，それらの変動がミクロレベルの生活に与えたインパクトを確認する。ただし，「ミクロ－メゾ－マクロ」の現象の影響関係は相互的であることも社会学のパースペクティブである。

　　たまに特定の個人が社会変動の経路に劇的な影響を持つとみなされることがあるが，そうした見方をするのは，それらがミクロレベルに影響するマクロ・メゾレベルの社会構造の上にどれほどのインパクトを与えたか——という見地からだけである。
　　特定の個人の生活が社会変動のコースによってどのような影響を受けたかを個人の生活史や年代記で取り上げることはできるが，それは小説や伝記の種としてだけである（ちなみに，小説や伝記の名誉のためにいえば，それらは社会変動の

理解に特殊な風味（flavor）を添えるものではある）。ただし，注意深い分析者にとって，こうした変動はミクロレベルの現象とマクロレベルの現象との相互作用を例証していることになる。(39)

　また，マクロレベルやメゾレベルでの介入は，ミクロレベルよりは行動により大きな影響を与えているのであり，個人が単独でメゾとマクロレベルの社会構造に影響を与えたということについては多くの歴史的記述があるが，それらは典型的でも一般的でもなく，むしろ例外とみるべきなのである。もちろん，臨床的介入がメゾ，マクロレベルの社会変動をもたらすこともある，とチャーチは付け加えている。

▶▶▶ 「介入」自体が介入効果に影響することの認識
　さらにチャーチが挙げる臨床社会学者の任務は，社会問題への「介入」自体に起こりうる副次的影響や逆機能的効果の認識である。

　たとえば，青少年非行に介入する際にそうした若者に「非行者」というラベルを与えること（ラベリング）は，それが対象となる若者の反発を招いて介入の妨げになることがあるし，「労働環境条件の改善のための実験」という目的の提示（ラベリング）自体が協力する労働者の意欲を高めて環境改善以上の効果をもたらす（ホーソン効果）など，介入目的などのフォーマルなラベル自体が介入効果を妨げたり促進したりする。

　また，介入の支援対象者は介入する側が気づかない理由あるいは介入者のコントロールできない理由で介入による影響を受けてしまうことがある。チャーチが例として挙げている受刑者更生のための臨床的な介入——収容過剰への対応として法務当局が一定割合の囚人を釈放する命令を出した——のケースでは，それによって介入の成功とは無関係に対象となった受刑者が仮釈放されたり，また，介入者に心を開いた受刑者が受刑者の敵に内通した廉で仲間からのいじめの対象となったりしたことが挙げられている。(40)

第6章　現代応用社会学における3つの立場　193

▶▶▶ 2つの倫理的要請

　チャーチによれば，新しい技術の導入とその新しい技術への文化の適応過程の間には，避けられない文化的遅滞が生じるが，キリスト教その他の宗教などの静的な道徳原理の信奉と民主化過程へのコミットメントによって引き起こされる信仰と政治のジレンマもそうした例である。臨床的実践においては，ケースを考察すると同様に社会変動にたいしても鋭敏であるべきであり，それは臨床社会学者に対する少なくとも2つの倫理的要請 (ethical requirment) を示唆している。

　ひとつは介入の実施に引き続いて起こる結果についての注意深い観察へのコミットメント，もうひとつは介入の実施に先立って意図せざる結果についての予測へのコミットメントである。可能な場合には，シミュレーションの使用や同僚による点検などによって，介入の結果予知の能力を増大させることもできる。[41]

▶▶▶ 社会学における理論と実証そして実践との関係

　以上のような「臨床社会学の責務」を挙げた後，チャーチは「臨床社会学」の意義（貢献）と課題を次のように述べている。長くなるが，論文を総括する結びとして，そのまま紹介しておく。

　　われわれは，新しい科学的技術に関わる社会変動の次元やそれらの社会構造へのインパクトについては学んできたが，新しい社会技術 (new social technologies) については適切で十分な理解に達してはいない。臨床的社会学以外の他の実務家が究極的に「現実」と見なして「実体化」(reification) のプロセスに置いている臨床的問題は，大きな社会変動の反映であり，それに対しては臨床社会学者は社会学において利用可能な，グローバルでダイナミックな視角が不可欠であることを主張してきた。
　　また，われわれの介入がそれ自体社会変動の次元になるような道筋に注目してきたが，われわれは「意図せざる結果」の可能性を最小限にするような介入を取り出して提案しなければならないし，また結果が妥当かどうかを判定するという倫理的義務をもっているのである。
　　われわれは，介入の結果を予測するために開発できるシミュレーションの種類

を決定し,「生きた現実」としての介入の研究にとって受け入れ可能な状況と,それらの介入の遂行のために,われわれがどの程度制約を受けているかを明らかにしなければならない。われわれは企画されるべき介入のレベルを決めるための「型番」(templates) として用いることのできる「基準」を創り出す必要がある。

臨床社会学が介入という分野で果たすべき役割として,これらの複雑にして挑戦的な倫理的専門職的イッシューのすべてに真剣に取り組むべきであろう。

ある場合には,類似の道筋を歩んでいる同僚の [他の分野の] 介入者に付いていくことで必要なステップを経ることなしにやってゆくこともできるかも知れない。しかし,社会学的に基礎づけられた介入というユニークな性格上,前途に横たわっている地図のない領域へ単独で入って行かねばならない場合もあるのである。[42]

「ミクロ～マクロの相互浸透」というパースペクティブが基礎となるのは,「臨床社会学」のアプローチだけに限られるものではなく,「社会学」のパースペクティブの基礎となるもので,いわば社会諸科学における「社会学」の特質であるが,チャーチはまさにこの特質を「応用社会学」のアプローチとして重視し,「臨床社会学」論を展開したのである。

〈注〉
(1) 以下,第1節は,Lazarsfeld et al., 1975 = 齋藤吉雄監訳,1989に基づく。
 Paul F. Lazarsfeld and Jeffrey G. Reitz with the collaboration of Ann K. Pasanella, 1975, *An Introduction to Applied Sociology,* Elsevier.(齋藤吉雄監訳,1989,『応用社会学——調査研究と政策実践』恒星社厚生閣)
(2) Lazarsfeld, 1975, Ibid., ch. 2;訳書 第2章「利用過程の図解」54-62頁
(3) 図6-1 Lazarsfeld, 1975, Ibid., p. 41(齋藤吉雄監訳,55頁)
(4) Ibid., p. 47～(訳書,64-65頁)
(5) Ibid., p. 66～(訳書,90-132頁)
(6) Ibid., pp. 98-105.(訳書,134-143頁)
(7) Ibid., pp. 105-111.(訳書,143-152頁)
(8) Ibid., pp. 111-119.(訳書,152-166頁)
(9) Ibid., ch. 6(訳書,168-186頁)
(10) Ibid., pp. 139～(訳書,186-194頁)
(11) Ibid., pp. 146～(訳書,194-207頁)
(12) Ibid., pp. 154～(訳書,207-212頁)
(13) このような本書の成立の経過およびラザースフェルドの思考スタイルについては,第1章の「利用過程の分析——軌跡3」におけるラザースフェルド自身による

陳述（訳書，41-44頁），および利用過程に関する事例研究プロジェクトの研究協力者であったパサネラによる「論題の進展——社会学的問題としての社会調査の利用」（＊）で簡潔に触れられている。
* Ann K. Pasanella, 1979, The Evolution of A Thesis: Utilization of Social Research as a Sociological Problem, in Robert K. Merton, James S. Coleman and Peter H. Rossi eds., *Qualitative and Quantitative Social Reseach: Paper in Honor of Paul F. Lazarsfeld,* Free Press, pp. 37-46.

なお，邦訳ラザースフェルド『質的分析法』（岩波書店）の「訳者あとがき」（西田春彦）のなかに，ラザースフェルドの経歴や研究業績についての詳しい紹介がなされているので，併せて参照されたい。

(14) Ibid., p. 26.（訳書，35頁）
(15) 以下は，Rossi/Wright/Wright, 1978,「応用社会調査の理論と実際」に基づくものである。

Peter H. Rossi, James D. Wright and Sonia R. Wright, 1978, The Theory and Practice of Applied Social Research. *Evaluation Quarterly,* vol. 2, No. 2, 1978, pp. 171-191.

(16) Ibid., pp. 177-179.
(17) 「社会実験」の具体例としては，「負の所得税（negative income tax）」［貧困者に対する住宅手当や，健康保険料の助成］，囚人のグループカウンセリングサーヴィス，警察官のパトロール戦略，模範囚のための釈放政策，小学校における契約学習政策，支援ワーク（supported work）などがある。
(18) 以下は，Rossi and Wright, 1977, Evaluation Research : An Assessment of Theory, Practice and Politics, *Evaluation Quarterly,* 1 February, pp. 5-52 に基づく。
(19) cf., Watts et al., 1977, Site selection, representativeness of sample, and possible attrition bias, in H. Watts and A. Rees, *The New Jersey Income Maintenance Experiment,* Vol. III, New York: Academic Press.

Rossi and Lyall, 1976, *Reforming Public Welfare,* New York: Russel Sage.
(20) D. I. Campbell, 1971, Methods for the experimenting society, Presented to the meeting of the American Psychological Association, Washington, D. C. September.
(21) J. G. Bruhn and H. M. Rebach, 1996, Introduction: The Application of Sociology, The Clinical Sociological Approach, in *Clinical Sociology: An Agenda for Action,* pp. 8-15.
(22) ここでいわれる「応用」は，本書で用いている「応用社会学」——チャーチの立場に近い——の「応用」とは違い，アメリカ臨床社会学における狭義の意味である。

「応用社会学」と「臨床社会学」の両者は，異なってはいるが相互補完的で，両者とも「社会学的実践」（sociological practice）に含まれる。「応用社会学」は，

社会学的パースペクティブや方法を用いての「リサーチ・モデル（research model）」（政策分析・ニーズ査定・プログラム評価・問題解決など）に基礎をおき，どちらかといえばクライエントは組織体・行政（agency）や社会計画（social program）が多い。他方，「臨床社会学」は，個人・集団・組織・コミュニティなどに対する「介入」に焦点があり，「調査」——質的・量的あるいはその組み合わせ——は「行動計画」（action plan）の一部としての「介入」において用いる。(cf. Kirshak, K. ed., 1998, Sociological Practice : Its Meaning and Value, *International Journal of Sociology and Social Policy,* vol. 18, No. 1, pp. 1-6.)

(23) Ibid., pp. 9-15.
(24) J. G. Bruhn and H. M. Rebach, 1996, op. cit., pp. 21-24.
(25) Howard M. Rebach, 1991, Communication and Relationship with Clients, in Howard M. Rebach & John G. Bruhn eds., *Handbook of Clinical Sociology,* 1st ed., ch. 6, pp. 81-96.
(26) Ibid., pp. 84-86.
(27) Nathan Church, 1991, The Effects of Social Change on Clinical Practice, in Howard M. Rebach & John G. Bruhn eds., *Handbook of Clinical Sociology,* 1st ed., ch. 8, pp. 125-138.
(28) J. G. Bruhn and H. M. Rebach, 1996, op. cit., p. 8.
(29) Church, op. cit., p. 126.
(30) Ibid., p. 137.
(31) Ibid., p. 129.
(32) Ibid., p. 130.
(33) Ibid., pp. 130-131.
(34) Ibid., p. 130.
(35) Ibid., pp. 132-134.
(36) Ibid., p. 135.
(37) Ibid., pp. 136-137.
(38) Ibid., p. 136.
(39) Ibid., p. 136.
(40) Ibid., p. 127.
(41) Ibid., p. 128.
(42) Ibid., pp. 137-138.

第7章 応用社会調査の特質と課題をめぐる論議

　アメリカでは，これまでみてきたように30年以上も前に数多くの論文・著作が産出されており，応用社会調査（応用社会学）の在り方について活発な論争が展開されている。本章では，そうしたアメリカ社会学における議論を踏まえる形で，日本における「応用社会学の貧困」ともいえる状況における「応用社会学」の今後の在り方とその課題について論じ，その端緒を開こうとするものである。そして，そうした応用社会学に関する批判と提言は，社会学における「実践」の問題として社会学自体の在り方についての批判と提言にもなっていることを指摘しておきたい。

第1節　応用社会調査の特質とその可能性

　以下に紹介するロッシおよびスコットとショアの議論は，応用社会調査の問題点と政策立案への貢献を目指しながら実際に影響を与えることが少ないという事実を指摘し，そうした課題への対応を論じたものである。それらは政策の効果に関する「評価調査」を中心とする議論であるが，彼らはラザースフェルドを引き継ぐ形で応用社会調査の具体的な進め方を提案するなど，あくまで応用社会調査の可能性とその発展を肯定的にみていた。

　こうしたアメリカにおける応用社会調査の発展期の議論は，応用社会調査が実際の政策的な影響を与えている例が少なく，今なお発展期にあるとすらいえない日本の応用社会調査の現状にいろいろ示唆を与える議論であろう。

1. 応用社会調査の発展期の問題状況

▶▶▶ 問題の背景

　ロッシによれば，ラザースフェルドの貢献(1)の後，基礎社会学と応用社会学が相互に影響しあいながら発展したが，両者の活動の間には「別個になっている職歴・専門職学会や給与・威信の差」などによる「緊張」があり，他方，応用社会調査の範囲と量が「劇的に増大」するにつれて応用社会調査にいくつかの問題が登場してきた。

　ロッシは，そうした問題は応用社会調査の在り方を改善することによって解消されるものであるが，そのためにも応用社会調査の特質を理解しておくことが重要であるとして，応用社会調査の特質とその発展期の特殊な問題の背景を——ラザースフェルドとの「20数年間にわたる個人的な対話」を踏まえて——明らかにしようとしたのである。

▶▶▶ 大学における応用社会調査が少ないこと（第1の問題点）

　ロッシが指摘する応用社会調査の第1の問題点は，その多くが非営利的で個別的な調査ユニットと民間の調査会社によって処理され，大学に基礎を置く調査者はほとんど表面的な関わりしかもっていないという状況にあることである。それでは，大学において調査が重視され調査資金が大いに必要とされているのに，応用社会調査が少ないのは何故なのか。

　第1の理由は，応用社会調査の規模が広汎に多様で，大学での実施が困難なことである。なぜなら，大規模調査は，ⅰ）単独の学者では遂行できない，ⅱ）組織的に行われるので，大学人に支配的な「自分の仕事は自分でコントロールする」という精神に合わない，ⅲ）必要とされる「準専門職」の組織は大学には馴染まない，ⅳ）調査の内容・進行・報告・利用などを事実上自分でコントロールすることができないので，大学教授の「自律性」と馴染まないからである。(2)

　第2の理由は，アカデミズムにおける応用社会調査の評価が低いことである。

大学教授に不人気であることから応用社会調査は基礎調査よりも大学内部でプレステージが低く，それが大学外にも影響している。応用社会調査は多くの場合，大概の基礎調査以上に高い水準の調査技術が必要であり，社会的重要性でも勝っていることもあるのに社会的評価が低く，大学内では専任の調査者という職の魅力を失わせているのである。

▶▶▶ 多くの応用社会調査の水準が低いこと（第2の問題点）

調査知見が社会で実際に使用されるものなので高い水準でなければならないのに，応用社会調査の全体としての水準がきわめて低いことが「非常に目立つ問題点」である。学術誌に掲載される調査にも質の低い調査があり，他方，大学ではない調査会社や機関によって実施されたものにも方法論的厳格な応用社会調査の例がある，とロッシは指摘している。

それでは，応用社会調査の水準が低いのは何故なのか。ロッシは，4つの理由を挙げている。

① **応用社会調査活動には才能のある人材が集まらないこと。**

これに拍車をかけているのが前述した大学界での応用社会調査の社会的評価が低いことである。評価が低いことが大学内で応用社会調査に関わろうとする人材を少なくし，人材が少ないことで応用社会調査は質が低くなり，その評価が低いことが人材を引き付けなくする——という負の循環になっている。

② **限られた期日と少ない予算で行われることが多いこと。**

応用社会調査の大部分を占める政策提言用（RFPs：Request for Proposal）プロジェクトは，限られた期日と少ない予算で実施されるので，本格的な調査研究はできない。

③ **政治的判断が関わることが多いこと。**

大概の「試行的社会政策」(prospective social policies) は政治的に論争的なもので，応用社会学者の社会を良くしたいという願望が時として健全な調査判断を曇らせたり，期限に合わせて報告するという圧力（たとえば切迫した議会の聴聞）がデータ分析の正確さを脅かすこともありうる。さらに，調査が完了する前に，政治的な決定が出されることも調査結果をよいものにはしない。

④ **応用社会調査の基準すら制度化されていないこと。**

応用社会調査が社会科学内での相対的に新しい領域で，長い調査歴や伝統がないために最小限の基準すらも制度化されないままである。

▶▶▶ **応用社会調査の質の改善の兆し**

ただし，以上のような問題を指摘しつつもロッシは，応用社会調査の質の向上と「改善の兆し」があると，応用社会調査の将来を楽観視している。

応用社会調査のために専門的な訓練ができるという観念が確立され，訓練の必要性がますます強調されるようになると，応用社会調査に参加する者は専門知識や技術の習得に積極的になり，そうした調査者はよい調査結果を産み出すから応用社会調査の威信を高め，より多くの調査権限が与えられるようになる。

このようにして長期的には応用社会調査の平均的な「質」が改善されるが，ロッシによれば実際に，ⅰ）応用社会調査者のモデルとして役立つ，いくつかのかなり注目された調査が行われている，ⅱ）「応用社会調査コミュニティ」——新しい専門職の学会と雑誌，モノグラフシリーズ，ハンドブック，訓練施設，そして応用社会調査のために向けられた博士課程のプログラム等々——が形成されるなど，応用社会調査の「質」は「明白に上昇傾向」が続いていると指摘している。

2．応用社会調査の「パラドックス」

応用社会調査が発展するにつれて新たな問題が発生するが，それらには応用社会調査自体に内在するパラドックスの顕在化という面がある。ロッシは，そうしたパラドックスとして3つを挙げているが，それらは，応用社会調査の発展とともに改善されるとはいえ，応用社会調査自体の特質とみなければならない。

▶▶▶ **応用社会調査の水準上昇に伴い不適切な要求による制約が生じる——パラドックス(1)**

第1は，応用社会調査の質が高まるにつれて高まってゆく水準に応じること

が難しくなり，質が高まること自体が過度に「結果」が重視されて調査を制約するというパラドックスが生じる。そうした「パラドックスの最も顕著で具体的な例」として，ロッシは連邦政府レベルでの評価調査（応用社会調査）について次のように述べている。

　　評価調査に対する「評価」が強調されるようになると，それはまさしく反対の効果をもつ。すなわち，「評価」の任務を割り当てられた不慣れな官僚や管理者は，調査プロジェクトによって実際にその意図された効果をもったかどうかというよりも，定められた評価要件を充足しているかどうかにより多くの関心を持つようになるから，新しい評価要件が選定されても，それが調査基準の高度なレベルを充足するような研究を保証することにはならない。
　　当面はそうした状況が続くとしても，連邦機関における評価調査管理者の第二世代——まだ少数ではあるが——は資格や関心に基づいて補充されているので長期的には評価調査の質が高まるという展望がもてるが，そうなる前に議会が応用社会調査の質とその価値に疑念をもち否定的になるという危険がある。[(5)]

▶▶▶ 応用社会調査は保守的でも革新的でもありうる——パラドックス(2)

　応用社会調査は，「政策」に関わるのでそれ自体「政治」的な性質をもつ。ロッシによればこのことが，応用社会調査は保守的と革新的の両者であり，しばしば同時に両面をもつという第2のパラドックスを発生させる。

　保守的傾向は，応用社会調査が通常現状に利害関係をもつクライエントのために遂行されることに由来するもので，ロッシは，次のように説明している。

　　自動車製造業者は一般に大量輸送の実施可能性についての研究に資金提供しようとはしないし，また，クライエントのカウンセリングサービスを強調している福祉機関は，純粋の所得移転策についての調査を見出そうとはしそうもない。一口でいえば，クライエントが応用社会調査者の研究できるものを強制するのであり，彼らが研究できるものは，大部分現状維持的なもの，あるいは現状に対して相対的に僅かの調整を加えたものから成り，現状から根本的に逸脱したものではない。
　　コールマン・レポート（1966）の場合は，アメリカ公立学校における常態にあ

る学級規模の影響分析なので，この常態の範囲を越えて激しく増大したあるいは減少した学級規模から結果として生じる影響は，コールマンの仕事においては査定されなかったのである。[6]

同時に，応用社会調査は革新的な傾向（「それが現存する社会制度の神秘性を剥奪するラジカルな効果」）をもっている。総ての知識と同様に，応用社会調査から引き出される知識は，人びとを慣習的な思考から解放するのである。ロッシは，再度，コールマン・レポートの例を挙げている。

> コールマン・レポートは，確かに現状の研究ではあったが，しかしその研究は単純に当然と思われていた事柄──たとえば学校教育支出の1人当たりの増加がより良い学習に導くということ──に関して深い疑念を提起したのである。同様に，補償教育施策についての15年間の評価調査は，貧困と人種差別についての理解──施策が教育機会の剥奪を補償するのに十分であるかどうかに関する理解──に疑問を抱かせるものであった。[7]

ちなみに，コールマン・レポートの二面的な発見が同一の調査結果からの知見であること，すなわち同じ調査結果が同時に保守的知見と革新的な知見になっていることをロッシは，強調している。コールマン・レポートの両方のケースにおける発見はどちらも，「差違がない」あるいは「効果がない」ということでは，同一の結果なのである。

ここでのパラドックスは，応用社会調査が政策形成者のイデオロギー──保守的あるいは革新的な──に基づいて計画されるにもかかわらず，「効果がない」という発見が，革新的と保守的の両方の政治変化を正当化するために用いられることができるということである。ロッシは，コールマン・レポートのケースを取り上げ，応用社会調査が当初意図されたのとは反対の影響を与える場合もあることを指摘している。

> 学校教育のための1人当たりの支出が，学習に関係していないという発見は，次の2つのいずれかのことを意味する──

① 支出が何らかの効果をもつための上位目標に十分な変化をもたらさないのだから，支出は劇的に縮減すべきである。
② 支出は，学生の学習に有害な結果を与えることなしに，劇的に縮減させることができる。

こうした例には，さらなるアイロニーがある。そもそも応用社会調査を行おうとした理論的根拠は，全政策形成過程をしっかりした科学的・経験的基盤に据えるということであった。しかし，応用社会調査の質が上昇するにつれて――少なくとも最初の内は――，「効果がない」という知見が，それによって極めて保守的な，あるいは極めて革新的な政策発議の根拠になりうる。このようにして，より良い応用社会調査が，より不確実で本来の社会政策にふさわしくないものに導かれることがあるのである(8)。

しかし，評価調査の結果報告の質が上昇するにつれて，その調査が重要な政策効果を示さないという可能性もまた上昇するが，ロッシは，評価調査の長期的な効果については，「社会現象についてのわれわれの理解が進めば，有効なプログラムのデザインが可能となる筈」であると応用社会調査の将来には肯定的である。

▶▶▶ 政策形成を指向するのに実際には影響を与えない――パラドックス(3)

第3のパラドックスは，応用社会調査が政策形成過程に何らかのインパクトを与えるよう企図されているのに実際にはほとんど影響を与えていないということである。

応用社会調査が普及すると，〈生み出された調査知見によって新たに政策により有効な知見をもたらす調査の可能性が見出される〉という，調査活動に意欲をそそられる見方が生まれたが，これは「神話」にすぎない。というのも，ある政策に関する応用社会調査の結果は，そのまま政策形成に貢献するよりは，政策をめぐる政治的な論争に引き込まれて，調査知見は無視されることが多いからである。

ロッシは，「応用社会調査は，社会科学における調査研究活動のなかで最も政治化されたものであるが，しかし，それが政治過程に識別できるような影響

を与えることは稀である」と述べ，応用社会調査が政策形成に実際に影響することが少ない理由を3つ挙げている。(9)

① 通常はクライエントが調査結果の所有権を持っているから，クライエントは調査知見が「不都合なこと」(inconvenient) であれば，その知見を葬り去ることができる。

　ロッシは，例としてコールマン・レポートのケースをあげている。すなわち，クライエントである連邦教育局（The Office of Education）は，最初は，報告書のメッセージとほとんど関係がないように「不穏な部分を勝手に削除した要約」を発行し，次いで報告書全体のコピーをごく少数だけにして稀覯本として葬り去ろうと試みたが，結局は，報告書は著作として刊行され多大な議論を巻き起こした。しかし，こうしたケースでは多くの報告書は葬り去られるのである。(10)

② 方法論的に論争の余地のない研究はまだないので，どんな調査知見も方法論者によって徹底的な批判の対象となりうる。同じ調査結果に対して異なった解釈・知見をもった研究者同士が論争して，いずれ合意に達するというような期待はできないのである。

③ 最も重要なことは，応用社会調査の知見は政治的な意思決定過程に投入される多くのもののひとつに過ぎないということである。政治的な意思決定をする者は政治的構成要素などの，最新の調査知見を越えたさまざまな事柄——選挙人の意見や見解，組織された利害集団のロビー活動，意思決定者のイデオロギーなどの——に敏感でなければならない。人びとは，科学的に認識された合理的な政策であるが自分たちに不都合な政策よりも，非合理的非効率的でも抵抗の少ない政策を好むということもありうるのである。

このようにロッシが論じた「応用社会調査」についての「パラドックス」は，単に応用社会調査についての「パラドックス」に留まらず，応用社会調査を含む「応用社会学」そのものパラドックスとして理解しておかなければならな

いであろう。

3．「学術指向」から「政策指向」への転換

　以上のようなロッシの指摘は，応用社会調査の根本的な特質と政策立案過程の特質を踏まえて，応用社会調査の発展期において登場した問題に焦点を当て応用社会調査の問題――実際に役立つことが少ないという問題――を追究したものであるが，その問題は別な角度からも論じられることになる。すなわち，応用社会調査に関わる社会学者の研究姿勢に問題があり，応用社会調査においては学術指向を脱却して応用社会学の政策指向性を重視することが必要だという議論である。

▶▶▶ 社会学者が「実践」を軽視する理由

　その議論のひとつがスコットとショアの主張で，応用社会学者の文献（300点に及ぶ）をサーベイした上で，彼らは社会学者の研究姿勢の問題点を明らかにし，応用社会調査において社会学者は「政策指向の社会学」を目指すべきことを提案した。

　スコットとショアによれば，応用社会調査の「勧告」が政策立案者から非現実的・非実用的なものとされるのは「問題診断」において具体的な政策を考慮していないからである。そして，そうした応用社会調査を行う社会学者が実践を軽視する理由と問題点として，彼らは3点――① 社会学知識が政策立案に役立つという過信，② 応用研究の方法や手続きの軽視，③「社会学の強化」が応用社会学の強化になるという誤解――を挙げている。

▶▶▶ 政策過程の研究の出発点――「リサーチへの問い」

　それでは，社会学者が応用社会調査に関わる際にありがちなこうした実践軽視のアプローチを改めて政策に役立つ調査にするためにどうすべきか。スコットとショアがまず指摘するのは，政策決定が政治家によってなされる以上，政策に関わることでは社会学者がコントロールできない要因が圧倒的で，社会学

者の政策関与には限界があるということである。

　その上で，応用社会調査においては，「学問的なユートピア」とか「社会学へのこだわり」から離れたアプローチ——「学術指向の社会学」から「政策指向の社会学」へのシフト——が必要である。政策に有効な知識を提供できるようにするには，研究政策過程の実態を研究し政策過程における争点や問題点を明確化する研究が必要である。しかし，明白に政策過程を取り上げた文献は乏しく，政策過程を扱っている場合でもそれは単に社会学者が「想像した政策」でしかないので，まず必要なのは政策過程についての研究（「リサーチへの問い」）である。

　スコットとショアによれば，政策は累積的に進化するものであって立法の成立によくみられるパターンは個別的（piecemeal）で漸進的（incremental）非接合的（disjoined）なもので，大半の政策立案で対象となるのは争点——政策目的（goal），政策範囲（coverage），財源（financing），実施主体（administration），政策効果（equity），実施期間（time frame）など——は2〜3に過ぎないから，社会学者は審議の過程でいずれ登場するであろう争点をあらかじめ予想することができる。たとえば，新しい政策発議が目標だけにしか取り組んでいないことを知れば，議会の続く審議では，政策範囲・財源・実施主体・政策効果・実施期間などの争点が問題となるのを予想できる。

　したがって，応用社会調査に関わる社会学者の最初の仕事は，どの政策争点がこれまで取り組まれ，どれが無視されてきたかを確定するために，これまでの立法の成立史をレビューするという「いくぶんつまらない知的に興味の湧かない争点や問題」から研究し始めなければならない。

　これが為されれば，社会学者は研究のトピックを決定することができるが，その決定は少なくとも，次の2つの問いに取り組む必要がある。すなわち，①この領域のすぐ後に続く政策審議で登場しそうな争点の種類をすでに挙示しているのであれば，政策立案者にこれらの争点についての問いが登場してくる順番と形態を尋ねること，②各争点に関して，社会学者は政策立案者に，実際に実行可能と見なしている政策オプションは何かを尋ねること——であると，

スコットとショアは示唆している。

▶▶▶ 評価調査の影響の限界と間接的影響

　スコットとショアは，以上のように「実践に志向した政策立案者の視点と反省的で経験的な立証に志向した社会学者の視点」を統合した「政策志向の社会学」を主張したが，そうしたアプローチでも「政策立案者は社会学者のいうことに耳を貸す保証は与えられていないし無視するかもしれない」と警告している。

　しかし，社会学者が政策に関わるには少なくともそうした方向しかないというのがスコットとショアの見解で，彼らは社会学者がわずかな可能性でも追求すべきことを主張したのである。

　　　しかし，上述の指針が遵守されるならば［政策指向の社会学を目指すならば］，社会学者は自分の研究する問いが政策立案者の直面せざるを得ない争点を扱っているという確信と，得られた調査結果のいくつかは政策審議への直接の採用にかけられるという確信をもつことができるであろう。⑿

第2節　応用社会学の危機と社会学の危機

　以上のように，応用社会調査が実際の政策立案において「利用」されないことの反省として——したがって応用社会調査に関わる社会学者の問題として——指摘されたのが「実践指向の軽視」であるが，それは応用社会調査に関わる社会学者としての反省であり，社会的現実を問題とすべき社会学そのものにそうした実践指向が欠如しているという反省である。

　社会学における「実践」問題は長く続いてきた社会学の根本問題であるが，本節では，社会学の——したがって応用社会学の——「利用」(貢献)可能性について議論を，ターナーとオルセンに代表させて紹介することにしよう。

ターナー[13]は，現代社会学における理論と調査そして実践との乖離状況を厳しく指摘し，その克服のためには「技術者的指向」（engineering orientation）[14]が必要であり，それは混迷状況にある社会学そのものを再生させることにもなると主張している。大きな反響を呼んだ彼の主張は，応用社会学の在り方のみならず社会学そのものの在り方にも示唆を与える議論である。

　ちなみに，オルセンの主張は，まったくターナーの主張と重なるものであるが[15]，ターナーよりも20年近く前のものであり，「実践」がほぼ変わることなく問題とされていたこと——したがって，容易に解消されない根本問題であること——がわかる。

　もちろん，アメリカ社会学にも多様な議論があり全体を代表する主張ということではないが，そうした「根本問題」が応用社会学特有の問題ではなく「社会学」の変革課題としての意味をもつこと，そして日本においても同様に，今なお「応用社会学」のみならず「社会学」の課題となっているといってよいであろう。

1. 理論―調査―実践の乖離による社会学の危機

▶▶▶ 応用社会学と社会学における実践的理論の欠如

　応用社会調査学の普及発展にもかかわらず政策立案に利用されないという問題がクローズアップされるようになった。オルセンはそうした問題に対して，社会学に求められているのは「社会の動きに対する適切で意味のある洞察とわれわれが直面する社会問題の解決方法」であるが，そのような理論を欠いた応用社会学は期待に応えることができないと批判した。

① この役割に就いている社会学者は，自分の研究するトピックに対してほとんど問題を把握していない。
② この仕事の大半はまったく理論を欠き，通常社会学に何ら持続的貢献をしない。
③ 大半の応用社会調査は，プログラム評価のための単なるデータの蓄積であり，プログラム評価もネガティブな評価はなく単にプログラムを追認するだけに終わっている。

④ 応用社会学者は，知らず知らずのうちに既存の社会・経済・政治状態の批判者でなく擁護者になっている。

しかし，それは単に応用社会調査の問題にとどまるものではなく，理論社会学もまた「現実関連性の欠落」という問題がある。1960年代に高まった社会学批判をまとめて，オルセンは社会学の危機を訴えている。

　1960年代の政治と学問の地殻変動期に，基礎社会学はアカデミーの多くのメンバーによって痛烈に批判された。彼らが従来の社会学に浴びせた非難の中には次のものがあった。
① 社会学で基礎的経験調査で通用しているものの多くは，単なるデータ操作に過ぎない。
② 理論構築の多くは，実際は無意味なカテゴリー化と頭脳の体操に過ぎない。
③ その応用レリバンスに関心なく純粋科学を追求することは，知的にも道徳的にも擁護しかねるものである。
④ 一般大衆は，社会の福祉に何ら目立った貢献をしない学問を，寛大に扱い続けることはしなくなるであろう。

このように，応用社会学批判はその実践的な理論的基礎の希薄さが主になっているものの，オルセンにとっては応用社会学の問題と基礎社会学の問題はともに同根の問題なのである。そして，応用社会学というより社会学そのものの問題としても論じているターナーも同様のとらえ方をしている。

▶▶▶ 理論・調査・実践の乖離——社会学における「二重の悲劇」

　ターナーは，前述（第1章第2節）のように，理論構築運動（theory construction movement）も理論の制度化には至らず，1960年代半ばには理論は社会学的説明のための統一的手段であるよりは，社会学者が互いに争い合うためのものになったと指摘している。そして，応用社会学（社会学的実践）においては，データ収集に「処理マニュアル的方法論」だけが重視される「ある種の量的方法のみを過度に強調するような制度化」がなされ，そうした方法は「イ

デオロギー的説教や哲学的論議にふける理論家たち」には批判の対象外となってしまい，批判不在のまま応用社会学は現実生活問題についての調査からさらに分離することになる。ターナーはこうした状況は，「二重の悲劇」であるという。

　　理論の哲学的ないし道徳的説教への退却は大きな悲劇であり，また，こうした退却が社会学的調査に対する学問的な説明の努力をないがしろにさせている点で二重の悲劇である。すなわち，
　① 理論に精通した調査研究が，実践への努力から分離されていることは，社会学が受けるべき尊敬と声望から遠ざけられていることになる。そして組織や文化といった社会学本来の分野すら，経済学者や心理学者によって遂行されている始末である。
　② 理論と方法および実践間の断絶は，社会学が累積的科学であることから引き離し，社会学を（経験）科学であるとするよりは，人文学（humanities）へと押しやっている。
　③ 理論と調査および実践の断絶は，その学問における経験的調査の多くを記述的な仕事に限定させる。サーベイ調査では構造分析や歴史・過程の分析はできない。それは数量的な態度・社会経済的位置等などの考察にとっては有効であるが，構造・過程・コンテキスト・その他のダイナミックな諸力を検証する理論や調査には代用できないのである。
　　理論は技術者的適用すなわち「管理・経営への適用性」をもつことによって累積的になり得るが，それを欠いたままの社会学は現象の単なる記述か自己確認のためのイデオロギーとなってしまっているのである。[19]

そして，現今の社会学における「理論・調査・実践の乖離」状況を慨嘆するターナーは，それは「技術者的精神」の不在によるものであるとする。

　　「調査」は，コンピュータとパックされたプログラムの出現とともに，サーベイ調査が優先されるようになり儀式化された。「実践」は，イデオロギー的になるか，資格なしで臨床家たろうとするか，記述的データを求めているクライエントを獲得するためサーベイ調査で対処しようとしている。
　　「理論」は，機能主義の誇大理論を取り壊すマルクス主義者になるか，さもなければ「人間行動の予測不可能性」（unpredictability）や，人間（agency）に関

する反科学宣言（anti-science pronouncements）の猛攻撃を伴ったミクロ理論へと赴き，そのいずれも技術者的精神を励ますものではなかった。[20]

▶▶▶ 応用社会学の分化と分裂

　ターナーによれば，前述（第1章第1節10頁参照）のように社会学全体における理論・調査・実践の乖離は，応用社会学の分化・分裂分離の傾向を生じさせ，応用社会学の制度化も失敗した。すなわち，アメリカ応用社会学会は幾度か組織化を試みたが，社会問題研究学会（1962），臨床社会学会（1978，1987年に「社会学実践学会」に改称），アメリカ応用社会学会（1985）など包括的なあるいは限定的な類似の組織が作られ，アメリカ社会学会が発展している時点でさえも，その外側に多くの応用部会が生まれ統一的な学会にはならなかった。

　社会学という学問の実践的応用的領域が一度社会学の外側に基礎を置いた新しい学会組織に移動すれば，それらの合併の見込みはますます遠のき，アメリカ応用社会学会は「不統合のまま分裂状態」にある。そして，こうした学会状況を反映して，大学や学部のレベルでは応用社会学とみなすことのできる多くのもの——都市計画，犯罪司法（criminal justice），公衆衛生，コミュニケーション，公共政策など——が別々の学部や学科で開講されるようになった。

　また，社会学的実践はアカデミズムの外部で遂行される傾向があり，しかも「心理学がそれらの分野の資格認証の多くの機制を支配しているために，社会学的実践は正当でないもの（illegitimate）とみなされやすい」という状況があるので，社会学的実践は周辺的なことに止まっている。すなわち，現実世界を取り扱い他者を助けたいという志向をもつ——「応用社会学」「臨床社会学」あるいは「社会学的実践」といった——社会学の取り組みは，「プログラム評価，社会への影響調査，ニーズの事前評価などの折衷的な混合物」や，「刑事司法関係，保健，家族，コミュニティ・オーガニゼーションのような具体的な分野において仲介（mediation）するだけのもの」になって，それぞれが独自に主張を展開しあう状況になってしまっている。[21]

2. 現代社会学の危機と改革の方向

▶▶▶ 社会学の停滞と退廃の危険

　ターナーは，「社会学がこの種の学問としての自己変革を企図せず現在のまま」であるなら「恐るべき事態」になると警告し，すでにそうした事態（危機）はすでに起こっていて社会学に対する失望が広がっているという。

　　第1に，理論は，相対主義・シニシズム・悲観主義・唯我論の枠に取り囲まれ，ポストモダンの地獄の中に引きずり込まれるだろう。理論は，「単なるテキスト，イメージ，言葉の遊戯」になってしまう。
　　第2に，私立の学生は何らの実践性を持たないと思われるような水で薄められた人文学に対して，授業料の支払いを拒否するだろう。……ASA（アメリカ社会学会）は……このような根本問題をほとんど明瞭にしていない。
　　第3に，社会学部は，世界のある部分に夢中になっているような学生にたいしてサービスする学部，つまりかつて文化人類学が異国趣味情緒を欲した学生に対して為したのと同じサービスを提供する学部となるであろう。
　　第4に，ASAにおける新しいコースや部会は，新しい「差別のない表現（political correctness）イデオロギー」を提供したり，そして一般的に学生を保持するために，また専門職学会のメンバーを確保するために，そして学長を歓ばすためには何でもする「知的売春婦」(intellectual prostitute) へと変わっていくであろう。理論の中核を欠いた学問は自己宣伝のために，そのように陥っていくだけである。

　　［そして，］さまざまな形で上述の多くのことがすでに生じている。われわれの雑誌のなかの理論は一般にあらゆることにかかわっているが世界を説明することはしない。ASAの理論部会は多様な志向の混合であるが，しかし過去10年以上に亘ってポストモダニストや「差別のない表現」の唱道によって支配されている。われわれは，博愛精神をもった積極的な学生を惹きつけ社会学を教え始めるが，まもなく曖昧な理論と方法論のみが説かれる冗長な授業として疎んじられるようになってしまうのである。(22)

▶▶▶ 社会学再生のために必要なこと

　このようにアメリカ社会学は危機にあるとして，ターナーは以下のような6

点にわたる改革案を提言している。

① 科学的認識論にコミットした抽象的な理論的陳述を，調査と社会学的実践と再連結する。
② サーベイ調査の過度の方法重視（数量化重視）を緩め，より多様な調査方法を使用する。
③ 理論の効用から理論を査定する。すなわち，理論の抽象レベルを，理論的アイディアが現実世界の問にどのような関連性をもっているか経験的調査や技術者的適用においてテストできるようなレベルまで下げる。
④ 「良き社会」（good society）の観念が基本的前提であることを明確にし，それ以外のイデオロギーが理論や技術者的適用に影響を与えないようにする。
⑤ イデオロギー的コミットメントをやめ，科学と道徳的論議が互いに重要な仕方で鍛え合えるようにする。
⑥ 公共的な論議に入り込む。しかし，対抗イデオロギーのためにあるいは「トーク番組でしゃべりまくる」ために論争に加わるのではなく，社会問題に関わる工学を理解している者として加わり，われわれの社会工学的知識が問題を追究し解決策を導くことができることを示すために論争に入り込むのである。社会学者は公共に対して，理論的アイディアの効用を証明すべきである。

　［このような改革をするならば，］「理論」は，公共的な論議に入り込み，大小の技術者的適用の中で，われわれの知識の有効性を確かめることによって鍛えられるであろう。また，「調査」も，歴史的・比較的データから民族誌や面接法，実験的方法，サーベイにいたるあらゆる方法を用いることによって，同様に鍛えられる。
　そして，最も重要なことは，上述のステップを大まかな指針として考慮すれば，われわれの左翼志向のイデオロギーをぺらぺらしゃべる傾向が技術と専門性を実践することによって阻止され，おしゃべりする前に技術者として考えるようになるだろう。[23]

　こうした改革提言でターナーが最も重視するのは，イデオロギー的論争の抑止と「技術者的精神」であるが，両者は表裏の関係にある。有用な成果を上げられるしっかりした理論をもつ応用社会学の構築が急務であり，その中核をなすのが「技術者的精神」なのである。

3．「社会学的工学者」としての応用社会学者

▶▶▶ 「技術者的精神」に基づく調査

「社会学的工学者」——ターナーは互換的に「技術者」「実務者」も用いている——とは、「説明的原則やモデルが利用可能であるようなものを用いることにコミットしている実務者」で、ターナーが強調したのは、理論を踏まえて調査と政策立案とを結びつけたアプローチの重要性である。

「社会学は心理学のようなビッグ・サイエンスである必要はない」が、「技術者的精神」によって社会学は経済学——「技術者的に適用できる理論的諸原則とモデルの首尾一貫したセットをもつ」——のように「高度に尊敬される学問」になることができる。それは応用社会学の課題だけでなく、社会学そのものの課題である。

> 臨床家や実務家であるよりは技術者であれ！ 社会学的工学者を産み出すための厳密な学術基準を開発しよう。もはや資格証明をめぐる戦いのための新しい芝生は失われているからである。われわれが学界の内外で、尊敬を得たいと願うならば、より厳密でより規律づけられているようにならねばならない。技術者的精神がわれわれを正しい方向へと導くのである。[24]

▶▶▶ アメリカ社会学における「技術者的精神」の欠落

それでは、なぜ社会学者は社会学的工学者になろうとしないのか。アメリカ社会学の歴史には「技術者的適用をもったディシプリンとなるためのいかなる現実的な契機」が欠けていたのは何故か。

彼によれば、社会学的諸理論は人間組織についての非常に多くの法則を発見してきたが、これらの諸原則のための語彙や法典編纂（codification）に関してはコンセンサスがなく、必要とされる知識はあってもそれを体系化できないでいる。それは社会学における理論の大きな失敗で、かくして社会学者はプロジェクトやプランを示唆する経験法則へと移し替えられるような原則をもち合わせていない。そして、もうひとつの理由は、社会学者は一般に、「事実や原

則あるいは経験法則に強制」されずに,「個人的政治的イデオロギー」を分離せずに考察したがるからである。

　社会学における統一的な理論の不在と社会学者の個人的イデオロギーの影響で,何より必要な「理論」と「実践」を結びつける「技術者的精神」が欠け,形骸化した「理論」と過度に形式化した数量的「実証」が広がっている。それが応用社会学と社会学の停滞と危機であると,ターナーは断じている。[25]

　そうした状況において「理論的な基盤をもつ実践指向」を重視することこそが「応用社会学」の確立と「社会学」そのものの刷新となるというターナーの主張は,「応用社会学」の確立だけでなく,それとともに——それによって——「社会学」自体を活性化するという本書の狙いと合致するものなのである。

第3節　応用社会学改革のための具体的方策
——「応用社会学」の発展のために必要なこと

　レーガン大統領による連邦行政からの補助金撤廃以来,アメリカでは社会学に対する風当たりが厳しくなって社会学部の縮小や学生・院生の減少といった傾向が続き,「社会学の衰退」が懸念されたのに対して,社会学教育と大学院の専門教育の改革論議が盛んになった。オルセンとターナーによれば,社会学の信頼性の喪失が学生や公衆レベルでも生じており,それは現代社会学における「実践指向」の希薄さから生じたものである。

　そして,彼らはそうした見地から具体的な「社会学改革」の方策を提案しているのであるが,彼らの「社会学」の学部と大学院における教育,および応用社会学の研究教育組織に関する改革案は,当時のアメリカとの違いを超えて,日本の社会学にも十分意味のあるものであろう。

1. 社会学教育の改革

▶▶▶ 社会学教育の欠陥

　オルセンとともにターナーは，社会学の信頼性の喪失が学生や公衆レベルでも生じているとしたが，ターナーはそれに加えて，社会学教育の欠陥が「実践指向」の欠如の一因でもあるとし，社会学教育の改革を主張している。　ターナーによれば，「儀式化した教育」およびデータ収集における理論の不在，理論定式化における実証の欠如，そして理論と調査におけるこのような儀式化した非生産的な方式が，人びとに社会学を「つまらないもの」(trivial) にし，社会学的実践を周辺に押しやる。

　　　理論教育は儀式化されジャンルとして教えられている。学生は最初に古典を学ぶが，これらの古典を「社会学的神殿における聖人」，「偉大さを象徴するトーテム」や，「崇拝されるべき神聖なテキスト」として読まされている。しかし現代の諸理論の間にはコンセンサスがないので，学生たちはそうした古典を「思想の学派」として学ぶことだけを目的として学ぶのである。

　そして，現実の問題に対する関心もなく理論もない社会学の講義内容は，問題意識をもった学生を惹きつけるようなものとはならない。彼はそうした現状を辛辣に指摘している。

　　　われわれは，しばしば「現在流行の興味を惹くもの」(contemporary exotica) ——メディア・犯罪・セックス・麻薬使用・ギャング・逸脱など——を，説明科学であるという抱負を何ら持たずに教えるところの単なるサービス学部になってしまっている。そして，われわれはほとんどあらゆることを教え，しばしば反省心もなく訓練もされていない学生にアッピールするために，自ら進んでわれわれの重要なコースを水で薄めてしまっているのである。

▶▶▶ 実践との関連を重視した社会学教育

　オルセンも「現実の問題に対する関心と理論」という応用社会学的実践指向

の重視こそが社会学改革の中核になるのであり，社会学講義では実践的具体的問題との関連を重視した講義にすべきであるという。それでは学生を惹きつけるにはどのような講義にすべきか，オルセンはいくつかの具体例を挙げている。

① 重要な社会問題に直接，間接に関係する調査と教えるトピックを常に選択する。(たとえば，離婚による片親家族が問題になっているのに，伝統的中国家族における長子の役割などの研究をしたり講義したりしない)。
② トピックが単純で平凡なものであっても，そのトピックに関係した理論的アイデアのサーベイから研究・講義を始めて，それに関連する理論的問いを明確にする。(たとえば，石鹸会社の市場調査をするとしても，コミュニケーション理論や態度変容理論が関連しないか考慮する)。
③ 未解決の理論的争点を取り上げる場合にも，実践に関連する質問に答えを提供するようにデータの収集と分析をし講義内容を編成すること。(たとえば，人種関係の講義では，法が社会変革の一般的手段であることとともに，持続する人種差別との戦いの武器としても取り上げる)。[28]

2．大学院教育の改革

▶▶▶ 大学院改革による社会学専門職の養成

社会学教育の改革に関しては，現代日本でも社会学教育の基準づくりなどの取り組みがあるが，オルセンは——30年前であるが——，それが応用社会学と社会学の改革として「至上命令」であると力説した。彼の提案は，大学院教育で社会学の専門職を養成せよというもので，日本における臨床心理士や社会調査士の養成課程の構想と同じものであり，現時点では必ずしも示唆を与えるものではないが，社会学改革の重要な柱としてターナーよりも現実的具体的な提案となっている。

オルセンは，まず社会学専攻の単位取得の専門厳格化——現在日本の臨床心理士養成課程に近似している——を提言する。

　　社会学者は，自分が社会の不平等をどんなに非難しようと，職業上のエリート

である．［「社会学専攻」という］プロフェッションの門戸は，ジャーナリストないし社会評論家のようにわれわれの縄張りに突然迷い込んでくるかも知れない者や，世論調査員，ソーシャル・ワーカー，経営コンサルタント，政府のプログラム・アナリストのようにわれわれの要塞に意図的に侵入してくるかも知れない者に対してはしっかりと閉ざされている．応用社会学者としてのプロフェッションへの門戸に到達するには，学問への一心不乱な献身——他のすべての知的関心の実質的排除を伴う——と純粋科学への全面的コミットメント，そしてプロフェッショナルな社会学者だけが本当の社会学をすることができるという真剣な確信をもつ者を除いて，すべての者を排除するように設計された4年ないし5年の課程を経なければならない．(29)

オルセンによれば，社会学研究者は，社会学の学士を取得して大学院に入学して，査読付きの雑誌に掲載の論文2本（「好評のリサーチペーパー」），学会誌掲載の数本の論文，あるいは「評判を呼んだ著作」1，2冊の業績を積めばテニュアの地位につくことができるというキャリアコースでは他分野の専門研究者のコースと異なるところはないが，「セミ・プロフェッション」のコースが開かれていないことが，経済学や心理学などとは大きく異なっているのである．

経済学などの専攻者は分野の重要性を一般人に証明しているので，セミ・プロフェッションの役割で政府，ビジネスのために働くことができる．彼らには，比較的高い社会的地位，職業スキルを発揮する機会，十分な収入，フル・プロフェッショナル・キャリアへの上昇機会がある．しかし，対照的に社会学では「きわめて最近まで」，セミ・プロフェッショナルの養成に「きわめて及び腰」であった——とオルセンは指摘し，それは社会学専門性の権威を守ろうとしていたからであると批判する．実験心理学・臨床心理学にあるような専門研究者とは別のキャリアルートは社会学では設けられなかった．

　おそらく，プロフェッショナル分野としての——近年ようやく獲得したが依然心細い——正当性を危険にさらすのではと恐れるからである．それ故に，政府，ビジネス，その他の組織で自らのためにそのような職業役割を切り開こうとした個人は「社会学者」と自称するのを躊躇し，学会では二級市民と揶揄され専門の

社会学者からは遠ざけられている。この状況は近年になっていくらか緩和されてきているが、そのようなセミプロの社会学的役割にいる人びとの数は依然きわめてわずかである。

こうして、「セミ・プロフェッショナル役割の開発」がオルセンの改革案——2つのステップがある——の核となるのであるが、その「第2のステップ」はその趣旨においてまさに日本の社会調査士資格制度と同一といってよいであろう。少し長くなるが、彼の主張をそのまま紹介しよう。

> 第1のステップは、大学の社会学科がソーシャル・ワーク学部とより緊密に連携し、グループ・ワーク、コミュニティ・オーガニゼーション、公共政策形成専攻のソーシャル・ワークの学生が社会学の原理と方法の健全なトレーニングを受けることを保証することである。そこで、ソーシャル・ケース・ワークを牛耳る心理学志向の代替肢として、その関心が性質的により社会的なものにある学生に、社会学的パースペクティブと想像力をもって活躍できるように十分な社会学のトレーニングが与えられる。社会学とマクロなソーシャル・ワークのコラボレーションは、学会やリサーチ・プログラム開発にまで拡張することができよう。
> ……もうひとつのステップは、社会学科が新しいタイプのプログラムと学位を提供することである。これは教室とフィールド・ワークを統合した社会事業修士 (M. S. W.：Master of Social Work) に似た2年制の修士プログラムである。それはソーシャル・サービスよりもソーシャル・リサーチ（社会調査）を主とするもので、社会分析修士 (M. S. A.：Master of Social Analyst) と呼ばれるのがよいであろう。このソーシャル・アナリストは、リサーチ・メソッドとデータ分析のかなりのトレーニングを受け、基礎社会理論や他の社会科学（とくに経済学）を受講し、専門的内容 (substantive speciality) を開発する機会を受けることになろう。M. S. A.の学位で、彼らは非常に多様な社会調査やとくに応用的性質の強い仕事ができるようになる。
> このステップについてこのような議論は、社会調査の博士課程の訓練を要求せず学位要件は比較的ルーチンな社会調査の能力を身につけることで十分という大半の学生や、社会学者は雇用したいが博士号取得者は不要という多くの雇い主に歓迎されるだろう。

こうした大学院の改革による専門教育を受けたセミ・プロフェッションの人

びとは，社会調査をアカデミア内部に止めず「切実な問題に直接貢献できる実世界の場」で活用できる十分に訓練を積んだ人材となる。そして，オルセンは，こうした社会学改革——実践に役立つ社会学への改革——には大学院の専門教育課程の改革こそが「至上命令」であり，これに応えることが「すべての社会学のパースペクティブと知識を人間の状態の改善に関わらせるという究極目標に向けての中間ステップ」であると主張した。

▶▶▶ 応用社会学者の資格認定より「技術者的精神」

こうした専門教育の高度化を達成するとともに社会的な信頼性の確立の方策として考えられるのは「資格認定」であるが，1984年アメリカ社会学会理事会が再度社会学者の資格認定（credentialing）の開発を探求したものの1995年にはその努力を放棄している。また，SPA（The Sociological Practice Association：旧臨床社会学会）とAAPSP（The American Academy of Professional Sociological Practitioners）およびSPAとSAS（Society for Applied Sociology：アメリカ応用社会学会）は，その代表者からなる委員会を設けて社会学の資格認定の努力を続けているが，ターナーによれば「そのような努力はあまりにも遅すぎ，もはや戦略の変更が必要」で「資格認定」制度は社会学改革の手段にはならない。[32]

こうしたオルセンやターナーの主張に共通するのは，社会学の専門性を高め実践的な社会科学にすべきであるという主張である。こうしたアメリカにおける応用的な立場からの社会学についての議論は，20年前のものとはいえ，今日の日本においてもなお社会学論として論じられる意味があるであろう。

3．応用社会学のための教育・研究組織

▶▶▶ 応用社会調査に関わる研究組織

応用社会学のための教育カリキュラムや大学院の専門職養成に関する課題については前述したが，「R&D」（研究・開発センター：Research and Development Center）については，ラザースフェルドが自らの経験を踏まえた提言

――応用社会調査にかかわりのある組織上の諸問題と応用社会学者の教育訓練の在り方についての提言――が現在も妥当な示唆となっている。[33]

ラザースフェルドによれば，アメリカの諸大学への経験的社会調査研究の導入は，その発端から潜在的な利用者に対する訴えかけと深く結びついており，関連情報を収集したり財政的技術的問題に対処するために，既存の伝統的な学部という枠組みの他にセンターや研究所などが創設された。

しかし，研究所と学部の関係には研究と管理および教育の訓練の在り方をめぐっていろいろと複雑な問題がみられ，ラザースフェルドは，これらの大学に附置された調査研究所は制度や組織上の特性から，有能で知的な指導力と管理上の指導力とが結びついた「管理能力をもった学者」という新しいタイプの役割を生みだしていることを指摘している。[34]

次いで，彼は政府によって援助された大学構内におかれた「研究・開発センター」の由来とその組織上の問題を検討し[35]，とくに大規模に社会科学者を採用した教育R&Dが，果たして行政と大学との間の安定した協力形態でありえたかどうかはまだ不明であるという。そしてアメリカにおいて1969年に大学構内に置かれていた「研究・開発センター」のその後の経緯をたどっている。

当時，大学と提携しない独立組織である調査研究センターが増えつつあったが，ラザースフェルドは，そのような研究所や大学との提携をもたない政策科学センターの在り方に対してはきわめて批判的であり，社会科学の教育・研究を豊かにし多くの有能な人びとをアカデミックな領域から流出させないためには，大学と研究所との提携やよりよい統合を目指すべきであると主張している。

また，行政機関や企業組織においても，単に自らの事業のために直接的に役立つような事柄について調査研究するだけでなく，一般的な問題の解明に関わるような「使命志向型の基礎調査の役割」を認知して，そのような基礎的な調査研究をも支援しようとする体制を備えつつあることを指摘し，大規模組織における社会調査研究の位置と役割を，ラザースフェルドは彼らの実施した共同研究プロジェクトのひとつである海軍の研究開発機構における行動科学調査を事例として記述している。

▶▶▶ 政策科学も含む応用社会学の教育

ラザースフェルドは,応用社会学の教育についていくつかの提言をしている。彼はすでに1950年に,マートンと協力して人間事象に関する調査研究のための専門大学院の創設を唱道しているが,その後いわゆる「政策科学」の運動やその戦略と対比しながら,社会学の利用過程において専門職的役割を担うことを志す人たちの教育訓練に関して明確な提案を行っている。

ラザースフェルドが,まず指摘するのは,「政策科学」という用語は余りにも広すぎて,「利用過程の諸段階」(第5章第1節)を明確に区分せず,実際的問題の調査企画への変換や勧告の際の飛躍といった段階への留意がほとんどなされていないことである。また,社会学では応用のための教育が決定的に必要であるのに,既存の学部や大学院の教育・研究体制では「悲しいほどにそれが欠如している」が,それに対して政策科学では社会調査研究を利用しようとする人びとにとって必要とされる教育・訓練が強調されていることを指摘している。

〈注〉
(1) P. H. Rossi, J. D. Wrighit and S. R. Wright, 1978, The Theory and Practice of Applied Social Research, *Evaluation Quartery*, Vol. 2, No. 2, pp. 171-191 を参照。
 なお,Some Seemingly Puzzling Features of Applied Social Research については,この論文の背景について次のような注が付されており,その内容がラザースフェルドの見解に添っていることが示されている。

 本論文の初出は,American Association for Public Opinion Research, 1977の年次集会において Paul F. Lazarsfeld を讃える記念講演としてロッシによって提示されたものである。この論文の中心テーマは,ラザースフェルドにとっても重要なものであり,この論文で提示された多くのアイデアは,彼の著作および彼との20数年間に亘る個人的な対話によって,影響されたものである。
 社会科学の学術的と応用的の両部門が相互に影響し合いながら,過去20年間を通じて成長してきた。しかし両者の活動の間には,バラバラに切り離された職歴,専門職学会,区別された給与方法と威信などで表現されているような緊張が存在する。

 本論文の目標は,pure と applied の社会科学の現在の立場について——,
 ⅰ)基礎と応用の社会科学の区別を明確にし,この区別を正確に引くことが困難であることのいくつかの理由について注意すること,

ⅱ）応用社会調査の類型論（typology）の提示
　ⅲ）応用社会調査の「不可解とも見える特徴」（puzzling feature）を指摘すること——である。
　社会科学者が，ますます何らかの類の応用社会調査活動に関わるようになるにつれて，応用社会調査のこれらの特殊な形相を理解することがますます重要になる。この論文がそのような理解に貢献することがわれわれの望みなのである。

　なお，ロッシがあげた〈puzzling feature〉のうち，以下では，改善可能性が高いものは単に「問題点」とし，改善が困難でいわば応用社会調査に内在的な特質と考えられるものを「矛盾的な特質」の意味で「パラドックス」とした。
(2)　他に，「大学の学事歴は大規模調査の要請とはうまくかみ合わない」こと（学生・院生の論文準備時期と重なったり，夏期休暇・クリスマス休暇などによる図書館や情報センターの利用制限などとぶつかる）も挙げられている。
(3)　ロッシはこれを「非常に目立つ問題点」とし，「学術誌に掲載される調査の方が平均的にも質が上であるということではなく，そこにも質の低い調査はある」と指摘しているが，方法論的厳格な応用社会調査（たとえばセンサス調査局の人口統計調査）のような「現在の技術水準では最高レベルの社会実験」が大学ではない調査会社や機関によって実施されていると指摘している（Rossi et al., op. cit., pp. 183-84.）。
(4)　Ibid., pp. 183-84.
(5)　Ibid., pp. 185-86.
(6)　Ibid., p. 187.
(7)　Ibid., p. 187.
(8)　Ibid., pp. 187-88.
(9)　Ibid., p. 188.
(10)　Ibid., p. 188.
(11)　Robert A. Scott and Arnold Shore, 1979, *Why Sociology Does Not Apply: A Study of the Use of Sociology in Public Policy.* Elsevier. 第6章 Toward a Policy-Relevant Sociology．なお，スコットとショアの主張については久慈利武氏の紹介（第24回応用社会学研究会：2011年11月）によるものである。
(12)　Ibid., p. 218.
(13)　Jonathan H. Turner, 1998, Must Sociological Theory and Sociological Practice be so far apart ?: A Polemical Answer, *Sociological Perspectives,* Vol. 41, No. 2, pp. 243-258.
(14)　ターナーの中枢概念である〈engineering orientation〉は，実践的な問題解決を重視する認識姿勢を指しているので，〈engineering〉は「技術者的」とした。
　ただし，ターナーは，基礎医学（生理学・病理学）に対する臨床医学，物理学に対する工学と類比して，経済学も心理学も応用的部門（経済学→経済政策，心

理学→臨床心理学）をもっており，社会学についても「応用社会学，社会実践学（実践社会学），社会（学）工学」を構想できるとしている。したがって，こうしたターナー自身の考えに従えば単に「社会工学」の訳語がふさわしいのであるが，本書では現在の「社会工学」の概念と区別する意味で「社会工学的（技術者的）」としている。

(15) Marvin E. Olsen, 1981, Epilogue. The Future of Applied Sociology, in M. Olsen & M. Michlin eds., *Handbook of Applied Sociology,* Praeger Publishers.
(16) Ibid., p. 565.
(17) オルセンは，ミルズ（Mills: 1959），ラザースフェルド（Lazarsfeld/Sewell/Wilensky: 1967），ホロビッツ（Horowitz: 1968），グルドナー（Gouldner: 1968）などを挙げている。
(18) Olsen, op. cit., p. 565.
(19) Turner, op. cit., pp. 247-48.
(20) Ibid., p. 252.
(21) Ibid., p. 246.
(22) Ibid., p. 255.
(23) Ibid., pp. 253-54.
(24) Ibid., p. 250.
(25) Ibid., pp. 248-49, p. 257.
(26) Ibid., p. 245.
(27) Ibid., p. 255.
(28) Olsen, op. cit., p. 566.
(29) Ibid., pp. 566-67.
(30) Ibid., p. 568.
(31) Ibid., pp. 568-69.
(32) Turner, op. cit., p. 249.
(33) Paul F. Lazarsfeld and Jeffrey G. Reitz, 1975, *An Introduction to Applied Sociology,* pp. 80-93.（訳書，112-129頁参照）
(34) Ibid., p. 166.（訳書，219頁参照）
(35) Ibid., pp. 167-170.（訳書，221-226頁参照）
(36) Ibid., pp. 180-185.（訳書，239-246頁参照）。さらに彼は，政策科学をもふくめて，応用的社会調査研究の専門大学ないし学位のための適切なカリキュラムとそれらの既存の大学機構のなかでの位置，さらに長期的な大学改革の展望に触れている。

終章 総括と展望

　以下では，本書における「応用社会学」論から示唆されることを総括し，今日の日本における応用社会学の課題を，その現状を顧みつつ取り上げるとともに，その課題が「応用社会学」に留まらず理論社会学をも含む社会学そのものの課題であることを述べることによって，本書の一応の結論としたい。

1．日本における応用社会学の現状と課題

▶▶▶ 日本における社会学の実践との関わり方

　「社会学」の立場で時局的なことなど社会政策的なイシューについて考察したり提言する学者は少なくない。しかし，そうした中には社会科学的な理論をまったく無視あるいは貶価して，個別的な現場の状況重視という建て前のもとでアド・ホックな記述的調査だけを繰り返し，そこで得られた印象的な知見だけで実用的な提案や助言ごときものをすることでこと足れりとする人びとも存在する。

　一方，批判科学としての社会学者や知識社会学者たちはこのような学者を徹底的に批判し，大局的な立場にたったイデオロギー批判や知識や理論の存在拘束性を主張して，理論社会学のもつべき実践性を説いている（いわゆる啓蒙的な役割を果たすといわれる実践社会学はこの類の社会学のことであろう）。

　しかし，「役に立つ」といっても，いわゆる「御用学者」のように単にイデオロギーや観念的な次元ではなく，所与の目的を実現するために実際的技術的に役に立ち貢献することができるといういわゆる「社会工学的立場」もあるし，専門科学的知見や技能に立脚しながらも，クライエントの真の福祉のために

サービスするという「専門職的応用社会学の立場」もある。またアーチバルト[1]がいうところの「戦略的タイプ」――依頼人を実務的な知識をもった仲間とみなして，相互のやりとりは率直に行われ，決定も共同してなされるような――立場も考えられる。

▶▶▶ 応用社会学の位置と役割

　それでは，「応用社会学の位置と役割」はどのようなものであろうか。応用社会学は「規範理論」に関わっていることは明らかだと思われるが，しかし，舩橋論文の「究極の理論」，「至高の理論」[2]や高坂論文のように，一般理論や基礎理論，歴史理論との統合によって漸くやっと完成されるような「原理論」ないし「基礎理論」的レベルのようなものか。それともブラウォイの唱導する[3]「公共社会学」のように，「社会学は自らの規範的基礎，理論の有する規範的含意を反省的に把握し，それを携えてアカデミックのサークル外に位置する公衆との対話に積極的に乗り出すべきだ」[4]という類のものなのだろうか。

　応用社会学が社会学的知見の利用過程に関わるとしても，すでに述べたように（第4章第1節），それにはいろいろな関わり方がある。すなわち，①マクロなレベルでの「批判理論」などに依拠した「社会批判」やいわゆる「実践社会学」的なものを目指す，②同じくマクロないしメゾのレベルでも，社会政策論や社会計画論，地域計画，組織の管理・運営の問題などを対象にして，社会学研究者が自律的に「問題状況の審査→調査の企画と実施→解決策の探究（プランニング）→勧告とその実施→結果の評価」といった一連の全過程に関わる，③問題状況の診断と政策目標の選択はクライエントに任せて，手段的道具的レベルでの知識や技術を提供する（社会工学型），④主としてミクロおよびメゾレベルで社会病理状況の診断およびそれらへの対応施策についての査定と評価に関わる（社会病理学型），⑤質的なケーススタディと臨床的な診断に基づいた「クライエントへの介入」に専心しようとする（いわゆる臨床社会学型）――等々の関わり方である。

　このような状況を克服し，社会学を再活性化させるためには，社会学本来の

基本的要請であった理論・調査・応用の乖離の克服と再統合，マクロとミクロアプローチの相互媒介，そしてひとつの統一された「学」(discipline) としての社会学の体系化と，そこにおける応用社会学の位置と役割の確認が果たされなければならないであろう。そのような企図を明確に位置づけることが本書のそもそもの基本的な狙いなのである。

2．「応用社会学」の意義

▶▶▶「社会学的知見の利用過程」としての「応用社会学」

以上のような理論・社会学的パースペクティブの重要性とともに，「応用社会学」で強調されるのは社会学的知見の「利用過程」についての方法論である。社会学的知見が「利用」されるには，「誰にとって」（クライエント）と「何のために」（クライエントにとっての目的）が何より重要で，それが学術目的の研究と大きく異なる点である。そうした前提が軽視されることで「役に立たない社会学」という不満と不信が生じるのであり，それはアメリカの応用社会学においても大きな問題とされた（第7章第1節参照）。

「応用社会学のフレームワーク」の中核は，さまざまな「社会学的知見」を社会的な現実に適用（応用）して何らかの改善を図る際に必要な「社会学的知見の利用」に関わる方法・手法である（第5章参照）。アメリカの応用社会学においては，政策立案と施行に関わる実務担当者とのコミュニケーションの手法についても応用社会学の方法・手法として重視されているが，日本社会学においてはそうした方法・手法に関する議論が乏しく，そうした方法・手法の重要性についての認識さえ希薄である。

アメリカ以上に日本では，一般に社会学者は"真実"を明らかにすることは「課題」として重視するが，その知見が有効に——関係者に「妥当」なものと受け入れられて——政策に影響するかどうかは「研究の埒外」とみなすことが多い。比較的そうした議論が活発なのは社会調査法の分野であるが，そこでもアメリカの応用社会学で議論されるような，企画段階からのクライエントとの応接・プロジェクトの段階ごとの課題などをめぐる問題（第5章参照）などは

――恐らくマーケティング分野を除いては――ほとんど議論されていないといってよいであろう。

応用社会学の主要な領域のひとつである実践的な社会調査（応用社会調査）においても，調査知見の活用を重視する限り不可欠な方法的な手続きが軽視されがちである。すなわち，社会調査で取り上げる諸要因の選択には現実的な政策形成や施行に有効な要因を選択することが基本となるべきであり，調査における要因（説明・被説明・媒介要因）の選択の議論が重要であるが，そうした実践的な視点は軽視されて一般的な「理論的に重要」と思われる要因が優先されがちである。

そもそもそうした議論の重要性も社会調査の方法論において看過されているように思われる。調査知見などの「応用社会学」の成果の活用に無関心な傾向が，こうした現実・現場との連関性を重視するというアプローチの軽視につながっているのは明らかで，日本社会学界が「応用社会学」から学ぶべき点であろう。

▶▶▶ 社会学刷新への「応用社会学」の貢献

すでにみたように（第1章第1節，第7章第2節参照），1970，80年代のアメリカでは応用社会学の停滞や社会学の衰退状況が深刻に受け止められ，その改革のための提案がなされ論議が行われていた。第二次世界大戦中から60年代70年代初頭までは，社会学の利用や実践に対する期待が昂揚して，連邦政府や財団からの豊富な資金提供もあったが，それらの社会学の診断や評価・勧告があまり実用的でないことが，次第に判明するにつれて，資金援助も乏しくなり，とくにレーガン大統領による連邦行政からの補助金撤廃以来，社会学に対する風当たりが厳しくなり，社会学部の縮小や，学生・院生の減少といった傾向――社会学の衰退――すら懸念される状況であったが，このような状況は現在の日本にも当てはまるのではないだろうか。

しかし，日本社会学ではそうした「衰退」という議論は少なく危機意識は薄いように思われるのであるが，それにはアメリカ社会学の伝統にある「実践指

向」の希薄さが影響しているように思われる。

　「社会学的知見は実際に活用されなければ意味がない」というアメリカ応用社会学の思想は，アメリカ社会学の成立が「社会福祉」への貢献を学問的課題としていたこととプラグマティズムの知的風土に裏づけられているもので，そうした思想が，「理論に裏打ちされた，政策提言など現実に必要とされる知見を提示できる応用社会学」にしなければならないという「応用社会学」論の主張となっている。応用社会学を基礎づけているそうした思想が根づいていないことも，日本社会学界で応用社会学論が欠落していることと，社会学衰退の危機意識が薄いことの要因になっているのではないだろうか。

　そうしたアメリカ社会学における応用社会学の議論は，応用社会学の枠を超えて，「現実科学」としての社会学の確立という「社会学の現状の刷新」という主張になっている（第6章第3節参照）。社会学の発展（社会的な影響力の増大）には理論の充実が必要という主張もあるが，むしろ問題は，理論社会学の発展はあっても，「応用社会学」のような社会改革（目的的社会変動）への指向が明確ではないという点にあるのではないか。

3．応用社会学の教育と研究体制の改革

　以上のように，概念や位置づけが明確でない状況にある日本社会学において，「応用社会学」を確立するために必要なことは研究のみならず専門教育も含めた改革である。アメリカ社会学における取組み（第7章参照）も参照しながら，日本の現状を踏まえた改革について考えてみよう。

▶▶▶ 応用社会学専門職の養成のための方策

　日本の社会学においては社会学の刷新のためにもアメリカ社会学以上に応用社会学の確立が急務である。そのために必要なことは程度の差はあれ，基本的にアメリカ社会学における場合とほぼ同様で，それには種々の困難があるものの，①応用社会学論（原論）の整備と実績の蓄積，とともに，②社会学教育と大学院専門教育の刷新，③応用社会学の専門職の養成と④マーケット拡大

という課題が考えられる。

大学院専門教育の再検討

　まず必要となるのは，社会学の大学院専門教育の在り方の再検討であるが，その前提となるのは，(1)社会学の基本は応用社会学であるという理念と，(2)学術指向と実践指向への統合ということである。

　「社会学」の専門教育は，むしろ研究者養成よりも応用社会学の専門職養成が主となるべきであり，社会学の「理論」を学べば自ずと具体的実践的な課題にも専門的知識がもてるという思い込みから脱しなければならない。

　そして，「社会調査」(狭義の「応用社会学」)に止まらない応用社会学のパースペクティブこそが社会学の専門教育の中心にならなければならない(第7章第2・3節参照)。「専門」性を高めるためには，修士課程のみの専門教育ではなく，学部教育と連動するコース編成も考えられるし，社会科学系の専門職大学院のような在り方も望ましいであろう。

カリキュラムの改変

　専門職の養成の第一歩は，学説研究中心から「理論と実践」重視のカリキュラムの整備である。そのためにも，調査と応用に有効に結びついた社会学的パースペクティブの開発と統一された理論スキームの構築という，応用社会学の体系の整備が急務となる。また，実践的社会調査方法論の整備，その訓練と普及，現地調査の体験，インターン的実習なども不可欠である。そうした実践的な専門知識を習得するためには，現地調査体験を含む実習やケーススタディ(ハーバード大学経営学大学院などのビジネス・スクール等で重視している)等のカリキュラムが重要であろう。

　さしあたり専門職養成のための教育は，広義の「応用社会学」よりも社会調査を主とする狭義の「応用社会学」が中心となるので，「社会調査士」認定の専門教育と同様のカリキュラムが考えられるが，「社会調査」より広い「応用社会学」としてのカリキュラムが望まれる。

関係学協会の再組織化と統合

　個別の大学院における改革だけでなく，関係学協会の再組織化も望まれる。アメリカでも日本でも，応用社会学に関連する諸分野がそれぞれ独自に学会をもち，相互の連携は重複会員である個人のレベルに留まっている。

　アメリカの場合は，アメリカ社会学会と応用社会学会・臨床社会学会・社会学的実践学会などで統合の動きもあったものの，分裂状況が続いているのに対し（第7章第2節参照），日本の場合には，日本学術会議への社会学関係学協会の乱立状況にみられるように，アメリカのような「統一」への動きもない。しかし，「応用社会学」のような共通の理念が共有されない限り，こうした分裂・競合からの脱却は困難であろう。

　「応用社会学」は，本書で強調してきたように臨床的な分野を包含する広汎で体系的な領域であり，現在分立（あるいは「分裂」）している関連学会も相互に連携することで社会科学としての専門性を高めることができる。分裂した個別の専攻では「応用社会学」としての十分な専門性をもちえないが，学会として統一されれば，それに応じた専門教育が可能になるはずである（第7章第2節参照）。

応用社会学専門職のマーケットの拡大

　専門職としての教育体制が整っても，修了者のマーケット（就職機会）が広がらなければ志望者は増えないから，マーケットの拡大が不可欠である。しかし，それには応用社会学の専門性が高まり社会的な信頼を得ていることが前提となるから，ニワトリとタマゴ式の困難がある。

　政策調査や世論調査・マーケティング調査などの社会調査が盛んなアメリカでは，調査機関や調査会社などの専門職としての就職口が増えるという「改善への趨勢」がみられるといわれるが，セミ・プロフェッショナルなものである。[7] 社会調査も臨床に関わる応用社会学もアメリカのように普及していない日本の現状では，セミ・プロフェッショナルなものであれ改善の兆しもない状況にあるといわざるをえないであろう。

4. 応用社会学者の基本姿勢と課題

▶▶▶ 応用社会学者としての基本姿勢

批判科学としての社会学を唱えたハバーマス（J. Habermas, 1929-）によれば，客観的な因果法則の探究を目指す分析的経験科学は，分析や診断といった技術的手段的知識において威力を発揮するようになってはいるが，しかし実証主義的自己抑制を故意や過失によって犯すのではない限り，社会学は目標理念や秩序観念をつくり出したり綱領を起草したりする資格はなく，計画の目標や方向そのものを既定のものとして受け取らざるをえない。したがって，「社会学は計画官僚との共同作業において，かつてなかったほど効果的な活動をすることができるようになっているが，まさにこの共同作業のなかで人間を管理するための知識や技術として利用され，いわば管理社会化への奉仕者としての役割を担わされている」と彼は警告している[8]。

そして，ハバーマスによれば，批判科学としての社会学こそ社会科学の本質的な在り方である。すなわち，それはイデオロギーによって歪められた世界像をもつ人びとに向かって彼らの真の状態の理解を可能とする説明を与え，あたかも患者の状態についての真の説明によって神経症患者が幻覚や強迫観念から解放されるように，彼らを神話や歪んだイデオロギーから解放する[9]。このような人間解放の批判科学こそ，人間の社会的政治的生活に最もかかわり深いものである。

要するに，社会学における認識過程は，研究者の理論的背景とともに彼の現実の社会に対する実践的な問題意識を起点とするものであり，さらにそれは一定の歴史的社会的現実のなかで行われるものである限りにおいて——欲すると否とにかかわらず，また意識すると否とにかかわらず——ひとつの実践的な社会過程なのである。したがって，社会学を研究するものは，自己の研究の前提や条件が実践的にいかなる意味をもつかを，つねにはっきりと意識しながら自己の研究作業に取り組まねばならない。

さらに経験科学としての社会学の方法は，利用可能なデータの性格の諸条件

——とくに対象者の基本的人権やプライバシーの保全，観察や面接におけるバイアスの発生，調査技術の発達程度等——に制約されざるをえない。したがって，対応している問題の文脈や調査技術をまったく無視して理論的な次元だけで，基本的立場や原理を云々したりパラダイム革新を唱えることは必ずしも生産的とはいえない。

まして，このような論理の次元だけで自己の立場がより根本的・総合的・現実的であるとか，経験科学的で歴史性を尊重しているとかの論議を続けてみても，せいぜい相互の立場のイデオロギー性を暴露しあうだけであって，結局ははじめからもっていた自他の立場の基本的相違を再確認することに終わりやすい。社会学的な「批判」の重要性とともに，実践的な「診断」「政策提言」におけるその限界をも明確に認識していることが，何より重要な応用社会学者の基本的姿勢なのである。[10]

▶▶▶ 応用社会学における経験科学としての限界

社会学的知見は，いかに総合的認識を標榜したにせよ，他の諸々のディシプリン——たとえば，医学，工学，経済学，政治学，心理学など——の知見をすべて包摂するものではなく，いわばそれらと並列しながらも，それらの諸知見間の関連を社会学的パースペクティブによって媒介するといった役割を果たしうるに過ぎない。社会学的知見は，経験科学として留まるかぎり一定の限界があること，応用においても完璧な解決はありえないことをしっかりと認知しておくべきである。

たとえば，実施された応用社会学によって提示された解決策は，所与の時点でたとえ理論的実践的にベストを尽くしたものであれ，常に暫定的なものにとどまらざるをえないであろうし，その解決策の実施も，そこで企図された目標の実現としての顕在的機能のみならず意図せざる結果としての潜在的機能が，しばしば予測されたシミュレーションの範囲をはるかに超えて必然的に構造の変動と新たな矛盾の発生をもたらし，再びそれらの解決策の探求が余儀なくされるのが社会的現実であるからである。

しかし，だからといって応用や実践から隔絶した「理論研究」に逃避すべきではない。堅実な社会学の充実と発展のためには，応用社会学者と理論社会学者の役割を分離するのではなく，創造的に再統合することが肝要なのである。

　確かに，社会学が学問として成り立つためには，事実を事実として客観的に明らかにし，学問としての体系性を築かなければならないが，しかし，もう一方には社会学には現実の問題の処理や解決について何程か役に立ち，貢献し方向を示すといった実践的な使命がある。

　事実を「事実」として明らかにするというときに，どのような「事実」を明らかにしていくかは，社会学は社会学的視点でやらなければならないということだけではなく，研究者の思想性や価値判断に関わらざるをえない。社会学は社会学のためにあるのではなくて，現実を解明するためにあるからである。

　したがって，そこでの社会学的視点が，いかに総合的歴史的実践的な認識指向を目指すスタンスをとっているとしても，経験科学的立場を保持しようとする限り，どうしてもある限界をもたざるをえない。あくまでも客観的に原因を探り，さらなる原因を探るというように，すべてを因果関係で追求しようとすると，個人の主体的な選択とか人格的な責任といったものは，このような因果関係のアプローチからは触れることはできないからである。

　しかし，人間は責任ある行為の主体者であり，選択する自由と人格をもった存在である。社会学が実践的な使命に参与するためには，このような「人間の自由」とか「責任」といった問題にも関わらなければならないのであるが，「人間の自由」とか「責任」については，十全な形ではアプローチできず限定つきであることを知らなければならないであろう。研究者たるものも，自己の職分として，このような限界のあることを十分に知って禁欲しなければならないのである。

　さらに，また応用社会学者は，「応用社会学」に根本的なパラドックスがあることも自覚していなければならない。すなわち，応用社会学者は，社会問題の解決や政策立案への実践的貢献という点ではクライエントに役立つように最大限寄り添う「実践指向」が要求される一方では，時にクライエントの要求自

体の妥当性や正当性をも直視する社会学者としての批判的な「学術指向」も内在させている。学術的な真理性を追求すれば実践的有用性が不確かになり，実践的に役立つことを第一とすると学術的な厳密性を断念しなければならないという「パラドックス」（第7章第1節参照）に直面せざるをえないことは，まさに「応用社会学者の宿命」なのである。こうした「宿命」を直視しつつその時々の状況に応じて最善を尽くすことが，「応用社会学」に研究者として関わる人びととの「責務」となることを忘れてはならない。

▶▶▶ 本書の残された課題

本書において応用社会学の課題と方法が悉く明らかにされたわけではない。方法については主としてラザースフェルドの「利用過程」論を中心にしているが，たとえばクライエントとしての政策立案者の社会的位置や役割，彼らのいだく問題関心の認知や解決手段選択の背景にある価値的諸前提，あるいは社会学者の社会問題や社会病理の認識や診断の理論的パースペクティブの諸類型などについての体系的な検討はほとんどなされていない。[11]

また，これらの価値的諸前提や診断の枠組みに従ってなされる社会的調整や介入の範囲や規模の差異にも着目しなければならないであろう。ごく初歩的な区別をあげただけでも，事後的な対応としての修復や治療的な施策と，事前的な対応としてのプランニングや予防的施策が区別されるであろうし，またその対策が全体的か部分的かの区別も必要であろう。これらの「事前的―事後的」「全体的―部分的」の2つの基準を組み合わせることによって，さらにいくつかの社会的調整や介入の型を区別できるし，それにしたがった応用社会学の諸類型の設定も必要であろう。

さらに，社会学的知識や調査技術の利用過程には，専門社会学者と政策立案者ばかりでなく，直接働きかけの対象となる人びとや行政担当者なども関わってくる。とくに社会的調整や介入の主体や客体がどのような社会的範疇の人びとであり，さらにこれらの人びとを動員し組織化していく際のコンセンサス確保やコンフリクト調停の手段や戦略の違いにも着目しなければならないであろう。[12]

このような応用社会学的認識や診断の前提となっている価値的規範要素の吟味や逸脱行動論をふくむ社会病理学などの社会学的パースペクティブの検討，対象となる問題領域の広がり，用いられる調査の方法や診断の技術等々によって，応用社会学の実質的内容は多様なものとなるであろう。[13]これらの応用社会学のより体系的な類型化とそのそれぞれの類型ごとの応用社会学の内容と方法の整備こそが，なお残された——そして早急に果たされなければならない——課題なのである。

〈注〉

(1) Archibald, K., 1970, Alternative Orientation to Social Utilization, *Social Science Information,* 9, pp. 7-34.

(2) 舩橋晴俊，2006,「理論形成はいかにして可能かを問う諸視点」『社会学評論』57(1), 4-24頁

(3) 高坂健次，2006,「社会学における理論形成」『社会学評論』57(1), 25-40頁

(4) M. Burawoy, 2005, For Public Sociology. 2004, Presidential Address, *American Sociological Review,* 70(1), pp. 4-28.

(5) そうした「社会学の刷新」の議論でアメリカ社会学に学ぶ点として，社会学教育や大学院制度の改革論議がある。改革の具体的な内容は必ずしも同じように論じられないかも知れないが，社会学・応用社会学の改革論の一環として論じるというその論じ方と問題提起の仕方は示唆的であろう。

(6) 例えば，盛山和夫，2006,「理論社会学としての公共社会学に向けて」『社会学評論』57(1), 92-109頁

(7) オルセンは，臨床関連の専門資格に出遅れた応用社会学にとって，さしあたりはセミ・プロフェッショナルな専門職の養成をめざすしかないと述べている（第7章第3節参照）。

(8) ユルゲン・ハバーマス著，長谷川宏・北原章子訳，1971,『イデオロギーとしての技術と学問』紀伊國屋書店

(9) 同上書

(10) 新明正道，1961,『「総合社会学」の現実志向』誠信書房，齋藤吉雄，1985,「応用社会学の役割——新社会学における実践社会学の位置」社会学研究新明正道先生追悼特別号，235-243頁参照。

(11) D. P. Street & E. A. Weinstein, 1981, Prologue: Problems and Prospects of Applied Sociology, in Marvin E. Olsen & Michael Mickline eds., *Handbook of Applied Sociology: Frontiers of Contemporary Research,* Prager, pp. xiii-xxiv.

(12) P. M. Rossi & W. F. Whyte, 1983, The Applied Side of Sociology, in H. E.

Freeman, R. R. Dynes, P. M. Rossi and W. F. Whyte eds., *Applied Sociology: Role and Activities of Sociologist in Diverse Setting,* Jossey-Bass, pp. 5-31.
(13) 齋藤吉雄, 1988,「社会学的認識と政策実践——応用社会学の基礎視角」『社会学研究』第53号, 20-21頁

あとがき

　本書の構想の発端は，東北大学文学部教授昇任直前に執筆した論文「目的的社会変動の諸相——応用社会学の基礎的考察」（東北大学文学部年報第22号，1973）が嚆矢になり，その後ラザースフェルドの『応用社会学——調査研究と政策実践』（1989，恒星社厚生閣）の翻訳作業を通じて触発された問題意識や，東北大学定年退官の折の最終講義「応用社会学への途」（1990）が基礎となっている。

　私が唱導してきた「応用社会学」は，個々の社会病理や社会的逸脱現象に事後的に対応するだけのものではなく，またミクロで臨床的な介入の次元に留まるのではなく，現実の社会変動そのものに目的的に働きかけてその変化を先取りし，あるいは必要な変化を計画的に創造しようとする「目的的社会変動」が対象になっている。

　その構想は，1995年以降における東北学院大学大学院人間情報学研究科での講義や演習，そして2001年1月に発足して2012年8月で第28回を数えるに至った「応用社会学研究会」の例会での報告や，参加メンバーからのコメントを受けながら往きつ戻りつしつつ，ほそぼそと消え去ることなく今日まで続いてきたのであるが，私の応用社会学の構想はその後紆余曲折し，ほとんど進捗することなく停滞したままであった。

　あらためて応用社会学の構想をなんとかものにしたいと考える契機になったのは，ひとつには，社会学に対する最近の私の想い——あるいは，むしろ社会学への迷いと言うべきかも知れない——を，残された人生の中で生きているうちになんとか整序しておきたいという衝動であった。若い頃，「20世紀前半まではイデオロギーの時代であり，後半はソシオロジーの時代である」というパーソンズ的壮語や，1950～60年代の「日本における社会学の発展と隆盛」（尾高邦雄，1949，『社会学の本質と課題』）を自明のように受け止めて抱いていた

"社会学に対する自信と矜持"はほとんど喪失してしまい,現代社会学の存在根拠があやふやになったという思いに駆られ,最近とみに感じるこのような諸疑念をなんとか私なりに整序しておきたいということが本書執筆の動機になっている。

とくに前述の「応用社会学研究会」発足直前の2000年の秋,たまたま賑々しく出現した大村英昭・野口裕二の両氏によって発刊された『臨床社会学のすすめ』『臨床社会学の実践』に対してわれわれの「応用社会学研究会」としては,むしろそれらのものの基盤となるべき「応用社会学の理論と実際の検討の必要性」が痛感されて,そのための論文集の刊行が企図され,その総論に当たる部分を私が担当し,各論のテーマと執筆担当者もほぼ確定していた。

ところが諸般の事情により,会員の総意に従ってまず総論に当たる部分を先行して刊行すべしということになった。そこで私は早速,既に持ち合わせていたラザースフェルドの応用社会学に関する所説と H. M, Rebach and J. G, Bruhn, 1991, *Handbook of Clinical Sociology* のなかの関連資料を参照して,自分なりの「応用社会学原論」の草稿は何とか完成できると思い込んでいた。しかし,その後,種々の文献を読み進めたが,ラザースフェルドとの整合性などで遅疑逡巡することとなり簡単に完成させることはできなかったのである。その間に「応用社会学研究会」での討論なども踏まえ,改めて「応用社会学」原論として再編成したのが本書である。

本書の主要参照文献や資料は,邦語のもの以外はほとんどアメリカのものに限定されており,あるいは存在するかもしれないイギリス・フランス・ドイツなどの参照すべき文献にはまったく触れる余裕を持てなかった。したがって,「応用社会学」の『原論』と称するするのはおこがましいという思いもあったが,「未完成」のレベルにとどまっていることは承知の上で——敢えてシューベルトの「未完成交響曲」になぞらえつつ——,今後の「応用社会学」の展開が可能になるような識見が含まれていることを念じている次第である。

このように本書の刊行までには多くの人々からの支えがあったが,とくに

「応用社会学研究会」の中核的役割を果たしてくれた久慈利武会員（東北学院大学名誉教授）には，ラザースフェルド以降のアメリカにおいて刊行された応用社会学関連の新しい文献のほぼすべてについての探索やその内容の紹介に尽力してくれた。さらに，本書の「注」の不備を綿密に検討して補充してもらった。私見では，「応用社会学」の今後の展開を俯瞰すると，とくにコールマンの業績が注目されるのであるが，そのコールマンの主著である *Foudation of Social Theory*（『社会理論の基礎』）を訳出した久慈会員には，アメリカの応用社会学の私の「原論」で取り上げた以降の紹介も含めて，コールマン理論を踏まえた応用社会学の展開を期待したい。

本書執筆中の昨年7月，私は歯の病によって1カ月以上のブランクですっかり憔悴し，ワープロなども操作できなくなって刊行の断念すら考えたりしたのであるが，再起することが可能になったのはその困難な時に横井修一会員（岩手大学名誉教授）にワープロ作業を代行するなどの励ましを受けたからである。横井会員はその後も文脈の前後の調整など文字通り重要な編集者的役割をも果たしてくれた。また，松下武志会員（京都教育大学名誉教授：前・日本社会病理学会会長）は，社会病理学の立場から応用社会学の討議を深めたり，編集や校正などの作業にも尽力してもらった。さらに，伊藤順啓会員（元・静岡県立大学）には研究会参加や本書刊行に際しての校正作業の担当，原山　哲会員（前・東洋大学教授）には研究会での報告，そして谷田部武男氏（東北学院大学）には度々拙宅まで赴いてのPCやネットなどの不具合への対応など，会員にはいろいろに尽力してもらった。特記して謝意を表したい。

そして，何よりも今回，本書の出版が可能になったのは，学文社の田中千津子社長のお陰である。10年ほど前の出版企画に際しても田中氏からは出版を励ましていただいたにもかかわらず「頓挫」状態となって，その励ましに応えることができなかったのである。にもかかわらず今回，学術書出版の不況の折難しいのではないかと懸念しつつ企画を申し出たところ，快くお引き受けいただき，大幅な遅延を重ねながらもその懇切なアドバイスにも大いに助けられて刊行に至った。このようなさまざまなご配慮に心から御礼申し上げたい。

最後に，恩師故新明正道先生の「綜合社会学的アプローチ」——1930年代以前から社会学における理論的認識と歴史的事実の理解と解釈の統合をはかり，さらに政策や実践との連結を唱導された——は，まさに「応用社会学」の先駆とも言えるものであるが，本書が及ばずながらもそうした新明先生の学説の今日的展開と継承の一部となって，公私に亘ってお受けしてきた深甚な学恩に少しでもお報いできればばと念じている次第である。

　2015年8月3日

著　者

人名索引

あ 行

アーチバルト,K.　226
有賀喜左衛門　12
イリッチ,I.　136
岩井弘融　12
ウェーバー,M.　5,24
ウォード,L. F.　104
ウォーレン,R. L.　77,78,94
海野道郎　12
大橋　薫　12-13
大藪寿一　12
奥井復太郎　12
尾高邦雄　11,12
オルセン,M. E.　116,117,208,209,215-218,220

か 行

カウフマン,H. Y.　79
カーン,A. J.　90
喜多野清一　12
キャンベル,D.　178
グールドナー,A. W.　119
コールマン,J. S.　18,201

さ 行

塩原　勉　13
清水幾太郎　11
ショア,A.　197,205-207
新明正道　11
スコット,R. A.　197,205-207
スメルサー,N. J.　67

た 行

高田保馬　11,21
ターナー,J. H.　10,208-217,220,223
チャーチ,N.　179,186-194
デュンクマン,K.　104

戸田貞三　12
富永健一　14

な 行

中野　卓　12
中村吉治　12
似田貝香門　66

は 行

間　宏　12
長谷川公一　13
パーソンズ,T.　10,105
ハバーマス,J.　232
原　純輔　12
ヒラリー,G. H.　78
福武　直　12
舩橋晴俊　13
ブルーン,J. G.　179

ま 行

松島静雄　12
マートン,R. K.　16,23,103,104,144,172,222
マルクス,K.　4,23,34
マンハイム,K.　6,25,97
ミルズ,C. W.　9,23,52,224

や 行

安田三郎　12

ら 行

ライト,N.　175-177
ラザースフェルド,R. F.　7,157,167,198,221,222
リバック,H. M.　179,183,185,186
リンド,R.　23
リントン,R.　46
ロッシ,P.　18,175-176,197-205,223

事項索引

あ行

イデオロギーからソシオロジーへ　7
意図的計画的社会変動（purposive or planned social change）　104
インフォームド・コンセント　59,112,122,137-140,148
　——の確保　149
　——の論理構造　139
ウェーバーの「価値判断からの自由」　24
援助関係（helping relationship）　184
　——としての臨床的関係　183
　——における臨床的アプローチの過程　184-185
「応用社会学者」が犯しがちな3つの「禁制」　118-121
応用社会学者の役割　113-114
応用社会学的実践の類型　109-111
「応用社会学」と「臨床社会学」　195
「応用社会学」における実践的な「価値判断」　122-123
「応用社会学」における方法論議の不在　102-103
「応用社会学」の概念　27-28
「応用社会学」の可能性　121-122
「応用社会学」の対象としての「目的的社会変動」　107
応用社会学のための教育・研究組織　220-221
応用社会学のフレームワーク　158
応用社会調査者の果たす役割　114-116
応用社会調査にかかわる研究組織　220-221
応用社会調査の「パラドックス」　200-205
「応用」と「臨床」の違い　179-180

か行

介入　18
　——の過程　181-183
「科学」と「実践」の相互補完関連　22
科学によって「啓発された実践的学問」　8
「科学」の名における問題解決の回避　120
学究的専門職（scholarly professoion）　132
「価値自由」　120
「価値判断排除」を名目とする自己抑制　118
勧告の策定と実施　168-170
勧告の実施と査定　170
勧告への道　161-162
技術者精神　210
技術者的指向　208
技術者的精神（engineering mentality）　9,213-215,220
キャンペーン戦略（campaign strategies）　95
協力戦略（collaborative strategies）　94
クライエントの状況定義（definition of situation）　183
計画的社会変動　94
現代社会学の危機と改革の方向　212
現代社会における社会計画　91-92
現代社会における「専門職化」　127-129
構造・機能主義　7
構造－機能的分析　51
抗争戦略（contest strategies）　96
誇大理論（grand theory）　9,10
コミュニティ・アクション　79,80
コミュニティ・オーガニゼーション　57,89,148,211
「コミュニティ」の概念　74-76
「コミュニティ」の諸相　77-80
コミュニティ論の課題　73-74
コミュニティ論の今日的課題　85-87
コールマン・レポート　201,202,204

さ行

査定（assessment）　181
試行的社会政策（prospective social policies）　178,199
市民運動　57
諮問的専門職（consulting profession）　132
社会学教育の改革　217-220
社会学再生のために必要なこと　212-213
社会学刷新への「応用社会学」の貢献　228-229
社会学実践学会（Sociological Practice Asso-

ciation: SPA） 27, 141, 142
社会学的実務家　141, 147, 148
　——が直面する倫理的問題　147-149
　——の倫理基準　142-146
社会学的知見の利用過程　158
社会学的知見の利用形態による諸類型　110
社会学における「二重の悲劇」　209, 210
社会学における理論と実証そして実践との関係　193-194
社会学の危機　10, 207-210
社会学の成立と展開とその条件　3-4
社会学の「パラダイム革新」　7
社会学の臨床的介入　179
社会計画（social planning）　88
　——における合理性の限界　97
　——の3つの系譜　88-89
　——のモデル　92-93
社会現象のモデル構築　173, 174
社会工学（social engineering）　102, 111
社会構築主義　44
社会実験（Social Experimentation）　173, 177
　——の具体例　195
「社会政策」と「社会変動」　55-56
社会政策評価（evaluation of ongoing policies）　175
社会調査の「基礎」と「応用」の区別　18-20
社会調査利用の要因　165-167
「社会的技術」としての類型　111
「社会変動」の諸形態　54-55
住民運動　57
　——の一般的特徴　65
　——の系譜　62-64
　——の諸類型　66-67
　——の3つの矛盾　69-72
進行中の政策の評価　173
　——とその障害　175
政策関連現象のモニタリング（monitoring）　174
政策効果予測（Prospective Policies）　177
潜在的効果の探究　162
漸進主義（incrementalism）　123
　——的アプローチ　163
前提的諸仮定（background assumptions）　35-37

専門職　128
　——の概念　127
　——の権威　129, 136, 150
　——の実務　130
　——の自律性　130
　——の役割構造の理念型的モデル　124-132
　——の倫理基準　132
専門職化（professinalization）　128
　——の諸段階　129
専門職主義（professionalism）　128
専門職的応用社会学型　111
専門職的権威の再構築　150
専門職的組織　141
専門職能団体　132
専門人（professional）　127

た　行

代替的戦略の選択　163
地域（territory）　49
地域社会（community）　49
中範囲の理論（theory of middle range）　14, 23
調査企画への変換　167
調査結果のコミュニケーション　170
調査テーマへの変換　160-161
定数の判定・モニタリングとモデル構築　173
同僚統制（peer control）　131
　——の論理　131

な　行

認識的サイクルの6つのステップ（場I）　160-164

は　行

パーソンズ学派　7
パーソンズ的な社会システム論　81
パラメータの推計（parameter estimation）　173
非社会学的実務家　191
プログラム実行（Program implementation）　181, 183
プログラム評価（Program evaluation）　181, 183
プログラム立案（program planning）　181,

182
文化的医原病　136
分業と管理　167-178
方法規定のパラダイム　34

ま 行

ミクロ−マクロ・アプローチの相互媒介の必要性　191
ミクロ〜マクロの相互浸透　179,194
ミクロレベルに留まる認識からの脱却　190-191
矛盾や不合理性を鋭く指摘するような調査結果の回避　120
目的的社会変動　56,121,122
　——の概念　53-54
目的的変動　93
モデル構築（modeling）　174

ら 行

ラザースフェルドの発想の背景　171

「利用過程」の社会的文脈の検討（場Ⅱ）　164
利用問題の見取り図　159
「理論研究」の意味　14-15
理論構築運動（theory construction movement）　10
理論社会学と応用社会学　101-104
理論・調査・実践の乖離　209-211
「理論」と「応用」の関連　21-22
「理論」と「実践」の関連　20-21
臨床社会学（Clinical Society）　121
　——的アプローチの特質　186
　——の意義　193
　——の必要性　186
臨床社会学者　8
臨床社会学ワーク　18
臨床的アプローチ　179
　——のパースペクティブ　180-181

著者紹介

齋藤　吉雄（さいとう　よしお）

1926年	宮城県に生まれる
1951年	東北大学文学部社会学専攻卒業
1955年	東北大学大学院前期課程修了（特別研究生）
1956年	東北学院大学教養部助教授
1967年	東北大学文学部助教授
1974年	東北大学文学部教授
1990年	定年退官，東北大学名誉教授
1990年	東北学院大学教養学部・大学院教授
2000年	定年退職

（主要業績）
『社会福祉と社会変動』（共編著）誠信書房，1971
S. F. ネーデル『社会構造の理論――役割理論』（翻訳）恒星社厚生閣，1978
『コミュニティ再編成の研究』（編著）御茶の水書房，1979
『社会学――理論と応用』（編著）福村出版，1984
P. F. ラザースフェルド『応用社会学――調査研究と政策実践』（監訳）恒星社厚生閣，1989
『地域情報化の研究』（編著）御茶の水書房，1999

応用社会学原論
――現代社会学と社会調査はどのように役立つか――

2015年9月20日　第1版第1刷発行

著者　齋藤吉雄

発行所　株式会社　学文社
発行者　田中千津子

〒153-0064　東京都目黒区下目黒3-6-1
電話(03)3715-1501(代)
http://www.gakubunsha.com

印刷　東光整版印刷㈱

落丁，乱丁の場合は，本社でお取り替えします．
定価はカバー，売上カード表示
©2015 SAITOU Yoshio　Printed in Japan

ISBN 978-4-7620-2572-3